21世纪高等院校
影视艺术经典教材
FILM & TELEVISION ART

手机媒体艺术概论

INTRODUCTION TO MOBILE MEDIA ART

MEDIA

张建　李金正　编著

中国国际广播出版社

本书系重庆市教育科学“十三五”规划2017年度规划重点课题《新媒体环境下高校美育理论与实践创新研究》研究成果（课题编号：2017-GX-112）。

前　言

技术与艺术向来形影相随、紧密相关，正如美籍德裔美学家苏珊·朗格（Susanne Langer）所说，艺术“所有的表现形式的创造是一种技术。所以，艺术发展的一般进程与实际技术——建筑、制陶、纺织、雕刻及通常文明人难以理解其重要性的艺术活动——是紧密相关的。技术是创造表现形式的手段，创造感觉符号的手段，技术过程是达到以上目的而对人类技能的某种应用”。[①] 任何艺术的表现手法都是技术，任何技术都有实现某种艺术创作的功能。

20 世纪后半叶以来的科技和大众传媒的发展不仅扩展了我们的知识和信息，也重塑了我们的感官及感受世界的方式——审美感受形式随之改变。感性的发展催生了艺术的变化，当传统的艺术已经不足以满足这个信息传媒时代的感性需求的时候，新媒体艺术应运而生。新媒体艺术是一种以光学媒介和电子媒介为基本语言的新艺术学科门类，它建立在数字技术的核心基础上，亦称数码艺术，其表现手段主要为电脑图像 CG（computer graph）。新媒体艺术的范畴具有“与时俱进”的确定性，当下它主要是指运用录像、计算机、视频装置、综合媒体等表现载体，以电子、光学等新科技语言为基础，特别是使用信息科技与网络技术为基本语言的艺术。它以多媒体性、互动性、非线性、虚拟性体现了当代审美心理诉求的新特征。新媒体艺术已经在不经意中，深入当代艺术的各个领域中。对新媒体艺术展开研究，

① 苏珊·朗格．情感与形式［M］．北京：中国社会科学出版社，1986：51.

可以开启一个对于科技和媒体迅猛发展的追问与反思，我们的环境到底什么是所谓的自然状态？什么是真实，什么是虚拟？这样的界限在今日似乎已变得模糊并令人困惑。人的成长和认知随时间经历逐渐建构而成，时间叠加的人生影像及经历反映了人的状态，如果一个人长时间地生活在虚拟世界中，虚拟是否会因此成了所谓的真实？

手机媒体艺术是新媒体艺术的一种最新实现形式，它是新媒体发展到“第五媒体”时代的必然产物。作为新进的成员，手机媒体艺术符合新媒体艺术的一般规律，它的出现和发展正如前述，也是一个自然而然的过程。

手机媒体艺术是一种在我们的日常生活中比较常见的艺术形式，本书将手机媒体艺术的基本范畴分为三个层次，即手机媒体艺术、手机媒体文艺和手机媒体文化，它们围绕核心区域，呈涟漪式结构散开。当我们拿起手机查看朋友圈、看电影、玩游戏、阅读小说和推文的时候，就已经开始接触这种艺术形式了；而当我们沉迷于其中不能自拔，变成旁若无人的“低头族”或“手机控”的时候，则多半已流连于这种艺术的强烈感染力，乃至为其所营造的现实的或超现实的审美情境迷醉。因此，手机媒体艺术是我们身边的一种可移动的、普遍的、便捷的而且带有高度黏性和日常性的艺术，它不必出现在音乐厅、演唱会、画展、电影院和博物馆中，却常常带给人以身临其境的审美幻觉和迷醉感。

艺术教育正在经历媒体革命的重要时期，传媒艺术教育也不例外。在社会发展与媒介变革的大背景下，艺术快速地进入互联网和移动媒体领域，网络、移动性新媒体艺术形态应运而生，从而给艺术从形式到内容再到产量带来翻天覆地的变化。每一次媒体革命对艺术创作从产量、内容形式到行业规模、人才需求都会产生着巨大的变化。新闻传播学、数字媒体艺术等专业建设亟须培养适应网络与新媒体的新型传媒艺术人才，手机媒体艺术是一个值得探索的新兴课程领域，同时也能够极大地培养学生的创新能力。在手机媒体艺术这个领域，目前全国几乎没有相关的教材，基于此我们组织教研团队着手编写与建构手机媒体艺术比较系统、完整的课程体系，努力体现出目标性、针对性、全面性及技术与艺术相结合的特色，为相关专业建设和人才培养服务。另外，对于广大新媒体艺术研究者特别是从业者及时、正确认识手机媒体艺术，紧跟新媒体艺术发展趋势也具有积极的意义。

本书是重庆邮电大学教材建设立项项目，也是一部由项目组成员集体完成的教材。书中汇集了编写团队的智慧与汗水，也凝聚着团队的学术观点。全书由张建负责全书规划、撰拟写作纲要及全书统稿工作，具体撰写分工为：李金正，第一章手机媒体艺术概述；张建、孟晨曦，第二章手机媒体艺术发展历程；张建、田鑫、高尚、钱程、杜佩瑶，第三章手机媒体艺术形态表现；杨洁，第四章手机媒体界面设计；张建，第五章手机媒体艺术创作与欣赏；李金正，第六章手机媒体艺术传播与接受；张建，第七章移动美育。

在本书的编写工作中，我的研究生高尚、钱程、杜佩瑶、张蕊、饶文雨，广播电视编导专业本科生刘雪纯、袁怡、王琪钰，动画专业本科生王亮等同学参与了本书的文字资料搜集、整理、部分案例编写、图片搜集等工作，对他们在成书过程中的辛勤劳动表示感谢。中国国际广播出版社在选题、审稿、编辑、校对、出版过程中付出了大量的时间和心血，在此表示深深的谢意。

由于编者水平有限，加上时间仓促，书中一定存在许多的不足和遗憾。真诚希望各位专家学者和广大读者不吝赐教，促使本书通过反馈、吸收、修改而日臻完善。

张建于重庆南山黄桷垭

2018 年 6 月 6 日

目　录

第一章　手机媒体艺术概述

第一节　手机媒体艺术的诞生

手机媒体艺术是一种在我们的日常生活中比较常见的艺术形式。当我们拿起手机查看朋友圈、看电影、玩游戏、阅读小说和推文的时候，就已经开始接触这种艺术形式了；而当我们沉迷于其中不能自拔，变成旁若无人的“低头族”或“手机控”的时候，则多半已流连于这种艺术的强烈感染力，乃至为其所营造的现实的或超现实的审美情境迷醉。因此，手机媒体艺术是我们身边的一种可移动的、普遍的、便捷的而且带有高度黏性和日常性的艺术，它不必出现在音乐厅、演唱会、画展、电影院和博物馆中，却常常带给人身临其境的审美幻觉和迷醉感。

然而，这种艺术形式虽然在日常生活中司空见惯，从学理上来说，截至目前却几乎是一片空白，比较系统的研究论述难得一见。因此，它就像一个“熟悉的陌生人”，或者“口袋里的妖怪”（Pocket Monster），近在眼前又神秘重重。

根据目前的知识体系框架，基本上可以断定，手机媒体艺术是新媒体艺术的一种最新实现形式，它是新媒体发展到“第五媒体”时代的必然生成物；而新媒体艺术本身在知识学上实际是沿着两条不同的逻辑进路发展而来的，即艺术学进路和传播学进路，两者在知识分化的过程中经过不断衍变和弥合，最终凝结成了这种传媒艺术学的新门类。在这个意义上，要想在学理上探明手机媒体艺术究竟为何物，就只能从如上两条逻辑线索中去寻求一些蛛丝马迹了。

一、从现代主义艺术到新媒体艺术

如果要在人文科学中找一个最难下定义的术语，那非“艺术”莫属。从没有任何一种学术研究的对象像艺术那样，从古至今不断发生断裂性、颠覆性甚至彻底反转性的蜕变，而且其从业者（包括创作者和研究者）常常以这种变化沾沾自喜。只能从总体上说，艺术是一种人类审美创造行为的产物和结果，它不是自然界的自为自发现象，而是人类合乎目的性、规律性的审美活动所创造的一种可以被经验感知的产出物。但即便宽泛如许，这里作为基本概念元素的“审美”也值得怀疑，因为我们即将发现，后来的艺术越来越以“审丑”、变得更丑或更不像艺术甚至挖空心思与传统决裂为旨趣。这种趋向正是所谓（后）现代主义的一个重要特点，而新媒体艺术正孕育于这一大裂变的激荡进程之中。

一般认为，现代主义艺术根植于柏格森、尼采、弗洛伊德、海德格尔等人的非理性主义和存在哲学，这些哲学观念从不同侧面肯定了人的感性、肉身性、无意识性和此在现世性的本质，而此前的哲学则孜孜以求于一种理性和超越性的人文理想，并同时为所谓古典主义的文化和艺术提供思想根基。这就不难理解，基于理性主义哲学传统的古典艺术为什么总是那么庄严肃穆、富丽堂皇，而又能让人一目了然。这些特点在现代主义艺术中一扫而光。与新媒体艺术相关的几个现代主义艺术流派，就被深刻打上了其反传统、非理性和追求世俗化的家族烙印。

（一）未来主义

未来主义（Futurism）是发端于意大利、风靡于欧洲的现代主义文艺思潮之一，以 1909 年 2 月意大利诗人、作家兼文艺批评家马里内蒂（Marinetti）在法国《费加罗报》上发表《未来主义的创立和宣言》一文为创始标记。在这篇文章中，马里内蒂强调，近代以来不断涌现的科学技术和交通工具正在空前改变人们的物质生活，作为其精神副本的人类精神生活也必须随之发生相应的变革。他认为，在现代社会，速度、科技、机器甚至暴力才具有最高的美学价值，因此诸如汽车、飞机、军用器械、工业化城市这些新近出现的人造物品应该得到赞颂，因为它们象征着人类文明对自然的征服，同时也能够激发艺术创作中必不可少的“现代感觉”。马里内蒂的这种观念在哲学上显然来自柏格森和尼采，前者的“绵延”哲学强调变化的绝对性，而尼采则为现代人塑造了全新的精神生活。为了达到这种目的，他不得不“重估一切（传统）价值”，乃至沦为一个历史虚无主义者。未来主义者对尼采的这种反叛精神青睐有加，比如画家和雕塑家翁贝特·波丘尼（Umberto Boccioni）于1910年发表了《未来主义绘画宣言》，他声称：“我们将竭尽全力和那些过时的、盲信的、被罪恶的博物馆所鼓舞着的旧信仰做斗争。我们要反抗陈腐过时的传统绘画、雕塑和古董，反抗一切在时光流逝中肮脏和腐朽的事物。我们要有勇于反抗一切的精神。这种精神是年轻的、崭新的，伴随着对不公的甚至罪恶的旧生活的毁灭。”[①] 与过去的彻底决裂正意味着未来的新开始，反叛过去及其所标识的古典艺术、理性、天国等奠定了未来主义的理论基点。

从历史来看，未来主义主要发生在意大利、法国和俄罗斯，尤其是正处于社会主义运动时期的俄罗斯。未来主义对过去的反叛与其要建立一种开创历史的全新的社会制度在价值理念上显然有共通之处，因此以赫列勃尼科夫（Khlebnikov）、马雅可夫斯基（Mayakovsky）等为代表的年轻艺术家一度深受苏联官方的支持，并被委以重要的文化工作职位。俄罗斯的未来主义主要体现在诗歌领域，被称为“革命诗人”的马雅可夫斯基这一时期写下了大量具有未来主义风格的优秀诗篇，其创作手法明显体现出跟普希金、托尔斯泰和陀思妥耶夫斯基等前辈们的决裂：触目皆是逻辑模糊的句子结构、破碎的意象，以及意义剥离、杂乱排列的语词。

反叛传统之余，歌颂现代科学和技术是未来主义的另一面。正如1914

① 余洋.视觉传达设计中的FreeStyle（自由风格）[J].现代装饰·理论，2012（11）.

年意大利年轻的建筑师圣伊里亚在《未来主义建筑宣言》中以建筑为例所宣称的那样："未来的城市应该有大的旅馆、火车站，巨大的公路、海港和商场，明亮的画廊，笔直的道路，以及对我们还有用的古迹和废墟……在混凝土、钢筋和玻璃组成的建筑物上，没有图画和雕塑，只有它们天生的轮廓和体形给人以美。"① 应该说，未来主义的这种建筑理念已经变为现代城市基本风貌的一部分。它强调工业技术和材料自身的美感，以及对速度、竞争和机械装置的热衷，是对科技文明不加掩饰的赞颂。未来主义为此甚至不惜背负声名狼藉的"科学主义"之责。但是，反言之，也正是因为未来主义对于科学技术如此这般的钟情和痴迷，才开启了将科学作为内容主题、语言媒材及终极价值观的科学主义艺术潮流。这其中当然也包括新媒体艺术及其最新发展的手机媒体艺术。

在此意义上，几乎可以断言，未来主义所指向的"未来"已经预先包含了手机媒体艺术，或者说，最早出现于 20 世纪中叶的新媒体艺术提前在近半个世纪的未来主义艺术思潮中被打下了坚实的观念和实践基础。

（二）观念艺术

兴起于 20 世纪 60 年代中后期的观念艺术（Idea Art）被认为是新媒体艺术的另一个发源地。这种艺术形式因强调创作活动中的观念先行及对艺术语言的超常规运用而闻名。

不同于未来主义的遍地开花，观念艺术一般认为只出现于绘画领域，而且没有统一的观念和行动纲领。从字面上来说，观念显然相对于艺术形式而言，它常常被归置于艺术内容和主题的范畴，而一旦将其彻底凸显出来，传统意义上艺术形式，包括色彩、线条、节律、韵致等必然遭到完全突破甚至毁坏，造就出一种令人耳目一新的艺术形态。可以说，观念主义正是对传统形式主义的一种反叛，并有可能因此而反叛以形式作为艺术之本质的整个历史传统。因此，它时常也被视为后现代主义艺术的一种。

① 周膺．后现代城市美学的创建与城市美学的重构［J］．浙江学刊，2009（4）．

一方面，由于观念主义强调艺术是且只是观念，其创作行为便不再聚焦于塑造一种美学上的客体对象，而是直接诉诸观念的“震惊效果”（瓦尔特·本雅明语）。因此，观念艺术必须首先进行一次“语言”的革命，让彻底陌生的艺术形式闯入欣赏者的世界。一般来说，可以充当观念艺术媒材的是日用品、照片、地图、录像带、图表、文献等，当然也包括语言，不过只能是以毫无逻辑、支离破碎的面目出现的语言。这就不难理解，观念艺术家何以从马塞尔·杜尚（Marcel Duchamp）的著名现成作品《泉》找到发轫原点。实际上，这一艺术流派不仅取消了传统造型艺术的结构形式，而且取消了“艺术”本身，以实验性和破坏性的姿态严重冲击了艺术的边界。

另一方面，观念艺术突破传统艺术形式来寻求观念，致使其作品本身变得不重要，重要的是过程。正如观念艺术家和批评家劳伦斯·维纳（Lawrence Weiner）所说：“一旦你知道了我的作品，你就拥有它了。我无法钻进你脑子里把它拿走。”这不仅与传统艺术贵“真品”的做法背道而驰，而且艺术创作也变成了一种可操作行为，以至于无论任何人，只要遵照书面说明，就可以建造艺术家索尔·勒维特（Sol Lewitt）的诸多或称为“装置”的作品。失去传统艺术实体的观念艺术，只能走向一种装置主义。因此，这种艺术后来衍生出了一系列新的艺术流派，包括“过程艺术”“大地艺术”“身体艺术”“反形式艺术”“原始唯物主义”等，它们的共同点就在于对艺术形式的彻底解构。

不难看出，脱胎于现成主义的观念艺术具有一种强烈的反艺术品格，其结果只能是将传统艺术从天上拉回人间，让其经受生活和世俗的浸染（尽管观念艺术家们声称反对商业化），成为一种司空见惯的日用物品。从这一点来看，观念艺术同样为比其稍后出现的新媒体艺术提供了重要的观念根基，至少，此前不能被称作艺术的东西，比如个人电脑和手机，现在具有了不可估量的艺术的潜能。

传统书法经典作品《兰亭序》在同一张宣纸上被不间断地重写一千遍，

并用录像记录这一过程的前五十遍。在此过程中，一个书法作品逐渐被破坏而成为一片墨迹，接近于一张抽象画。

（三）激浪派

如果说未来主义在内容上、观念艺术在形式上对传统艺术都进行了不同程度的颠覆和改造，那么激浪派在这两个方面都走得更远。

“激浪派”（Fluxus）这个称谓最早来自一位名叫麦素纳斯（Maciunas）的美国出版人，是他为其 1960 年新创办的杂志所取的名字。麦素纳斯本人也是这场运动的主要发起者之一，尽管他本人并不是一位真正意义上的艺术家。

不得不说的是，在激浪派出现之前，诸如达达主义、超现实主义、偶发艺术等先锋艺术流派已经从各个方面对古典主义大厦进行了令人触目惊心的拆解活动，激浪派不过是这支队伍中的一个新进的成员。

早在 1952 年，美国偶发艺术大师约翰·凯奇（John Cage）曾经举办过一场震惊世界的音乐会。他邀请了当时音乐界、批评界和圈内的很多朋友来参加一场由其本人主奏的音乐会，不过从头到尾，他只是拿着指挥棒僵坐在钢琴旁边，其间除了装模作样地翻了翻乐谱之外，再也没有别的动作，连一个音阶都没有演奏出来。直到 4 分 33 秒之后，他突然宣布，音乐会已经结束。凯奇通过这场没有音乐的音乐会旨在向世人表明，音乐的最基本元素不在于演奏过程，而是聆听，观众才是音乐会的主角。这无疑已经将新媒体艺术的一个基本特质即受众参与的主动性淋漓尽致地展现出来。而且，它同时也展现了艺术媒介的新的可能性，即可以被完全取消。

依据这样的逻辑线索，真正的激浪艺术很快登上了历史舞台。1959 年，被称为“文化恐怖主义者”的韩裔美籍艺术家白南准（NamJune Paik）举办了一场革命性的音乐会，名为“向约翰·凯奇致敬”。在这种被称为“行动音乐”的“演奏”过程中，白南准做出了一系列匪夷所思的动作，包括摔鸡蛋、打碎玻璃，甚至毁坏乐器，等等。第二年，在科隆举办的一场音乐会中，白南准径直走向观众席中的约翰·凯奇，一把将他的领带剪下。

当然，对艺术家来说，这样的表演并不是为了哗众取宠，而是将约翰·凯奇所提出的“解放声音”的努力发挥到极致，进而消除音乐和表演之间的界限，并将观众纳入表演的一个具体环节。

仅就新媒体艺术而言，激浪艺术家白南准也是一个绕不过去的人物。因为他还同时拥有多个头衔，如“视频艺术教父”“电视装置先驱”“媒体艺术奠基人”等。从 1963 年开始，他便尝试探索以电视机、录像机等现代传播媒介为媒材来制作艺术作品，比如用电视机组成狗、乌龟、大象和人体的造型，佛陀端坐电视机旁观看自己的录像直播，用破旧的电视机和裸线“混乱接触”成为朋克艺术，等等，艺术表现常常令人惊叹不已。1988 年汉城奥运会时，他应组委会的委托，专门制作了一个巨大的电视装置艺术，即用 1003 台电视机垒成一座高达 20 余米的“电视塔”，取名为“越多越好”。不仅如此，白南准还积极探索视频艺术的新表现形式，比如改变电视和摄影机的图像输出，将图像与电视装置结合起来，创造出一种被称为“视频装置”（Video Installation）的全新的高技术含量的艺术形式，从而实现对传统造型艺术的颠覆和超越。

在 1975 年的一次采访中，白南准坦言，对于从马塞尔·杜尚塑造的庞大艺术房间入口处走来的现代美术学者，脱离其影响的唯一出口就是“视频艺术”（Video Art）。由此看来，白南准已经将媒体装置看成了一种极端重要的现代主义艺术形式，甚至是无可取代的唯一形式。

由此可见，从声音实验到图像输出再到装置造型，激浪派越来越趋向于将各种媒体纳入艺术表现的内容和形式，这无疑为即将出现的新媒体艺术奠定了坚实的观念和实践基础。

（四）波普艺术

当然，除了上述三个流派外，还有很多创新性的现代艺术表达形式对于新媒体艺术的产生带来了重要影响，比如立体主义和构成主义的碎片式拼接，现成主义的艺术生活化原则，超现实主义对于人类潜意识的表现和挖掘，等等。而且，在这一串长长的清单上，形形色色的后现代主义艺术也赫然在列，这其中以安迪·沃霍尔（Andy Warhol）为代表的波普艺术不容忽视。

沃霍尔是一位多才多艺的艺术家，除了在绘画领域卓有建树之外，他同时还是电影制片人、作家、摇滚乐作曲者、出版商及社交名流。1952年，年仅24岁的沃霍尔就开始探索艺术，将艺术与商业结合起来，设计了大量的贺卡、橱窗陈列、商业广告插画等。值得一提的是，在二战后的20世纪50年代，整个艺术界还沉浸在反思战争创伤及其背后的古典和现代性根源的浓郁氛围中，因此严肃的艺术家是坚决反对将艺术商业化的。以上几个现代艺术流派即为佐证，尽管他们力图倾覆古典艺术的大厦，有泯灭艺术与生活、高雅文化与世俗文化之间的界限，但商业化是另外一回事，因为艺术在那个时代还被赋予了更为深刻而严肃的价值使命。正如法兰克福学派的第一代领导者、西方马克思主义理论家特奥多·阿多诺（Theodor Adorno）所说："通过凝结成一个自为的实体，而不是从现存的社会规范并由此显示其'社会效用'，艺术凭借其存在本身对社会展开批判。"形形色色的先锋艺术正因为承担了社会批判和历史反思的功能，并因此具备了不朽的价值。基于这种观念共识，现代艺术家大都是批评家，不仅他们的大部分都从事艺术批评工作，而且他们的艺术创作本身就已经传达了某种价值判断。

在这样的整体社会语境之下，沃霍尔将艺术与商业结合的做法显得有些不识时务，因此招致了诸多来自严肃艺术界和学界的批评和非议。但沃霍尔似乎并不为所动，他一面继续进行自己的商业化艺术创作，一面组建了一个阵型庞大的艺术工作室，而且偏偏取名为"工厂"，这似乎恰恰跟法兰克福学派致力于批判的"文化工业"明目张胆地"合谋"。

当然，说沃霍尔与法兰克福学派决然对立似乎还不够恰贴，因为他的创作实践似乎深受该学派的另一位重要人物的影响，这就是瓦尔特·本雅明（Walter Benjamin）。本雅明认为，在一个机械复制的时代，由于艺术品可以被批量生产，自由移动，原作与摹本变得毫无二致，从而打破了原作

“当时当地在场生活的有效性”，并因此葬送了古典时代的“光晕”（Aura），而且其原有的“膜拜价值”也不得不蜕变成一种灼人眼目的“展示价值”。对于这种转变，本雅明并未显得悲观，相反，他将其看成一种解放的力量，一种蕴含着文化民主化的潜能。基于这样的理论观念，沃霍尔似乎对于复制技术非常着迷，他不仅大胆尝试了凸版印刷、木质拓印、金箔技术、照片投影等各种复制方法，而且将这种观念运用于艺术创作，在同一张画纸上连续复制多张同一性的图片，创作出了《玛丽莲·梦露》《牛》《金宝罐头汤》等多幅举世闻名的作品。这种连续复制的做法几乎成了沃霍尔别具一格的艺术创作手法的代名词，也将本雅明意义上的“展示价值”发挥出了充分的“展示效果”。

应该指出的是，由沃霍尔所创立的“波普艺术”的英文名为“Pop Art”，本义就是一种流行的、大众的、通俗的艺术，它已经清楚地揭示这种色彩明快、寓意浅显、商业性十足的艺术形式表达了怎样的观念内涵。但是，且无论其价值几何，这种具有不可磨灭的艺术史意义的艺术形式对于新媒体艺术的历史出场显然是至关重要的。因此只有在此意义上，以互联网、手机为代表的文化产品，以及其显而易见的商业化、浅薄化、大众化和媚俗化的倾向，才有可能在学理上被认可并被取名为“艺术”。

二、从新媒体到新媒体艺术

传播学这条逻辑进路与上述艺术学进路全然不同，它不是从高雅的古典艺术到精英主义的现代艺术，再到通俗化和商业化的后现代艺术逐阶下降的过程。相反，这一过程从技术发明和商业运用开始，经历了一个向流行文化进而艺术作品逐渐上升的演化逻辑，以至于在“艺术”这一节点上与另一条缓慢递变而来的线索交织融合。

（一）何谓新媒体

在传播学的意义上，新媒体是指以革命性的传播技术手段为基础而创造开发，并被普通大众广泛使用或接受的新型的且具有划时代意义的信息传播载体。一般认为，新媒体包含两层意思。

从广义上来说，新媒体是指一切时代新兴的大众化媒体，比如文字是人类公元前 30 世纪的新媒体，报纸是公元 17 世纪的新媒体，广播是 20 世纪 20 年代的新媒体，电视是 20 世纪 30 年代的新媒体，互联网是 20 世纪 70 年代的新媒体，手机是 20 世纪 90 年代的新媒体。

从狭义上来说，新媒体是以 20 世纪 50 年代以后出现的、以新兴的信息技术和网络技术为基础的媒体形态。这个意义上的新媒体，通常也被称为“数字化媒体”，它是由美国哥伦比亚广播公司（CBS）的技术研究所所长戈尔德马克（Goldmark）在 1967 年最先提出的。这个意义上的“新媒体”就是本书主要关注的对象。

从以上的划分可以看出，新媒体是一个相对的概念，在广义上它至少可以被分为两个部分，即传统媒体和新媒体。前者为工业化时代的产物，主要包括报纸、广播、电视等，后者则为信息时代的产物，它以数字和通信技术为基础，以计算机网络为基本表现，是一种“新媒体的新媒体”，其最新形态的发展也被传播学家保罗·莱文森（Paul Levinson）称为“新新媒体”（New New Media）。媒体被越来越多地冠以“新”名字，说明传媒技术的发展之迅猛，已经让人们拙于言辞应对。

从其构成来看，新媒体几乎涵盖了普通人日常接触的所有媒介类型，包括个人电脑、移动终端、数字电视、网络广播、网络报刊等。正是由于这些媒体及其信息内容全天候、全覆盖地萦绕在普通人的周围，塑造了人们精神生活的空气，因此新媒体往往被理解为一种能够让人沉浸其中的环境，现代人的基本生存模式也被研究者描述为“数字化生存”。

（二）新媒体如何成为艺术

新媒体是一种新兴的信息传播方式，作为一种传播学的对象，如何向艺术学转变，变成一种审美对象，即从科学领域转换到艺术领域，其背后的演变脉络非常值得考究。对于新媒体如何从科学向审美和艺术转变这个问题，从其生成逻辑来看，至少包含以下几个层次的内涵。

首先，先锋艺术家的试验性创作。艺术家是创新创造的代名词，横空出世的新媒体的出现，往往直接影响人们的日常生活领域，不可能不引起他们的关注。因此，几乎从人类张口说话开始，一直都有与新媒体形式相伴而生的艺术创作形式。比如，口语时代的说唱艺术和行吟诗人，印刷时代的小说，广播时代的流行音乐，电视时代的电视剧，等等。尤其进入电视时代以后，艺术家们对于图像化的接受方式和生活方式进行了大量的创作思考，从未来主义艺术开始，摄影、霓虹灯管、电视机、电影胶片、现成图像的拼贴、计算机等逐渐成为艺术创作的媒介表现材料，以至于上述各种观念主义、超现实主义、激浪派、波普艺术等现代和后现代主义流派各领风骚，异彩纷呈。按照这种逻辑，新媒体艺术的出现是历史的必然，它不过是新艺术家的新玩法而已。

其次，传统艺术的新媒体化。新媒体艺术不仅包括新媒体形式的艺术，也包括新媒体内容的艺术，即传统的艺术被搬上新媒体的舞台，在不同的媒介组合中被重新演绎。传统艺术包括诗歌、音乐、绘画、雕塑等，它们在新媒体时代不会被丢弃，反而被发扬光大了。这就是被称为“互联网时代先知”的马歇尔·麦克卢汉（Marshall McLuhan）所说的“媒介是人的延伸”，而且越是后来出现的媒介，越融合了人体的更多的感觉器官。比如，相较于报纸，广播包含了文字和声音，延伸了人的听觉系统；电视包含了文字、声音和图像，延伸了人的视觉系统；互联网则是图、文、声、光、电的综合体，进一步延伸了人的神经系统。麦克卢汉还认为，这一延伸的历史进程包含了一种深刻的内在逻辑，即从原始的感觉系统未分化时代到传统媒体的感觉分离的时代，再到互联网时代重新走向融合的时代，也即从统合到分化到再统合的循环，它意味着越是新近出现的媒体，越能够全面综合人的感官系统，越像人体的客观对象化，就像媒介系统没有出现以前的人类感觉混沌的时代一样。切换到新媒体艺术上，我们发现，作为媒介内容，不断出现的艺术形式正在朝向一个多媒体的方向演化，比如雕塑艺术在广播时代变成了可听的艺术，在电视时代变成了可见的艺术，在互联网时代变成了可触的艺术——轻点鼠标就可以发现其不同的侧面。因此，传统艺术内容在新媒体时代的延伸，根据麦克卢汉的逻辑，同时也正在向多媒体化延伸，像更趋近于人性化的方向延伸。而这一点，也正是保罗·莱文森所谓的媒体进化的“人性化趋势”原则的一个例证。

再次，媒体本身的自然艺术化。麦克卢汉不仅提出了上述“媒介即人的延伸”的著名论断，还提出了“媒介即信息”的这一颇让人费解的断言。他在解释这句话时指出：“每一种新的技术都创造一种环境，这一新环境本身被视为是腐朽堕落的。但是，新环境能使在此之前的旧环境转变为一种人为的艺术形式。文字刚发明时，柏拉图（Plato）把先前的口头对话转变成一种艺术形式（此处指的是柏拉图的对话集所涉的语言表达技巧——引者注）。印刷术诞生时，中世纪变成一种人为的艺术形式（此处指中世纪的手抄本的人为性——引者注）。”① 正如其一贯的表达风格，这段文字同样显得玄奥莫测，根据其理论的后继者保罗·莱文森的解释：“麦克卢汉所谓的艺术性是这样的一种转变：我们从不假思索地使用旧媒介转变为以批判的态度去欣赏这些旧媒介。”② 麦克卢汉似乎是在说，新媒介在创造新环境并含纳旧媒介破坏其旧环境的同时，由于时空转变，审美距离得以形成，这就为批判的、艺术的欣赏提供了可能。正如国内数码艺术的重要研究者黄鸣奋所说：“麦克卢汉所说的‘环境’，实际上是指信息环境。新环境将旧环境转变为人为艺术形式的过程，也就是新的媒介将相对旧的媒介转化为自身内容的过程。这一转变中，旧媒体（及其携带的信息内容——引者注）成为被欣赏的对象，和原先的传播情境产生了距离。数码媒体为我们创造了以批判的态度去欣赏包括口语、书籍、报刊、电影、广播、电视在内的诸多相对旧的媒体的机会。我们一旦用上了数码媒体，就对那些相对旧的媒体产生了陌生感，可以从媒体生态的整体意识出发来把握和

① 马歇尔·麦克卢汉．理解媒介：论人的延伸［M］．何道宽，译．北京：商务印书馆，2000：27.

② 保罗·莱文森．数字麦克卢汉：信息化新纪元指南［M］．何道宽，译．北京：社会科学文献出版社，2001：18.

玩味它们，将它们的特点、用途、关系和局限性当成艺术作品的主题。”①在这段文字中，“情境”“转化”“距离”“陌生感”“形式”等语汇道出了新媒体作为一种传播技术向艺术和审美转化的实质：对被破坏掉的环境或传播情境的欣赏，以及对不完备的传播形式的欣赏。如此看来，已经被新媒体所吸纳的旧媒体本身就已经蕴含了巨大的艺术潜能，它被当成艺术品是媒介进化的必然结果，或者说，是一个自然自发的过程。

媒体（包括新媒体）自身会向艺术自然转化，这只道出了（新）媒体艺术化的一个层面的原因，从另一个层面即技术的角度来说，这种转变同样也显示了某种必然性。

技术与艺术向来形影相随、紧密相关，正如美籍德裔美学家苏珊·朗格（Susanne Langer）所说：艺术“所有的表现形式的创造是一种技术。所以，艺术发展的一般进程与实际技术——建筑、制陶、纺织、雕刻及通常文明人难以理解其重要性的艺术活动——是紧密相关的。技术是创造表现形式的手段，创造感觉符号的手段，技术过程是达到以上目的而对人类技能的某种应用”。②任何艺术的表现手法都是技术，任何技术都有实现某种艺术创作的功能，这样的观念当然也适合解释新媒体技术的生成逻辑。

历史地来看，以计算机技术为基础的新媒体艺术诞生于19世纪中期。1834年11月，年仅19岁的英国著名诗人拜伦（Byron）之女阿达（Ada）从其友人萨默维尔（Somerville）那里听说有一位名叫查尔斯·巴贝奇（Charles Babbage）的天才数学家建造了一台“分析机”（Analytical Engine）。这台机器能通过打孔卡进行输入和输出计算，她对此产生了浓厚兴趣。1843年，阿达嫁给了洛夫莱斯（Lovelace）伯爵，此后便以“洛夫莱斯夫人”闻名。这一年，她在一篇关于巴贝奇分析机的文章中指出：“分析机的操作机制可以对数字之外的其他东西起作用，如果对象之间的本质关系可以按照计算科学的要求来表达，根据和声学和作曲学来定调的声音的本质关系同样如

① 黄鸣奋.新媒体艺术理论的起源［J］.东方丛刊，2009（1）.

② 苏珊·朗格.情感与形式［M］.北京：中国社会科学出版社，1986：51.

此。因此，分析机谱写、制作音乐的科学篇。”她还建议巴贝奇写一个关于分析机如何计算有理数序列的计划，该项计划被认为是世界上第一个计算机程序。“时至20世纪下半叶，由于数码媒体的崛起，阿达关于计算机之艺术应用的预言逐渐成为现实。在后人眼中，巴贝奇是‘计算机之父’，阿达是‘软件之母’。”[①]1979年，美国国防部开发的一款软件语言即以“阿达”命名。1994年，美国还创建了“阿达网”。

这就是以计算机为代表的新媒体艺术的历史生成过程。正是阿达发现了利用计算机可以进行艺术创作的潜能，而且严格来说，这种艺术形式才是真正意义上的新媒体艺术。这是阿达的发现，也是新媒体艺术的真正开端。时至今日，计算机作曲已经稀松平常，比如2016年，一位来自法国的名叫Aiva的机器人创作出了“属于她自己”的曲子，这些曲子饱含深情，意味隽永，最终被合并为一张专辑发行，名为《创世纪》（Genesis）。

新媒体艺术从阿达时代发展到今天是通过突破一道道技术门槛逐步实现的，这种情形在艺术史上并不罕见。比如透视法和几何学的发展影响了文艺复兴时期的绘画，矿物和油料的提纯技术使得明快而富有层次感的油画登上历史舞台，照相机的成熟逼迫传统艺术发生大转型，导致印象派绘画的出现，等等。同样，正是由于互联网技术的出现造成了艺术的数字化、便捷化和多媒体化，使受众无法自拔的“沉浸式传播”（Immersion Transmission）成为可能；正是由于人机交互技术和深度学习技术的发展带来了Aiva能作曲，微软小娜（Cortana）能写诗，贤二机器僧能与众生自由交谈，等等。在此意义上可以说，一部艺术的历史，就是被技术不断嵌入和改造的历史；同样，一部技术的历史，也是越来越艺术化、与美学之间的交涉越来越深入的历史。

最后，但并非最不重要，美学自身也发生了越来越趋向于世俗化、商业化和技术化的转变，以至于在学理上使得“新媒体艺术”的称谓具备了理论合法性。

① 黄鸣奋．新媒体艺术理论的起源［J］．东方丛刊，2009（1）．

众所周知，美学一直有一种精英主义传统，它强调审美必须是有距离的、超越的、非功利的意识行为。但是，当代的研究者越来越发现，“‘审美’实际上是一种社会需求的产物，它总是适应特定社会需求而生，同时又服务于其赖以生存的社会秩序，因此从人类精神文化演变的历史来看，审美总是从属于不同的审美范式而具有特定的意义和功能。那种亘古不变的、无功利的、纯而又纯的审美活动不过是一种精神乌托邦而已。”而当前的社会现实是，“随着社会大众物质生活水平的普遍提高，在他们的日常生活中融入了越来越多的与物质需求没有直接关系的消费活动，人们在这种消费活动中享受到精神的或感官的快适与愉悦”，这种现象被研究者称为“审美的泛化”。[①]可见，如今的审美活动已经不再可能局限于原作真品、博物馆或美术馆，而是伴随着消费生活的空前丰富，泛化到社会的每一个角落。正如德国理论家沃尔夫冈·韦尔施（Wolfgang Welsch）所说：“差不多每一块铺路石、所有的门把手和所有的公共场所，都没有逃过这场审美化的大勃兴。”博物馆坍塌了，美开始四处流溢，而且技术本身也被强化了审美的运用，“从今日的技术观点看，现实是最柔顺、最轻巧的东西。材料的更强的力度，亦是得益于柔软的、审美的程序。”技术已经能轻易改造社会现实，使其朝向柔软、轻巧和审美的方向发展，传媒技术更是不遗余力地参与其间：“现实通过传媒正在变成一个供应商，而传媒就其本身而言是虚拟的，可操纵的，可做审美塑造的。”[②]如果说整个社会现实都已经被美学所装点，成为艺术化的、虚构的甚至如波德里亚（Baudrillard）所说的“超现实”的存在，那么美学就不得不从其高高的神坛上走下来，去拥抱大众和商业文化，使得传统意义上不被其所接纳的社会存在成为其结构元素的一部分，包括一同创造这个“审美化社会”因而必居其间的新媒体艺术。如此一来，在美学上，新媒体艺术理论的合法性地位也就被牢固确立了。

---

① 李春青，赵勇．反思文艺学［M］．北京：北京师范大学出版社，2009：1/9.

② 沃尔夫冈·韦尔施．重构美学［M］．陆扬，张岩冰，译．上海：上海世纪出版集团，2006：4/7/8.

新媒体艺术在美学上获得了合法性，这当然是传媒技术演化的结果，但它同时也最大限度地包含了艺术的命题，传播学和艺术学这两条不同的逻辑进路在此交融为一体，新媒体艺术由此在学理上实现了自我合法性的确证。

三、从新媒体艺术到手机媒体艺术

手机是新媒体的一种，它的出现丰富了新媒体形态，也使得“新媒体”这个概念更加深入人心。

（一）作为“第五媒体”的手机

手机已经是现代人日常生活的必需品。据资料显示，截至2016年，中国的手机普及率已经达到了96%，几乎每个人都有一部属于自己的手机。

一般认为，作为手机雏形的移动电话最早出现在20世纪40年代，是贝尔实验室为美国军方研发的战地通信设备。到了1956年，苏联工程师列昂尼德·库普里扬诺维奇（Leonid Kuplyanovich）发明了 ЛК-1 型移动电话。这部电话开始比较重，有3千克左右，还不太适合移动通信，但很快下降至0.5千克，外形跟两个香烟盒差不多大小，而且苏联当时已经开始研制名为“阿尔泰”的世界上第一套全自动移动电话通信系统。但计划经济体制下的苏联，无意于深究这种通信设备的商业和民用价值，这个机会后来被美国抓住。1973年4月3日，受电影《星际迷航》中库克船长的启发，美国摩托罗拉公司的工程师马丁·库帕（Martin Cooper）带领其团队发明了世界上第一部民用手机。这部手机内部多达30个电路板，而且需要充电10小时才能通话35分钟。到了1985年，更适于商用的手机被研制出来，这时它依然重达3千克，但瘦身速度非常快，两年后的1987年为0.75千克，1991年为0.25千克，1996年为0.1千克，到了1999年已经下降到如今的水平，即0.06千克。

随着手机重量的下降，其功能和价值却在逐渐攀升。20世纪八九十年代一般认为是1G时代，这个时候的手机也被称为“大哥大”，只能进行模拟通信，接打电话是唯一功能。GSM（Global System For Mobile Communications）网络技术的出现改变了这一局面，它把手机带进了数字时代，并导致短信（SMS，Short Messaging Service）功能的出现，这就是手机的 2G 时代。其间，还出现了 GPRS（General Packet Radio Service）技术，它能够使手机在语音传送和短信业务之外增加额外的数据业务，移动上网成为可能。随后不久，3G 时代来临，手机配备了专用的高速数据信道，这不仅提升了手机的传统功能，而且能够通过无线网络处理文字、图像、音乐、视频流等多种信息内容，提供包括网页浏览、电话会议、电子邮件等在内的多种信息服务。到了 4G 时代，手机的上网速度和功能已经与电脑无异，成了随身携带且具有通信功能的移动多媒体终端。

由于手机越来越多地集合了以往媒体的绝大部分功能，它逐渐被人们称为一种划时代的媒体新类型，即所谓的“第五媒体”。正如研究者所说，短信的出现使手机具有了第一媒体（报纸）的功能，彩信的出现使手机更全面地接近第一媒体，并具有了第二媒体（广播）的功能，手机电视的出现使手机具有了第三媒体（电视）的功能，WAP（Wireless Application Protocol）和宽带网络使手机具有了第四媒体（互联网）的功能。① 这种连续不断的迭代升级验证了麦克卢汉关于“媒介即人的延伸”的论断。

值得一提的是，手机固然是一种比较新的新媒体，但根据前述，新媒体在历史上不断涌现，层出不穷，唯独在手机时代，“新媒体”这个概念被强调凸显，成为特定的概念指称，这充分说明了手机媒体在整个传播媒介史上的重要地位。

（二）手机媒体艺术的界定

正如手机是新媒体的一种，手机（新）媒体艺术也是新媒体艺术的一种。作为新进的成员，手机媒体艺术符合新媒体艺术的一般规律，它的出现和发展正如前述，也是一个自然而然的过程。因此，对于手机媒体艺

① 林振辉．手机媒体化对媒体影响力格局的影响［J］．中国记者，2007（6）．

术的界定，最科学的方法还是参照新媒体艺术。然而，具体说到新媒体艺术的概念，却又是言人人殊、莫衷一是的，聊举数例。

“在当今新技术背景下所产生的新媒体艺术，是以数字技术为核心支持下所创造的媒介艺术形式，是一种数字化的交互媒体艺术。”① 这个概念比较强调新媒体艺术的技术基础，认为基于数字新媒体技术创造的艺术才叫新媒体艺术，是一种比较狭义的界定。这种界定大概延续了国外新媒体艺术理论家罗伊·阿斯克特（Roy Ascott）的说法，他认为新媒体艺术主要是指电路传输和结合计算机的艺术性创作。

其他人的界定则与此不同，比如，“新媒体艺术是新媒介在艺术领域的表现形式，集中体现为一种跨学科、多媒介、综合处理、重表现、重过程体验的艺术形式。”② 这个概念把新媒介与艺术概念相结合，意味着任何新媒介化了的艺术都可以被称为新媒体艺术，内涵比较宽泛。

类似这样的概念还有苏珊·艾克利特（Susan Acret）的，她认为，“新媒介艺术是一种很宽泛的词，其主要特征是先进的技术语言在艺术作品中的使用，这些技术包括电脑、互联网及视频技术创造出的网上虚拟艺术、视像艺术及多媒体互动装置和行为”。③

有的界定则比较强调艺术活动的过程性，比如，“新媒体艺术就是指以数字多媒体及互联网技术为支撑，在创作、承载与传播等艺术行为方式上全面出新，进而在艺术审美的感觉、体验和思维等方面产生深刻变革的新型艺术形态。”④

综上可知，新媒体艺术虽然众说纷纭，但它所包含的概念要素还是比较清楚明晰的。本书没有必要纠缠于这一概念内涵的确切所指，只需在提取其基本要素的基础上，结合手机新媒体自身的特点，给手机媒体艺术下一个带有综合性的定义即可。即手机媒体艺术是指基于网络技术、多媒体

① 王燕鸣. 论新媒体艺术在虚拟世界中的互动体验［J］. 大众文艺，2010（2）.
② 李四达. 实验电影与新媒体艺术溯源［J］. 电影艺术，2008（2）.
③ 张朝晖，徐翎. 新媒介艺术［M］. 北京：人民美术出版社，2004：1.
④ 徐鹏. 论新媒体艺术研究的特殊内容与方法［J］. 中国人民大学学报，2007，21（1）.

技术、移动通信技术等信息技术体系或设备而创作或传播的一种通俗的、流行的且具有高度便携性的新兴艺术类型，它是新媒体艺术的新发展，并实现了对传统媒体综合艺术的新的综合。

这个概念中的“创作”带有狭义性，是指基于新的信息技术或设备而创造的艺术；而“传播”带有广义性，它可以包含在手机媒体上出现的传统艺术类型。

第二节 手机媒体艺术的特点与类型

在手机媒体艺术的概念内涵被厘定以后，我们还需要从特点与类型两个方面对其做进一步的解释说明，以便更清楚地认知这一新生事物。

一、手机媒体艺术的基本特点

正如尼尔·波兹曼（Neil Postman）所说：“媒介形式偏好某些特殊的内容，从而最终控制文化。”[①] 不同的媒介会带来不同的文化（和艺术），手机媒介同样如此。手机媒体艺术是对媒体艺术在新媒体艺术发展基础上的再发展，它具备新媒体艺术的一般特征，同时也具有“第五媒体”的新特点。从一般意义上来说，手机媒体艺术的基本特点包含以下五个方面。

（一）虚拟性

跟其他新媒体艺术一样，作为内容的手机媒体艺术呈现给受众的并不是一种真实可感、可以被身体直接碰触的艺术形式，尽管身体的某些功能可以改变其再现方式，但它和身体之间始终隔着一块不可移易的操作界面。手机媒体艺术实际上塑造了一个“赛博空间”（Cyberspace），它扭曲了物质事实性的时空关系，并通过数码合成的方式再造了新的关系组合，使得

① 尼尔·波兹曼. 娱乐至死［M］. 章艳，译. 桂林：广西师范大学出版社，2004：10.

罗兰·巴特（Roland Barthes）意义上的“神话”变得真实可见。手机媒体艺术呈现的赛博空间就是一个虚拟的神话空间，这不仅是说这一空间可以呈现神话传说和时空穿越的奇异故事，而且是指它本质上已经实现了“神话”的基本功能，即事实逻辑框架下不可能出现的关系组合。根据巴特所言，作为事物表征系统的符号可以分为两个意指结构层次，其中在“第一意指系统”中，能指符号与所指内涵之间具有确切而透明的关系，并产生普遍可解的“二阶能指”。比如，能指“一种色彩艳丽的蔷薇科植物”，自然使人联想到所指“玫瑰”，两者结合在一起便产生了“色彩鲜艳且美好的人间事物”这一新的能指。但是，如果按照这个逻辑继续推衍，这个新的能指便进入了象征系统，比如在上述例子中就指向了“爱情”。这个象征性的关系组合也即“第二意指系统”，显然已经超越了事实关系，从而产生了泛指意义。巴特指出，所谓神话就是破除确指意义，使其产生没有现实对象的、只能自我指涉的关系组合的一种意义生成机制。在这里，符号之间互相指涉，意义自发生成，这不仅仅是“神话”了，它事实上已经具备了艺术性的某些特点。正如研究者所说：“各类艺术及审美对象……都是现实符号超越确指（现实）意义，产生泛指意义的结果。”也就是说，“如果把这些现实符号的能指和所指看作一个大能指，就会产生新的所指（泛指意义），也就是产生审美意义，构成审美符号。”① 如此说来，手机媒体所营造的赛博空间本身就是一种艺术空间，这里所呈现的一切都有艺术性的烙印，不仅指通过多媒体和移动通信技术所创造的艺术形式。但是，无论作为“神话”还是“艺术”，赛博空间都不意味着是一种丧失了真实性的纯然虚构的空间，这并不意味着这个时空关系中不存在真实性概念。根据波德里亚的说法，虚拟空间的意义生产方式，恰恰带来的是一种“超真实”，即由意义的“模型”先在主导的真实，它不再需要一个外在的事实来源作为依据，相反，外在事实要以它为依据。

① 杨春时．美学［M］．北京：高等教育出版社，2004：141．

（二）交互性和连接性

交互性和连接性被罗伊·阿斯克特称为新媒体艺术的最根本特点，很大程度上这在手机媒体艺术上也是适用的。

手机媒体是一种交互媒体，这不仅是说它的操作系统需要人机互动，而且其内容表达本身就已经嵌入了信息发布者与接收者之间的互动功能，甚至由此被冠以新的名字，即社交媒体（Social Media）或自媒体（We Media）——这两个概念分别指明通过手机媒体能够自由地与他人交往，理论上也可以使任何用户都成为一个信息发布中心，就像传统的报社、广播站和电视台一样。当然，手机媒体的交互性特征由互联网延伸而来，但基于通话功能这天生的互动机制，手机媒体显然将这一特点演绎到了淋漓尽致的程度。

在艺术领域，我们知道，传统艺术几乎没有交互性可言，一本小说一经印刷出版便成了“不刊之论”，纸质载体很难设置反馈渠道。但是，一部手机小说或杂志却可以根据用户留言和吁求即时调整写作方向和内容，使其更适合大部分人的阅读趣味。这说明读者已经参与写作过程中，与作者一起完成作品。关于包括手机媒体在内的新媒体艺术的如上特点，其实罗兰·巴特（在互联网没有出现之前）就已经做过理论描述。巴特把文本分为两种，一种是可读文本，一种是可写文本。前者是一种封闭的文本系统，它只能够被不断阅读却不能通过反馈完善自身；后者则不同，在这个被巴特视为“理想的文本之内，网络系统触目皆是，且交互作用，每一系统，均无等级；这类文乃是能指的银河系，而非所指的结构；无始可逆，门道纵横，随处可入，无一能昂然而言‘此处大门’；流通的种种符码（Codes）蔓延繁生，悠远恍惚，无以确定（既定法则从来不曾支配过意义，掷骰子的偶然倒是可以）；诸意义系统可以接收此类绝对复数的文，然其数目，永无解算之时，这是因为它所依据的群体语言无穷无尽的缘故”。[①] 这段非常具有先见之明的文字道出了此种符号系统的一个根本特点，即没有等

① 罗兰·巴特.S/Z［M］.屠友祥，译.上海：上海人民出版社，2000：62.

级（包括作者和读者之间），随处可以进入，因此也没有确定的终极意义。之所以如此，巴特其实已经说得很明白：依据于无边无际的群体语言，转换成计算机术语，也就是超链接，正因为无边无际的超链接使得最终的文本意义或者叫“超验所指”始终不可能达到。

这样的说法或许稍显抽象，但事实上，从更宽泛的意义上来说，在一个艺术被高度商业化、大众化，而且注意力经济大行其道的时代，迎合读者、最大限度地贴近读者的“期待视野”几乎是所有信息内容发布者的最迫切追求。这种迎合主义在传统的精英艺术时代是不可想象的，那时候作者与读者之间界限分明，艺术家只是根据其自身的想象和趣味来创作，读者不可能参与创作过程。如果说读者或受众已经可以主动参与创作，那么其创作结果即手机媒体艺术的文本形态便不再具有单一性，而是变成了巴赫金（Bakhtin）意义上充满对话的“复调文本”（Polyphonic Texts），或者用克里斯特瓦（Kristeva）的话说，是一种“交互文本”（Inter Texts），用网络语言来表达就是由无数个互相连接的文本系统所组成的“超文本”（Hypertexts）。

（三）融媒体性

所谓“融媒体性”，就是通过多种传播媒体之间的有机融合实现多功能一体化而获得的新的艺术性特征。诚如前述，手机媒体是媒体迭代的最新实现形式，它融合了在其之前的四种媒体的基本功能，包括图、文、声、光等，成为断代性的新的综合体。那么，基于手机媒体的艺术实现形式，也必然带有更多的融媒体的特点，这里的“更多”是指相较于不方便随身移动的计算机网络。手机媒体艺术的融媒体性正说明它是一种综合艺术，即涵盖声音艺术、视觉艺术、舞台艺术、策展艺术等在内的一种多维艺术形式。一首歌不仅可以听，还可以看歌词和MV（Music Video），也可以自己动手制作个性化的音乐作品集，以及宣传其内容的网络海报。一件雕塑作品出现在手机界面中，可以通过手指拨动，使其展现不同的侧面，也可以听文字讲解，并配上抒情柔缓的背景音乐。让文字发出声音，让图像变成文字，让声音变成图像，这种在传统艺术中难以实现的转变，在手机媒体艺术中变得轻而易举。根本原因就在于，手机是书，是报纸，是可移动的广播、电视，同时还是互联网，它将在其之前的所有艺术形式融于一身，并实现了有机统一，让人可以在任何一个渠道进入而又觉得毫无违和感，这就是手机媒体艺术的魅力所在。

（四）便携性

如果说上述三个特点是手机媒体艺术区别于传统艺术的三个关键点，那么方便携带使艺术变成身体的一部分，则是手机媒体艺术区别于计算机网络艺术的根本所在。换言之，这是手机媒体艺术的一个本己性的特点。诚如前述，本雅明敏锐地发现，机械复制可以轻易使艺术品自由移动，而且造成原本和摹本之间界限的泯灭，并进而造成“光晕”的消失；如果本雅明穿越到当代社会，面对手机媒体艺术，他可能真正体验到自己所谓的那种“震惊”：可复制、可移动的艺术品不仅随处可见，而且连摹本（很多时候包括原本）都已经失却了物理实在性，变成了手掌中的完全虚拟且又高度真实的复制品。正如论者所说：“在用数字复制技术对数字原创作品（虚拟原本——引者注）进行复制的过程中，原作与复制品之间已经没有区别，它们都以完全一样的二进制数字的方式存在着。”① 正是这种全息的、无损耗的复制，使得艺术品的移动（理论上）变成了光速。因此，手机就是可移动的美术馆、图书馆、博物馆和音乐会，真正印证了“掌中握无限，永恒刹那间”。

（五）黏性

黏性是手机媒体便携性的一个延伸，它在传播学中也被认为是新媒体所带来的所谓“沉浸式传播”的一个重要表现。姑且抛开复杂抽象的理论问题，这里首先应该思考的是，当人们说起手机媒体是一种高度黏性的媒

① 徐鹏．机械复制还是数字复制：对新媒体艺术文化身份的辨析［J］．江苏行政学院学报，2007（5）．

体的时候，人们究竟在说什么？答案是明显的：让人们沉浸于手机中不能自拔的，除了其手机本身的设计外观和广告附加价值之外（对大部分来说，这一点几乎可以忽略不计），就是其中琳琅满目的艺术作品。也就是说，手机的黏性其实来自其信息内容的黏性，人们对手机的迷狂，归根到底是不知不觉中将其看成一种审美对象。在这里，审美主体——那些“手机控”和“低头族”们——正在享受柏拉图所谓的“审美迷狂”，其情形正如叔本华（Schopenhauer）所描述的：是一种“纯粹的观审，是在直观中沉浸，是在客体中自失，是一切个体的忘怀，是遵循根据律的和只把握关系的那种认识方式之取消。……或是从狱室中，或是从王宫中观看日落，就没有什么区别了”。[①]达到“手机控”意义上的黏性，就意味着使用者正在变成一种对手机媒体艺术的欣赏者，一种完全忘乎所以的审美自失，一种完全与艺术对象融为一体的审美卷入。

值得一提的是，手机便携性和黏性的发展趋势越来越明显，手机在未来将不仅变成身体外在构成物的一部分，而且有可能获得具身性，成为身体肉体结构的一部分。罗伊·阿斯克特将这种媒体形式称为“湿媒体”（Moist Media），它具有了身体血肉的组织结构，以区分于与身体肉身性无直接连接关系的所谓“干媒体”（Dry Media）。可以想象，基于生物技术和信息技术的湿媒体时代一旦到来，艺术的便携性和黏性便具有了彻底的实在性，那时候的身体本身将变成艺术作品的原创地和展览场，艺术终究也将变成纯粹的身体艺术。

二、手机媒体艺术的主要类型

（一）分类准则

任何一种艺术都有多种表现形态，作为综合艺术的手机媒体艺术当然概莫能外。艺术类型的划分根据不同的标准可以得出不同的结果，本书不

① 叔本华．作为意志和表象的世界［M］．石冲白，译．北京：商务印书馆，1982：100.

打算将各个标准一一尝试，而是着重把握以下两个准则：一是从概念界定出发，二是参照比较成熟的新媒体艺术划分方法。按照这样的准则，手机媒体艺术在宏观上可以分为装置—造型艺术和内容—信息艺术两个部分。

（二）装置—造型艺术

前文已经指出，现代主义艺术通过各种实验瓦解了古典主义艺术的表现形式和时空结构。其中，强调艺术的装置化、多媒体化和互动性是其重要特点。这样的艺术活动一方面挑战了传统艺术，实现了表现力的新革命；另一方面也为后来出现的各种行为被冠以艺术之名提供了基本范例，而且艺术学和美学理论的世俗化、大众化和商业化趋向，也为新出现的媒体艺术提供了学理上的支撑。在这样的语境下，新媒体艺术及作为其新的实现方式的手机媒体艺术才有可能得以在艺术史的舞台上抛头露面，堂而皇之地被称为“艺术”。

正如白南准对电视、摄像机和霓虹灯管富有创意的拼接组装从而营造出审美意境，手机新媒体同样可以实现这样的艺术表达效果。不过，基于艺术创新的绝对性（所谓“似我者死”），当代或后现代艺术史上很难再发现有人模仿白南准，用手机组接成电视塔或者电子监察犬，或者进行其他类似的、带有精英主义意味的“纯艺术”创作。相反，作为物理实在性的手机如今实现艺术表达的方式是高度的商业化和大众化，变成人们手中五光十色、造型别致的消费品，或者变成橱窗、商品展台上五花八门的拼接组合体，抑或变成产品广告宣传、发布会上让人为之着迷的细节写真。那些让人爱不释手的手机壳、贴膜艺术及装饰物，同样也是这种艺术形式的组成部分，甚至连手机芯片和电路板都具备了高度的艺术性。从理论逻辑上来说，这些越来越精致、精美和精巧的手机艺术正是媒体艺术的商业化延伸，它符合机械（准确地说是数字）复制时代艺术的基本逻辑，即必然被大批量复制生产，脱离其原产地，成为人们日常生活的一部分。

（三）内容—信息艺术

如果说装置—造型艺术着眼于手机媒体艺术的物质结构形式，并以其物理实在性展现出靓丽的风景线，那么这一物质属性承载的信息内容，则可体现出更大的艺术可能性。

从内容—信息的角度来看，手机媒体艺术为人们带来了更为丰富多彩的艺术形式，而且正是这一部分让“低头族”欲罢不能，让“手机控”为之陷入审美的迷狂。基于这个视角，手机媒体艺术可以细分为多种类型，包括文字艺术、声音艺术、影像艺术、展演艺术及更具有融合性的综合艺术等，它们代表着手机媒体艺术的最主要的表现形式。

1. 文字艺术

文字艺术包括手机小说、诗歌、MOOK（杂志书）、段子及微信、微博、博客、维客等，这显然是报纸和书籍等纸质媒介的变相实现。手机作为数字媒体涵盖了纸质媒体的一般功能，并且让其中的文字载体变得轻便小巧、便于携带。一部手机可以装载无数座图书馆和报社，提供无限量的信息，这种功能本身就已经很艺术了。

2. 声音艺术

声音艺术包括手机音乐、评书、相声、有声小说、有声书等，这是广播艺术在手机媒体中的实现方式。20 世纪 20 年代，广播媒介的出现被认为是人类媒介史上的丰碑，因为它第一次让人类跨入了电子媒介时代。但是，伴随着新的电子媒介相继兴起，广播媒介逐渐衰落。然而，进入手机媒体时代以后，这一传媒艺术再次进入历史的“中兴”，不仅音乐 App 的访问量成为整个手机内容访问的佼佼者，喜马拉雅 FM、荔枝 FM、蜻蜓 FM 等广播网站也成为受众的关注焦点，以解放双手和双眼为比较优势的声音艺术实现了向人们日常生活的回归。

3. 影像艺术

影像艺术包括图片、画册、播客、视频网站、影视节目、娱乐节目、脱口秀等。毫无疑问，影像艺术是绘画、雕塑、电影、电视等艺术形式在手机媒体时代的延伸，虽然手机媒体中的文字信息占据着其信息内容的绝大部分比重，但在所谓的“读图时代”，影像艺术却当之无愧地成了最重要的艺术表现形式。或许尼尔·波兹曼所担心的视觉文化的过度娱乐化不无道理，手机媒体中的影像艺术在当代人的日常生活中变得不可或缺，它严重挤压了文字艺术的生存空间，甚至纯文字的阅读被手机用户视为无聊乏味，这已经是不争的事实。

4. 展演艺术

展演艺术包括时装表演、策展、舞台秀、戏剧、曲艺、体育竞赛等。这些艺术形式在传统的艺术种类划分上被称为“场地艺术”，因为它必须以一定的展演空间为依托。手机媒体显然为这种艺术形式提供了无尽的空间，它还在现场参与之外使展演艺术多了参与维度。而且，手机媒体基于其固有的互动性特点，也可以与现场观者和表演者进行实时的互动。

5. 综合艺术

不可否认，以上几种艺术形式都已经是不同程度的综合，但说到手机媒体的综合艺术，一般是有特定所指的，即网络游戏。网络游戏是一种原生性的网络艺术，但网络游戏不同于其他艺术的显著特点在于它的强制参与性，因为不参与就无所谓游戏。这种迫使参与者同时也为表演者的艺术形式比其他艺术形式多出了新的维度，实现了更高一级的综合。

第三节　手机媒体艺术的研究内容与方法

手机媒体艺术，正如前文所说，作为“熟悉的陌生人”，离我们切近又遥远。之所以遥远，是因为它目前在国内外的学术话语谱系中还没有找到属于自己的位置。在这里，我们只能试探性地来考究该领域可能的研究内容和基本方法。

一、手机媒体艺术的研究对象和范围

手机媒体艺术的研究对象和范围直接关系到这门学科的重心及其影响边界，需要做一个明确的界定。

跟手机媒体艺术的类型划分一样，我们对于这门学科研究内容的框定最好还是依据比较成熟的新媒体艺术。对于后者，研究者指出，“新媒体艺术的范畴应当包含两层含义。第一，新媒体艺术是以新媒介技术为支撑，从传统艺术中发展而来，因此，从广义上讲，新媒体艺术就是指一切建立在新媒体技术上的具有艺术性的事物，包括那些被数字技术大量复制并传播的传统艺术作品。第二，由于计算机技术、移动通信等技术是新媒体的主要传播方式，因此，狭义上的新媒体艺术可以看作以新媒体技术为基础，进行创作、传播、鉴赏，并进一步带来全新感受、思考和审美的新型艺术形态。”[①] 新媒体艺术在此被分为两个基本范畴：一个是基于新媒体所传播的一切艺术形式；另一个是基于新媒体技术所创造的艺术。这种做法与本书对于手机媒体艺术的界定（包含狭义和广义两个层面）是比较一致的。

类似这样的区分在其他研究者那里表述得更为细致和准确，新媒体艺术包括三个层面：在泛艺术层面上，是指“新媒体节目（Title）中一切具有艺术性（审美性）的东西……较为典型地体现为新媒体广告、电子（网络）游戏和网络出版物中”；在广义层面上，是“指新媒体负载的一切艺术类节目，主要是指以数字方式复制的传统（即不在数字化环境下创作的）艺术作品”；在狭义层面上，是指“一切以数字多媒体和互联网技术为支撑，在创作、承载与传播等艺术行为方式上全面出新，进而在艺术审美的感觉、体验和思维等方面产生变革的新型艺术形态”。[②] 将新媒体艺术分为三个紧密相关、范围逐渐变化的层面，这种做法既能强调中心区域，又能兼顾

① 孙雯，米高峰．新媒体艺术及其审美“新”特征初探［J］．新西部，2010（7）．
② 徐鹏．论新媒体艺术研究的特殊内容与方法［J］．中国人民大学学报，2007，21（1）．

边缘，值得参照和借鉴。

在此，我们也将手机媒体艺术的基本范畴分为三个层次，即手机媒体艺术、手机媒体文艺和手机媒体文化，它们围绕核心区域，呈涟漪式结构散开。其中，手机媒体艺术是指基于数字多媒体和互联网技术而创作的艺术形式，它是一种直接根源于手机媒体的原发性艺术，作品形式能够充分显现手机媒体艺术的基本特点。不可否认，这种艺术相对较少，比如手机小说、手机电视、手机游戏等。手机媒体文艺的范围更大，它不仅包括手机媒体原发艺术，还包括经由手机媒体传播的其他文艺形式，主要是以数字方式复制并通过手机媒体传播的传统文艺作品，包括出现在手机上的电影、有声小说、诗歌、绘画作品等。手机媒体文化是一个更大的范畴，它超越了文艺的边界，与手机媒体上呈现的器物、制度、价值观、行为和生活方式等内容关联起来，这些东西中都含有审美和艺术的成分，因此也应该成为手机媒体艺术的关注对象和范围。

二、手机媒体艺术的研究方法

手机媒体艺术的研究方法与新媒体艺术的研究方法比较类似，主要包括以下四种。

1. 文献法

虽然关于手机媒体艺术的直接研究并不多见，但将这一术语及其研究对象拆分成几个关键词，比如手机、新媒体、现代主义艺术、大众文化、生活美学等，则可见非常丰富的研究资料。因此，查阅大量的相关参考文献是进行手机媒体艺术研究的最重要方法。

2. 实证研究

包括民族志、统计分析、问卷调查在内的实证研究，能够很好地验证手机媒体艺术的存在状况和主要发展趋向，提供科学严谨的资料和论据，应该成为一种不可或缺的方法。

3. 理论思辨研究

手机媒体艺术作为艺术学的分支领域，应该具备这一学科的基本研究方法，即理论思辨研究。无论是艺术理论还是艺术批评都牵涉到大量的理论命题，就手机新媒体来说，我们已经提到的现代主义、机械复制、泛美学，以及即将涉及的传播模式、接受美学等，都是严肃的理论分析。因此，理论思辨研究应该是研究这门学科的基本方法。

4. 比较研究

手机媒体艺术的研究过程处处需要比较，比如手机媒体与传统媒体的比较，手机媒体艺术与传统艺术和互联网艺术的比较，手机媒体艺术传播和接受方式与其他媒体艺术的比较，等等。这些比较研究也构成了这门学科方法论体系的一部分。

思考题

1. 现代艺术从经典和精英时代走向世俗化、大众化和商业化的过程与表现。

2. 谈谈你对波普艺术的理解。

3. 什么是新媒体？它是如何从一种媒介形式蜕变成艺术形式的？

4. 手机媒体艺术的基本特点及其表现是什么？

5. 谈谈手机媒体艺术的主要类型及其典型代表。

6. 如何理解手机媒体艺术的交互性和连接性特征？

7. 如何理解手机媒体艺术的黏性特征？

8. 简述手机媒体艺术的研究对象与范围。

第二章　手机媒体艺术发展历程

传播媒介演化与人类文明的发展及进步紧密相关，媒介与人类艺术表现方式及生存状态紧密相连。手机问世至今短短三十余载，却给我们的生活带来了翻天覆地的变化。手机可以随时随地沟通交流与审美娱乐，“第五媒体”的这场“移动革命”不仅延伸了我们的身体，还开辟出“手掌上的风景”。人们对此乐在其中，乐此不疲，流连忘返。

手机媒体的发展让人类摆脱了以往电子媒介带来的禁锢感，正如当代美国传播学家保罗·莱文森所说，“手机使人首次回到前技术时代那种交流的本真状态，人能够边走路边说话，终于彻底摆脱了其他电子媒介把人囚禁在室内的枷锁。手机把因特网作为自己的内容，成为超越因特网的新媒体。”① 手机在技术、传播方式方面有着其他媒介不可比拟的优越性，悉心观察我们不难发现，它所衍生出的特点如个体性、便捷性、风格性、感官刺激性等，实质上在知识学归属上是属于广义的美学和艺术范畴的。也就是说，手机这种依附在人身体上的“自媒体”，在对人们审美趣味变迁的即时捕捉、审美经验的深度发掘和感官刺激的切实关注等方面，无可争议地已经走在了其他媒体的前面。

多种技术的更新与融合成为当下新媒体技术发展与变革的前提条件，“真正的‘革命’所要求的，不只是讯息传播方式的改变或者受众注意力

① 保罗·莱文森．手机：挡不住的呼唤［M］．何道宽，译．北京：中国人民大学出版社，2004.

在不同媒介之间分布上的变迁，其最直接的驱动力是技术。”[①] 随着移动通信技术、数字技术、网络技术、大数据、人工智能等迅猛发展，手机获得了一次次革命性的突破，而它的未来将会如何，或许我们仍然可以从未来学家尼葛洛庞帝在《数字化生存》中的一段话来进行预测：“下一个十年的挑战将远远不止是为人们提供更大的屏幕、更好的音质和更易使用的图形输入装置，这一挑战将是，让手机认识你、懂得你的需求及了解你的言辞、表情和肢体语言。”[②] 保罗·莱文森提出了“媒介人性化趋势演化”理论，该理论表述了这样一个概念：人类技术开发的历史证明，技术发展的趋势是越来越人性化，技术在模仿甚至是复制人体的某些功能，是在模仿或复制人的感知模式和认知模式，也就是后面诞生的媒介越来越趋向“人性化”方向发展。[③] 随着技术的发展进步，人类不断创造出新的媒介，同时自己也在被媒介不断渗透和改变，改变着我们的生活方式、思维方式和审美观念。手机用它的数字化、网络化、智能化和移动化改变着我们的生活，“数字化是信息化的一种方式……以重构一个虚拟的、没有物的世界。信息化、数字化使得人在这个以‘重’为特征的世界中获得了空前的自由。”[④] 手机作为人们日常生活必备品，作为个人生活必不可少的“影子媒体”，它必然承载着人们日常生活美化的使命，体现着人们的审美趣味。手机为我们提供了新的审美方式，搭建了新的审美平台，创生出许多新的审美内容，改变着我们的审美与艺术生活。

技术与艺术向来形影相随、紧密相关，任何艺术的表现手法都是技术，任何技术都有实现某种艺术创作的功能，因此新媒体技术的不断发展也为新媒体艺术的产生提供了必要的技术支持。手机媒体艺术则是新媒体艺术

① 丹尼斯·麦奎尔．麦奎尔大众传播理论［M］．崔保国，李琨，译．北京：清华大学出版社，2006.

② 尼葛洛庞帝．数字化生存［M］．胡泳，范海燕，译．海口：海南出版社，1997：177-182.

③ 保罗·莱文森．手机：挡不住的呼唤［M］．何道宽，译．北京：中国人民大学出版社，2004.

④ 吴伯凡．孤独的狂欢：数字时代的交往［M］．北京：中国人民大学出版社，1997：302-303.

的一种，它的出现丰富了新媒体的艺术形态。在这里，个体的多元化审美取向成为可能，个性化的审美需要得以满足，在大众化向分众化转变的进程中，每个个体都能够享受符合其自身需求的产品和服务。如果从最初的技术发展，手机可以追溯到近百年前，而形态纷呈的手机媒体艺术的表现形式则是在近十年中才得以发展呈现的。

第一节　1G 时代：手机成为时尚和身份的象征

1902 年，一个叫内森·斯塔布菲尔德的美国人在肯塔基州默里的乡下住宅内制成了第一个无线电话装置。这部可无线移动通信电话就是人类对于“手机”最早的探索和研究。

到了 1938 年，美国贝尔实验室为美国军方制成了世界上第一部作为手机雏形的“移动电话”，并被用于战地通信使用。

一直到 1973 年 4 月，美国摩托罗拉公司的工程师马丁·库帕发明了世界上第一部推向民用的手机。库帕认为，移动电话符合万物的自然规律，但令他万万没想到的是，这个发明将会对人类的沟通方式产生翻天覆地的改变。库帕带领他的团队用了 6 周的时间就完成了世界通信史上的巨大突破，研制出了“便携式”的移动电话。[①] 随后，库帕和他的团队还制造了天线，建造了手机基站。这些基站相当于一台微型电脑，可以测量电话信号的强度，同时把较弱的信号传递至下一个蜂窝。库帕用研发成功的手机在街头给身为竞争对手的贝尔实验室打了一个电话。虽然贝尔实验室的人员对这个来电并不重视，但其意义非同凡响，因为这是人类通信史上的第一次手机通话。1973 年 4 月 3 日这一天被认定为手机的生日，马丁·库帕从此被称为“手机之父”。

① 全球手机发展史［EB/OL］.（2017-11-17）.http：//www.sohu.com/a/205012809_287399.

摩托罗拉公司于1983年6月13日推出了世界上第一台便携式手机——摩托罗拉 DynaTAC 8000X。这台手机重0.794千克，长33厘米，标价3995美元，是名副其实的最昂贵的“砖头”，笨重厚实的深刻印象使美国人称之为“鞋机”。它是世界上首部获得美国联邦通信委员会（FCC）认可并正式投入商用的蜂窝式移动电话，最长通话时间是一个小时，可以储存30个电话号码。这台手机用了超过10年的开发时间，把贝尔实验室1947年提出的移动电话概念和20世纪70年代提出的蜂窝组网技术概念变为了现实。这个移动通信业界的第一，也奠定了摩托罗拉公司在移动通信业界20余年不可撼动的地位。

此时的手机使用的是第一代移动通信系统，也就是1G。它是移动通信时代的开端，采用的是模拟蜂窝组网，模拟通信的抗干扰性较差，且可复用性和系统容量也较小。使用1G的模拟移动电话，也就是国人惯称的“大哥大”。

1987年，我国首个900MHz模拟移动电话网在广东开通，同年，摩托罗拉在中国设立办事处，向中国消费者正式销售模拟移动电话“大哥大”。当时的“大哥大”像砖头一样大，且重达0.5千克，粗犷的外观和宽大的机身是其最大的特点。虽然在外形上略显笨重，但“大哥大”是当时高新技术的代表作，它第一次使人们摆脱了固定电话的羁绊。“大哥大”不仅块头大，价格也十分昂贵。刚进入我国时，裸机的售价就高达2万多元人民币，再加上入网费、话费，全部算下来，要接近3万元。因此，一直到1995年，北京的“大哥大”用户也没有超过20万。当时的“大哥大”既没有收发短信、拍照的功能，也没有游戏、MP3等功能，人们只能通过它进行简单的语音通话，并且通话质量较差，号码费和通话费也极高。但是“大哥大”依然受到了人们的极度追捧，无疑成为加速人们信息沟通和社会交往的重要工具之一，也一度成为身份的象征。

出于人们对手机便携性的考虑，手机在外观造型上开始不再局限于笨重的“大哥大”，而是朝着更加小巧、方便携带的趋势发展。1995 年，摩托罗拉生产出了世界上第一款翻盖手机——摩托罗拉 8900，它的最高售价曾达到三四万元。作为最早的翻盖式手机，它的外观也为后来手机的造型设计提供了诸多灵感。但是该机的翻盖与后来主流的翻盖手机还是有着不小的差别的，掀开翻盖之后，大家才能看到该机的键盘，此外在机顶上还有一根现在看来有些简陋的外置天线。摩托罗拉 8900 配备的是一块黄绿色的单色屏，支持的是 GSM 制式，使用的是镍铬电池。之后，摩托罗拉公司又推出了 8900 的后继产品 9900，因其体积小、轻便耐用，曾是白领女性的专宠。一直到 1995 年，摩托罗拉的翻盖手机都引领着手机最前沿的时尚。

在模拟网络时代，没有公司可以和摩托罗拉抗衡，8900、9900 手机曾一度成为中国手机的代名词。然而到了 GSM 数字网的发展时期，因其具有较强的保密性和抗干扰性，并具备容量大、频率资源利用率高、接口开放、功能强大等优点，各大手机厂家看好这一新的机会，争相拓展该市场上的份额。[①] 然而摩托罗拉公司不肯舍弃已有的地盘，依旧紧抱模拟网络，因此没能及时地调整市场战略，导致其手机霸主的地位迅速下滑。与此同时，诺基亚、爱立信等厂商后来居上，与摩托罗拉公司并称手机业的三大霸主。

模拟移动手机的出现，推动了人们信息沟通方式的巨大变革。但是它只是局限于最简单的通话功能，并且受到技术、材料各方面的限制，在款式上也十分单一、缺乏变化，大可称为“手机的史前时代”。在 2001 年 6 月 2G 正式登场后，“大哥大”和 1G 技术也都进入了博物馆。

① 梁富润 . 手机的发展简史及未来趋势［EB/OL］.（2014-12-16）.https：//wenku.baidu.com/view/552cbf422af90242a895e597.html.

第二节　2G 时代：手机媒体艺术的萌芽

第二代移动通信系统技术，简称 2G。相对于前一代直接以模拟信号的方式进行语音传输，2G 移动通信系统则是以数字化的方式进行传输。除了具有通话功能外，某些系统还引入了短信（SMS）功能。在一些 2G 系统中，还可以支持资料的传输与传真，但因为速度缓慢，只适合传输量低的电子邮件、软件等信息。

从 1G 跨入 2G，其实就是从模拟调制进入数字调制。相较而言，第二代移动通信具备高度的保密性，系统的容量也在增加。同时最为显著的一个变化是，从 2G 开始，手机拥有了上网功能，只不过人们只能浏览一些简单的文本信息。第一款支持 WAP 的手机是诺基亚 7110，它的出现标志着手机上网时代的开始，然而那个时代 GSM 的网速仅有 9.6KB/s。1995 年，爱立信公司推出了第一款进入中国大陆的 GSM 手机 GH337。爱立信 GH337 作为一款数字手机，重 0.22 千克，适用于 900MHz 的 GSM 网络，与同时代的模拟手机相比有抢线快、接收信号灵敏及携带方便的特点。①

相比于“大哥大”，2G 手机在抗干扰能力和通话质量上都有了显著的提高。更重要的是，2G 手机的成本较低，相比于“大哥大”高达几万元的价格，它只需几千元甚至几百元，这使手机的普及率大大提升，得以“飞入寻常百姓家”。

同时，因为手机短信（SMS）功能的出现，手机开始了向媒体转化的进程。短信，就是用户通过手机直接发送或接收的文本信息。而手机文学艺术的发展也要得益于短信业务的诞生，这项技术由诺基亚公司于 1996 年推出。能不能发短信，现在看来不稀罕，但却是手机通信技术巨大的飞跃。

① 全球手机发展史［EB/OL］.（2017-11-17）.http：//www.sohu.com/a/205012809_287399.

“大哥大”严格来说，只是一部不拖电话线的固定电话，而手机要实现发短信，必须把信号转换成一连串由 0 和 1 组成的数字编码，这一说起来简单的技术，科学家们却辛苦钻研了 10 多年。一条短信通常具有一定的容量限制，即接收和发送短信的字符数，因此短信最初只是单纯的文字信息传递。但随着人们对于自由性和分享性的需求越来越高，短信开始超越简单的实用目的而向娱乐化和艺术性靠拢，并因其轻便灵活的特点赢得了人们的欢迎和喜爱。

在海量的短信当中，不乏富有文学意味的佳作，因此出现了“短信文学”“短信艺术”等提法。渐渐地，除了各种打油诗、顺口溜和搞笑段子以外，以短信形式来发送某些文学作品或进行特定的文学创作开始受到大家的青睐。短信文学的发展大致经历了以下三个阶段。

第一阶段：孕育期，最早的短信完全是实用主义的，那个时候人们多是出于省钱省时的目的而使用短信，比如“书寄出了吗”“吃完饭了吗”“圣诞快乐”等；第二阶段：形成期，网络上出现了短信的征集活动，并且成立了专业从事短信创作的机构，短信的形式和质量都有了显著的提高，如问候类、幽默类、抒情类的短信内容；第三阶段：发展期，2005 年 1 月 20 日，由海南移动通信有限责任公司发起的“大拇指短信文学网站”正式运营，这标志着短信文学发展到了一个新的时期，短信已经成为大众喜闻乐见的一种娱乐方式。

除了传递信息外，以轻松诙谐的口吻来喻世警世也是短信文学的一个重要体裁，这一审美特点正是对短信特有属性的发扬和深化。类似的题材与风格虽然在传统文学也出现过，但不可能达到手机文学这样的集中化和普及化。短信文学以短信为基本结构单位，每条 70 字的限制迫使人们要用尽可能少的笔墨把尽可能多的情景充分地展现出来，因此段子化的凝练表达成为短信文学的基本创作原则。[①]

随着 2G 技术的不断提高，短信不仅可以通过手机联网来创作和传播

① 周善．传播学视野下的手机文学［J］．文艺评论，2007（3）：33-37.

各种短信文学作品，还能实现手机和互联网双向的文学传递，如通过电子书格式来进行文学作品的下载等。文学不再是艺术家的专利，人们可以通过收发短信、手机上网、手机语音、手机文学等多种方式随时随地达到创作或欣赏的目的。[①] 在这个过程中，艺术创作的主体身份得到了消解，每个人都可以成为艺术家。

短信（SMS）的进一步发展则是彩信（MMS，Multimedia Messaging Service），即多媒体信息服务。彩信是随着 2G 时代彩屏手机的出现之后诞生的手机媒体艺术形式，自 2002 年后逐渐流行。它最大的特色就是可以支持多媒体功能，能够传递功能全面的内容和信息，这些信息包括文字、图像、声音、数据等各种多媒体格式的信息。

随着手机用户的需求日益呈现多样化、个性化，市场竞争日益加剧，移动通信提供商开始利用已有的网络资源为用户提供增值业务，从而扩大市场份额，彩铃业务和彩铃 DIY 业务应运而生。爱立信公司于 1995 年推出了第一款可以自编铃声的手机 GH398。正因为有爱立信的牵头，才会有手机铃声的大放异彩。2004 年流传甚广的彩铃歌曲《老鼠爱大米》，由杨臣刚作词、作曲并演唱，由飞乐唱片发行。歌曲发行后，迅速在网络掀起了热潮，而手机铃声的兴起，也让这首较早的网络流行歌曲红遍了大江南北。与《老鼠爱大米》同时期受到欢迎的手机彩铃歌曲还有《两只蝴蝶》《一万个理由》等。

在 2G 时代，手机的造型艺术也越发丰富起来。手机在外形设计上有了较大的突破，出现了各种各样的手机造型。比如，第一款折叠式手机摩托罗拉掌中宝 328C，第一款滑盖手机西门子 SL1088，第一款双显示屏手机三星 SGH-A288。手机的外观经历了从翻盖手机到滑盖手机再到折叠手机的变化过程。随后，为了解决折叠手机在来电时还要打开手机这个不便之处，手机生产商们还陆续推出了双显示屏折叠手机。

---

① 钟虎妹．手机短信文学的特征和价值［J］．文艺争鸣，2005（4）：80-83.

在手机游戏方面，首创者是一直都主攻年轻人市场的诺基亚。诺基亚推出的第一款内置游戏的手机当属 6110，内置贪食蛇、记忆力、逻辑猜图三款游戏。其中，贪食蛇一直流传至今，成为诺基亚手机的传统游戏项目，后来一直被其他品牌的手机模仿，游戏类型也越来越多。

手机摄影功能是彩屏手机诞生后的一大突破。用户开始尝试利用手机拍摄简易照片。所谓“简易”，是因为这个阶段的手机摄影像素和显示像素偏低，通常只能拍摄和显示几十万像素的照片。由于受像素的影响，人们的手机摄影创作停留在人物头像拍摄阶段，还不能进行更多内容的拍摄。手机摄影只作为手机的一种附属功能融入大众生活，还谈不上艺术层面的摄影创作。

在 2G 发展过程中，还出现了 2.5G 的阶段，2.5G 时代形成了早期的移动互联网，有了适应手机上网的 WAP 协议，可发送和接收电子邮件及浏览网页，但是上网的速率远远不能满足用户需求。因此，这个时期的多媒体业务应用是有所局限的，导致手机媒体的艺术形式也受到了限制。

历史上总有一些技术发明和应用的生命周期是极为短暂的，从 1G 到 2.5G，通信技术发展速度之快难以想象。2004 年上映的冯小刚执导的电影《手机》就是中国 2G 时代的一个缩影，冯小刚导演的才气加上刘震云编剧的智慧，电影多场景、多角度、多侧面地表现了人们对于手机的“第一次亲密接触”。在 2G 时代，手机已经成为人们生活的一个组成部分，它给人们的生活带来了极大的方便，是人与人沟通的重要工具，也是时尚的体现。冯小刚所展现的 2G 时代，固然有他对于人性的反思，但不可否认的是，移动通信技术颠覆了人类的沟通方式，使我们的生活发生了翻天覆地的改变。①

① 何敏 .2G 时代的精彩通信生活［EB/OL］.（2015-10）.http：//www.snsh.cn/Article/txsm/201510/2074.html.

第三节 3G时代：手机媒体艺术的开端

3G是第三代移动通信技术，是指支持高速数据传输的蜂窝移动通信技术。2000年5月，国际电信联盟正式公布第三代移动通信标准，我国提交的TD-SCDMA成为国际标准，与欧洲WCDMA、美国CDMA2000成为3G时代最主流的三大技术之一。

3G技术的起源要追溯到1940年，美国女演员海蒂·拉玛和她的作曲家丈夫乔治·安塞尔共同提出了一个频谱（Spectrum）的技术概念。这个被称为展布频谱技术（也称码分扩频技术）的技术理论最终演变成了我们今天的3G技术，并给世界带来了不可思议的变化。

海蒂·拉玛最初研究这个技术是用于军事。二战结束后美国军方便封存了这项技术，但它的概念已使很多国家产生了兴趣。多国在20世纪60年代都对此技术展开了研究，但进展不大。直到1985年，在美国加利福尼亚州圣迭戈市成立了一个名为“高通”的公司（现成为世界五百强企业之一），这个公司利用美国军方解禁的“展布频谱技术”开发出一个被命名为“CDMA”的新通信技术，就是这个CDMA技术直接导致了3G的诞生。世界3G技术的三大标准都是在CDMA技术的基础上开发出来的，CDMA就是3G的根本原理，而展布频谱技术就是CDMA的基础原理。[①]

3G技术综合了蜂窝、无绳、寻呼、集群、无线扩频、无线接入、移动数据、移动卫星、个人通信等各类移动通信功能，提供了与固定电信网络兼容的高质量业务，支持低速率话音和数据业务，以及不对称数据传输。与前两代相比，3G技术最主要的区别就是在传输声音和数据时速度的极快提升，它能够在全球范围内更好地实现无缝漫游，并处理图像、音乐、视频流等

① 什么是3G通信技术［EB/OL］.（2012-04-13）.http：//www.360doc.com/content/12/0413/15/8896768_203305497.shtml.

多种媒体形式，提供包括网页浏览、电话会议、电子商务等多种信息服务，同时具有与第二代系统良好的兼容性。其中一个突出的特色是，可以在未来移动通信系统中实现个人终端用户在全球范围内的任何时间、任何地点，与任何人，用任意方式高质量地完成任何信息之间的移动通信与传输。可见，第三代移动通信十分重视个人在通信系统中的自主因素，突出了个人在通信系统中的主要地位。

中国工业和信息化部于 2009 年 1 月 7 日宣布，正式批准中国移动通信集团公司增加基于 TD-SCDMA 技术制式的第三代移动通信业务经营许可（即 3G 牌照），中国电信集团公司增加基于 CDMA2000 技术制式的 3G 业务经营许可，中国联合网络通信集团公司增加基于 WCDMA 技术制式的 3G 业务经营许可。

关于移动互联网，中国工业和信息化部电信研究院发布的《移动互联网白皮书》中给出的定义是："移动互联网是以移动网络作为接入网络的互联网及服务，包括三个要素：移动终端、移动网络和应用服务。"这个定义具有两层内涵：一是指移动互联网是传统的互联网与移动通信网络的有效融合，终端用户是通过移动通信网络（如 2G 网络、3G 网络、WLAN 等）而接入传统互联网的；二是指移动互联网具有数量众多的新型应用服务和应用业务，并结合终端的移动性、可定位、便携性等特点，为移动用户提供具有个性化、多样化的服务。①

3G 手机可以实现高速和"随时随地"的互联网连接，带来崭新的服务业务。

其一，视像通话业务，即通常所说的可视电话，实现通话双方的"面对面"实时交流。3G 时代的视像业务可以真正做到音频、视频的"随时随地"交互式交流，"闻其声又见其人"的鲜活场景可以延伸到地球的每个角落。同时，3G 的高带宽使 3G 终端与互联网的视频通话成为可能，不仅是手机与手机之间，手机与电脑、手机与电视之间都可以实现可视通话。

① 文军，张思峰，李涛柱．移动互联网技术发展现状及趋势综述［J］．通信技术，2014（9）．

其二，无线高速互联网业务，即移动通信与互联网的融合，手机终端可以“随时随地”接入互联网，完成各种互联网应用，并且是高速接入，表现在以下方面：“声色俱佳”的娱乐业务，如手机电视、手机网络游戏、手机购物、手机支付，手机移动互联网社区、博客、聊天、交流，手机端的各种下载和搜索，等等，3G 时代的高速上网让用户的娱乐体验是高质量和高效率的；“个性化而精准”的资讯业务，3G 网络的大容量与高速度使 3G 时代的资讯更多的是通过视频、音频来实现资讯内容的实时交互性传达，而非仅仅是文字内容，用户互动和反馈更加及时；“随时随地”的办公及商务，通过 3G 网络和服务，不仅可以在 3G 手机终端上完成撰写、收发、保存、打印电子邮件，还可以与 MSN、QQ 等即时通信工具融合，进行收发文字、图片、动画、影像等多媒体信息操作。移动互联网环境下的手机应用已经成为现代人的一种重要的娱乐休闲方式与生活方式。比如，乔布斯用苹果改变了世界，让手机这件本来仅仅是一个通信工具的物件发生了翻天覆地的变化。iPhone 手机已经远远超出了传统手机的功用，它和 3G 一起推动了移动互联网的发展，是对互联网一次根本性的提升和拓展。它让人们重新热衷于社交，无数人通过使用 iPhone 手机在微博、微信及各种 App 应用软件上流连忘返，人和人之间的沟通更加频繁。苹果的胜利，是技术的胜利，更应该是艺术的胜利，正因为有了技术与艺术的完美嫁接，才会有 iMac、iPod、iPhone、iPad 等。

一些传播学家预言在 21 世纪初会出现一种将通信、网络和个人电脑的特性加以综合，一种混合起来的新装置，它能够给人们提供交互信息、娱乐、购物和个人应用服务，展现出一个不断扩展的新世界。如今预言已经成为现实，智能手机横空出世。同既往的传播方式相比，它具有更大的传播优越性，交互性、虚拟性、即时性、广泛性、综合性、平民化、个性化等传播特性使智能手机深刻地改变了人类的思维方式、生活方式与观念形态，手机微博、微信、QQ 聊天、手机可视对话等为我们提供了全新的交流模式，开创了人类认识世界和感知世界的新方式、新途径和新手段。

德国文化理论家利德里希·基特勒在《记录系统》一书中指出，媒体形式的变化是人类文化变迁和发展的根本原因和基本动力，电子信息技术的完善和互联网的出现，带来人类文化形态的“哥白尼式的转折”。[①]

智能手机，是指像个人电脑一样，具有独立的操作系统、独立的运行空间，可以由用户自行安装软件、游戏、导航等第三方服务商提供的程序，并可以通过移动通信网络来实现无线网络接入手机类型的总称。智能手机的诞生，是由掌上电脑（Pocket PC）演变而来的。世界上第一款智能手机是 IBM 公司于 1993 年推出的 Simon，它也是世界上第一款触摸屏的智能手机，使用 Zaurus 操作系统，只有一款名为“DispatchIt”的第三方应用软件，它为以后的智能手机处理器奠定了基础，具有里程碑的意义。

App 是英文 Application 的简称，由于智能手机的流行，现在的 App 多指第三方智能手机的应用程序，作为一种第三方应用的合作形式参与互联网商业活动。目前比较著名的 App 商店（第三方软件提供商）有苹果的 App Store，安卓的 Google Play Store，诺基亚的 OVI Store，还有黑莓的 Blackberry App World。目前各种智能手机 App 软件已经渗透到人们日常行为和生活的方方面面，高速的网页浏览、高清晰度的图片和视频传播、及时的情绪和生活记录、极致完美的虚拟形象包装、随时随地的位置报道等，这些新技术的运用无时无刻不在深刻影响和改变着现代人的审美心理和行为方式。

例如微信、QQ、微博等，这类的社交应用软件几乎改变了人们的社交方式，也开启了人们数字化的新生活。人们通过这些应用软件，可以随时随地发布信息，这也激发了人们更加积极地参与创作信息、传播信息的热情。手机媒体艺术的开放性结构和交互性特点使艺术的创作主体身份逐渐被淡化消解，从而开创了一个大众创造艺术的新时代。3G 手机让人们释放天性，展现个性，做到了真正意义上的天马行空。手机媒体艺术作为一种

① 申丹，秦海鹰. 欧美文学论丛（第三辑）：欧美文论研究［M］. 北京：人民文学出版社，2003：206-208.

崭新的艺术形式，而且是独树一帜的艺术形式，活跃在了人们的日常生活之中。

其中，微博的广泛流行和大受欢迎就是一个最好的实例。微博中的每条消息都在 140 字以内，具有短小精悍的特点。在今天这个阅读越来越碎片化的时代，人们其实更愿意去记录自己瞬时性的审美体验，并且可以随时随地发送出去，和他人共享，这大大满足了普通人的创作热情。微博之所以如此受人们推崇，其中一个原因还在于它采用了一种 UCC 模式，即“用户创造内容”。此外，它还强调了人际“圈”的强大影响力。在微博里，用户们可以通过关注和被关注的方式来逐渐扩大自己的个人人际“圈”。当这个“圈”越来越大，粉丝数量越来越多，也就证明了自己越来越受到关注和认可。当用户成为微博“大 V”后，在微博上所发布的一言一行、图文动态都会得到即时而广泛的传播。

与前两代手机相比，智能手机往往都有一个触摸式的超大彩色显示屏，它除了能完成高质量的日常通信外，还自带高清的摄像头。用户们可以利用手机来拍照、录像，这一功能甚至在一定程度上取代了数码相机，使数码相机成为一种“多余”。智能手机所提供的摄影功能也使用户从最初使用手机拍摄较低像素的照片进入了利用手机来摄影创作的阶段。智能手机拥有独立的核心处理器和超大的内存空间，因此可以满足用户们拍摄更多高清图片和视频录像的需求，当我们遇到美好事物的时候，都会忍不住想用手机记录下来。手机摄影满足了人们瞬时性审美体验的需求，也成为人们用来记录生活的新方式。

智能手机作为高速上网的移动互联网终端，是更为个性化、流动便捷的数字传播工具，能够让人从中获得瞬间感受、流动审美、身心合一等种种特殊的审美体验。智能手机能够随时随地接入移动互联网，补偿性地把手机媒介功能扩大到移动的虚拟空间，人们往往利用碎片化的短暂时间就可以完成人际交流、获取信息和参与娱乐审美。由于手机提供的审美对象时刻与人相随，这又决定了手机的审美观照已经脱离了公共的视野，具有更多的私人性与自由性。此外，审美观照的发生必须以审美情境的进入为前提，人总是在日常生活与审美情境之间穿梭转换。随身携带的手机则为人们进入审美情境提供了快捷通道，审美情境与日常生活转换成本的降低使人们可以在日常生活中更频繁地进入审美情境，从而获得更多高层次的审美体验。移动互联网络的海量内容，也为用户提供较多审美对象，审美情景间的快速轮转也延长了人们的审美时间，智能手机让我们可以沉浸于审美的愉悦之中。

智能手机带来的媒介革命性的变革大大增强了一般普通大众对艺术的参与性、表现性和创造性，艺术审美与现实生活发生了全方位的相互渗透。“日常生活化”的手机审美带来“深层的审美化”，这种审美化深入每个人的内心世界，慢慢地塑造和改变着大众的意识、精神、思想乃至本能，这一深层的表现就在于把文化艺术创造权由专业人士交到了每一个普通大众手中。正如彼得·科斯洛夫斯基（Peter Koslowski）所言：“任何人在他的生活与工作的现实中，都直接体现着某种艺术性与创造性的精神。后现代社会是创造性的社会，是创造文化的社会，每个人都可以成为艺术家，成为创造性地、艺术性地从事自己职业活动的人。”①

2007 年，英国的企鹅出版社曾发起过一个名为《百万企鹅》的手机互动小说，世界各地的手机用户可以在为期六周的时间内，共同参与到该小说的创作中来。所有的参与者们都可以任意地对小说的情节和人物进行续写和创作，每位参与者的字数限制在 250 字以内，因此整部小说的情节具有强烈的不可预测性。此外，每周会有一位企鹅出版社的编辑来负责整合本周参与者们的创作内容，并且提出相关的意见来引导小说发展的方向。可见，人们通过智能手机，不仅可以实现个体的价值，而且可以在网络上让个人的才华得到充分的展现。

手机媒体艺术将声音、文字、图像、动画等多种艺术表现形式进行完

① 彼得·科斯洛夫斯基. 后现代文化：技术发展的社会文化后果［M］. 毛怡红，译. 北京：中央编译出版社，1999：165.

美的融合，并达到一种新的高度。独特的感官体验也使得手机媒体艺术具有更强烈的逼真性和高密度的信息含量，更多的形式和内涵也创造出全新的艺术表现形式。

传统的漫画一般是以书本纸质形式进行连载呈现给受众群体的，然而随着手机 3G 网络技术的发展，漫画变得不只是单纯的一张张漫画图片或者是四格漫画的连载形式。人们通过手机看到的手机漫画除了单纯的画面，通常还会结合各种声效和动画效果，甚至还可以进行即时的在线评论，和其他的欣赏者们进行实时的交流，彼此分享各自的观看感受。手机漫画这种新颖的表现方式，相比较于传统的漫画连载，更加具有多元化的特点，带给人们的感官效果也变得更加强烈，同时也诞生了一种全新的漫画艺术表现形式。

手机媒体艺术很好地将艺术引入人们的日常生活中，在一定意义上，甚至抛弃了艺术与非艺术的界限，不仅做到了生活的审美化，而且满足了人们对于个性的追求。伴随着手机网络技术的发展，世界各地的知名博物馆几乎都开设了虚拟博物馆，如大英博物馆、卢浮宫、故宫博物院等。虚拟博物馆为人们提供了更为快捷的检索功能，使参观和欣赏的过程变得更加便捷。同时，也打破了人们参观博物馆的时空限制，只有一部手机，就可以随时随地徜徉在博物馆的艺术世界中。艺术不再只是某些人的专属特权，手机 3G 网络技术为普罗大众架起了一座沟通艺术的桥梁。

智能手机在日常生活审美化的进程中所扮演的角色不容小觑，它一方面创造出新的生活方式与文化内容，引导着人们去追寻更富情趣和品质的审美趣味；另一方面这样的审美趣味反过来又影响人们的日常生活，由智能手机所带来的“审美文化已然渗透在我们的日常生活和精神生活之中，它构造着我们的生活世界，也塑造着我们的身体与灵魂”。[①]

① 余虹．审美文化导论［M］．北京：高等教育出版社，2006：2.

第四节　4G时代：手机媒体艺术日趋成熟和丰富

随着数据通信与多媒体业务需求的发展，适应移动数据、移动计算及移动多媒体运作需要的4G通信开始兴起。4G指的是第四代移动通信技术，同时也是3G的延伸。在2005年10月的ITU-RWP8F第17次会议上，国际电信联盟（ITU）给了4G技术一个正式的名称——IMT-Advanced。按照ITU的定义，当前的WCDMA、HSDPA等技术统称为IMT-2000技术；未来新的空中接口技术，叫作IMT-Advanced技术。这个标准将继续依赖3G标准组织已发展的多项新定标准加以延伸，如IP核心网、开放业务架构及互联网协议第6版（IPv6）。同时，其规划又必须满足整体系统架构能够由3G系统演进到未来4G架构的需求。4G集3G与WLAN于一体，能够快速传输数据、高质量、音频、视频和图像等。它能够以100Mbps以上的速度下载，比目前的家用宽带ADSL（4兆）快25倍，并能够满足几乎所有用户对于无线服务的要求。此外，4G还可以在DSL和有线电视调制解调器没有覆盖的地方部署，然后再扩展到整个地区。很明显，4G有着不可比拟的优越性。

在4G技术中，最为核心的几项技术包括正交频分复用OFDM技术、软件无线电技术、智能天线技术、多输入多输出MIMO技术及基于IP的核心网。与传统的通信技术相比，4G通信技术最明显的优势就在于通话质量及数据通信速度，它的图像传输质量与高清晰度电视不相上下。与移动通信系统数据传输速率进行比较：第一代模拟式移动通信系统仅提供语音服务；第二代数位式移动通信系统传输速率也只有9.6Kbps，最高可达32Kbps；第三代移动通信系统数据传输速率可达到2Mbps；而第四代移动通信系统传输速率可达到20Mbps，甚至最高可以高达100Mbps。这个速率是移动电话数据传输速率的1万倍，是3G移动电话速率的50倍，也比拨号上网快 200 倍。如果说 3G 能为人们提供一个高速传输的无线通信环境的话，那么 4G 通信会是一种超高速无线网络，一种不需要电缆的信息超级高速公路。

此外，4G 的通信功能是十分灵活的，从严格意义上说，4G 手机的功能已不能简单划归到“电话机”的范畴，毕竟语音资料的传输只是它的功能之一。人们不仅可以随时随地进行通信，还可以进行双向下载，传递资料、图画、影像，这也更加有利于手机媒体艺术的传播和发展。而且，第四代移动通信的智能性更高，不仅表现在其终端设备的设计和操作上更加智能化，更重要的是 4G 手机还可以实现许多难以想象的功能。例如，它能根据环境、时间及其他设定的因素来适时地提醒手机的主人此时该做什么事，或者不该做什么事；它可以把电影院票房资料直接下载到掌上电脑（PDA）中，这些资料能够把售票情况、座位情况显示得清清楚楚，用户们可以根据这些信息在线购买自己满意的电影票。4G 手机还可以被看作一台手提电视，可以用来观看体育比赛之类的现场直播。在兼容性上，4G 也拥有无可比拟的优越性，可以进行全球漫游、接口开放，还能跟多种网络互联，具有终端多样化及能从第二代平稳过渡等优势特点。

4G 通信技术的普及也让手机媒体艺术走进了高互动性和个性定制的新时代，人们也逐渐从大众化的审美体验转换成个性化的审美体验。此外，4G 网络技术传输速度的急速提升也让人们在流量载体方面没有了限制，4G 手机用户可以更加便捷地成为手机媒体艺术的传播者和创造者，很显著的一个现象就是手机微信公众平台的迅速发展。微信公众平台上拥有大量不同类型、不同风格的微信公众号。这些微信公众号的创作者们可以从自身的审美和爱好出发，发布独具自己风格特色的媒体艺术信息。而作为微信公众号的粉丝，也就是受众群体，他们可以根据自身的审美、喜好、兴趣等因素来进行筛选，从而关注到属于自己喜好的微信公众号，并接受公众号所传播的媒体艺术信息。除此之外，受众们可以对这些媒体艺术信息进行转发和分享，并发表自己的看法，从而达到展现自我个性化和审美需求的目的。近年诞生了大量具有广大粉丝群体的微信公众平台，这种个性化的内容定制方式得到了广泛的关注和传播，而这种现象的出现，除了技术层面上的因素外，也有人们在手机社交平台上所展现出来的标新立异、寻求认同等心理层面的因素。

4G移动通信技术的不断发展，使手机用户们的需求也随着眼界的开阔和技术的升级达到了新的层面，手机技术的每一次革新都带来了社会、生活的巨大改变和文化的进步。其中，4G手机技术带来的最大变化就是其方便的随身可移动性及快速即时的信息传播速度。除此之外，手机用户还可以根据个体的需求来获取自身所需要的文化信息，并且可以跨越时空界限。在4G技术的支撑下，人们可以利用YY客户端的课堂工具，远程参与到艺术作品的设计和创作当中来，并提出自己的意见和建议，艺术家们还可以根据客户们的要求，对自己的作品进行修改和完善。

随着文化产业的不断调整，未来的文化产品形态也将发生显著的变化。4G时代的文化产品将具有私人定制的意味，文化产品不仅可以根据不同的受众人群来开发，还可以依据个人的审美爱好进行个性化的定制，充分地满足每个人的文化需求。此外，文化产品也将更加注重受众人群的参与感和体验性，每个人都可以参与到文化产品的制作过程中来，最终生产出的文化产品也会因为不同人群的参与和体验而发生不同的改变。

4G时代的手机媒体艺术具有多元化的审美标准，如创作手机音乐的审美标准是根据应用软件的选择决定的：在制作读书类应用的音乐时，应该选择节奏较为舒缓、具有宁神作用的轻音乐；而游戏应用中的音乐则可以是富有强烈的节奏感、具有趣味性的音乐风格。然而，无论是在哪种应用环境中，其音乐风格都应该是通俗化、具有积极趋向性的音乐。

当手机绘画创作时，则应该做到强调主题、个性、创新的标准。手机上常用的绘画创作途径是十分广泛的，如UI界面设计、文章插画、App标志等，这些绘画元素都要在第一时间抓住用户的眼球，这也是手机绘画艺术的创作目标。

在影视创作方面，手机视频艺术也在4G时代得到了蓬勃发展，手机电影、手机直播、短视频等手机视频艺术类型开始出现，并不断地趋向成熟。2018年春节前夕，陈可辛导演使用iPhone X拍摄的微电影作品《三分钟》引起了热议。电影大师和iPhone的混搭，无疑展现了智能手机在4G时代强大的拍摄能力。在电影叙事中，灯光是一个帮助讲故事并建立人物性格的工具。iPhone X的人像光效很好地实现了这一点，而且可以切换不同光效，表达不同情绪。此外，很多电影后期剪辑特效如延时拍摄、慢动作等效果，iPhone X在拍摄时就能即时地实现。

我们处在一个媒体碎片化的时代，这样的环境决定了人们更加倾向于轻松娱乐的观看方式。在这种娱乐化潮流的影响下，衍生出了大量的手机短视频拍摄软件，诸如抖音、快手、火山小视频等一系列手机短视频平台，受到了众多手机用户的欢迎，尤其是年轻群体。这些手机短视频平台中所展现的视频内容，也大多具有趣味性和娱乐化的特征。

在摄影方面，手机摄影所承载的技术要求也开始变得越来越高，并且呈现出多元化的审美标准。摄影者运用手机这一拍摄工具，在某个特定的瞬间，将自己的审美意向通过拍摄图片的方式展现出来。在手机摄影中，摄影者们通过对光线、构图等视觉语言的追求，将私人体验和个性语言融入自己拍摄的作品中，起到了展示自我的作用，并给予观看者美的享受。随着人们对于手机摄影要求的逐步提高，诞生了大量的手机美图类App。这类App致力于提供手机图片拍摄、美化、分享和云端相册的一站式图片服务，诸如美图秀秀、Faceu激萌、B612咔叽、无他相机等美图类软件深受大众的喜爱和欢迎。

此外，由于手机移动社交平台的功能也在不断地进行升级，微信从支持文字、图片的发布到现在可以支持短视频的传输；微博上各类自媒体账号纷纷诞生，让大量原创的文本内容被生产出来并得到广泛传播。得益于文字与图片、视频组合传播的优势，手机文本艺术也从过去的短信文学阶段发展到网络段子阶段。

手机几乎成为网络小说的主要传播媒介，因此，大量发表网络小说的门户网站也顺应潮流地推出自己的手机移动客户端，如起点读书、QQ阅读、熊猫阅读等手机网络小说阅读 App。手机网络文学的迅猛发展也诞生了众多深受读者欢迎的网络小说作品，如《鬼吹灯》《盗墓笔记》等。其中，一些优秀的网络小说还被改编成了影视作品，如 2017 年大热的影视剧《欢乐颂》《三生三世十里桃花》等。

值得一提的是，随着人们对 4G 手机的智能性要求越来越高，随之诞生了与手机相匹配的附属产品，比如耳机和近年来大热的智能手表。实际上，耳机的诞生历史比手机早得多，然而随着互联网技术的不断发展，手机早已成为大家听音乐的最佳选择，因此耳机也就成为手机标配的附属品。2001 年，苹果公司发布第一代 iPod，小白耳机（iPod Earbuds）也随之横空出世。后来随着新一代 iPhone 的上市，小白耳机也成为苹果手机的标配之一。手机和耳机的完美结合，可以说完全颠覆了我们传统的听歌方式，也使手机音乐在形式和质量上都得到了不断提升。

而所谓智能手表，其实就是内置智能操作系统、通过连接网络来实现多种功能的手表产品。智能手表一般可以同步手机中的电话、短信、邮件、照片、音乐等。2014 年 9 月，苹果正式发布 Apple Watch，并宣布其将于 2015 年春季正式上市，成为史上最畅销的单款智能手表，意义巨大。可预见的是，智能手表的外观也越来越时尚与精美，以满足手表天然的配饰属性，并且在性能和智能化上还会有越来越大的提升。

手机媒体以其审美交互的主体性、审美客体的虚拟性、审美体验的主动性及审美创作的个性化、生活化为审美特征，对传统的审美方式无疑是一个冲击和颠覆，它丰富了人们的审美体验，带来了人们审美生活的深层变化。手机诞生之初，它本是进行信息传播的工具，然而在现代通信技术的支持下，如今的智能手机“比电脑更普及，比报纸更互动，比电视更便携，尤其是手机已经显示出超越其他媒体的一些特性来”[①]，“是具有通信功

① 刘洪清 . 风生水起“第五媒体”［J］. 青年记者，2006（16）.

能的迷你型电脑”[①]，已然当之无愧地成为独具全媒体功能的“第五媒体”。手机媒体以其特有的审美功能和特征为用户不断带来审美的新快感、新体验，带来了一种新的移动审美生活方式。

通过4G，创造能力表现在不同的手机媒体艺术形式与作品中，从而促进手机媒体艺术进一步的蓬勃发展。当下手机媒体艺术带来的平民化、交互化的特点，也让艺术不再局限于严肃的传统艺术表现形式，具备了亲民的特征。同时，各种类型的手机媒体艺术平台也通过4G通信技术的发展不断扩大，艺术家们可以通过手机媒体创作出更多符合市场主流需求的艺术作品，从而进一步充实人们的文化精神需求。因此，手机媒体艺术在4G时代必将会迎来一个蓬勃发展的新时期。

第五节　畅想5G

2018年，在斯皮尔伯格执导的科幻大片《头号玩家》中，我们可以看到人类用网络创造出另一个“绿洲”，虚拟现实操控了人们的真实世界。而在我们的现实生活中，虽然不能还原电影里的超现实，但是为了应对2020年后移动互联网数据爆炸，人们对于移动通信的更高需求，5G的出现必然会给我们的生活带来巨大的改变。与我们当前使用的4G相比，未来5G时代的特点大致可以概括为：超高速、超大容量、超低延迟。预计在2020年前后，人类就将全面进入5G时代。

5G对我们来说意味着什么？相信很多人的第一反应都是“超高速的网络连接”。事实上，在4G时代，网络视频就已经可以流畅播放了，而5G用毫米波取代电磁波，网速理论上可以高达20Gbps，实际下载速度达到每秒上百兆。网速相比4G快了10倍以上，不到一秒就可以下载好一个

① 匡文波．手机媒体概论［M］．北京：中国人民大学出版社，2006.

App，一部高清电影也只需不过10秒。这意味着，我们用手机看视频再也不会出现卡顿，我们将永远和“缓存中”的那个小圆圈说再见。5G时代，各种数据信息都将放上网络的云数据库，人们需要时就可以随时下载；无人自动驾驶汽车也可以获得更加及时的导航数据，进一步提高安全性能。除此之外，通过虚拟现实技术，医生可以远程进行治疗病患；科技人员可以远程操作机器……现代社会的生活效率将得到很大程度的提高。

借助超大的容量，5G将开启万物互联的全新时代。全球领先通信服务供应商爱立信研发中心负责人萨拉·马苏尔说道：“（5G）网络需要应对通信需求的巨大增长。”英国广播公司（BBC）报道，伴随着物联网的发展，到2020年预计将有500亿到1000亿个通信设备连入网络，其连接量可以达到100万个/平方公里，就是所谓的万物互联。超大的容量把世间万物都用一张网“拴”在一起，家里的各种电器可以联网，成为智慧家庭；城市的各种设施可以联网，成为智慧城市；工厂的各种仪表可以联网，成为智慧工厂；所有的社会因素都通过万物互联，整个社会转型成为数字化社会。

数字时代的本质就是毕达哥拉斯主义的现代回归，即把数看成万物的本质，并把数字化看成生活世界构造的基本方式。[①]游戏、娱乐、网购、信息交易、电子账单等，逐渐成为人们关于这个世界的认识和实践的表达方式，构建起人们的生活样式。通过数字化的社交平台，拓展人们对真实世界的认知能力，增加人们感知物理世界的间接性，并建立起理解真实世界的认知基础。人们原来以各种直接感触性或实存性为前提的生存经验，逐渐被各种对数字物的直接感触或虚拟交易所替代。比如现今的数字博物馆、数字图书馆、数字艺术馆、数字动画片、VR等人机互动场景，对数字的生活体验已深入人们关于世界存在意义价值的建构和把握中。

---

① 刘友古．数字时代的本质与未来［EB/OL］．（2017-05-02）.http：//www.cssn.cn/zx/bwyc/201705/t20170502_3504924.shtml.

现在，当我们用不同网络收看视频时，会发现明显的延迟，就连所谓的“直播”也做不到完全的同步，但是5G通信技术的出现就可以避免这个问题。5G信号传输从一端到另外一端的延迟达到毫秒级，对于那些对网络延迟非常敏感的领域来说，真正找到了解决方法。比如医疗，超低延迟的5G让医生可以放心地进行远程手术；再比如无人车，驾驶员也可以远程进行高速驾驶，等等。为了更直观地表现5G的低延迟性，2018年3月爱立信做了一个实验。他们把同一个乐队的四个人分成两组，然后让他们分别待在两座不同的城市进行乐队录音。在录音时爱立信使用了毫米波无线设备，借助5G技术做到了解压零用时，使得乐队四人演奏完全同步，充分展示了5G技术的低延迟优势。

随着5G通信技术的逐渐普及，手机媒体艺术定将上升到一个新的层次。4G时代，秒拍、抖音、微博、微信等自媒体的出现，给了我们创作、传播、下载的机会，手机视频艺术得到了一次横向的发展。而5G时代的到来，将给手机视频带来一次纵向的革新，AR、VR应用变成可能。目前，我们在手机上观看视频还仅限于清晰度上的选择——标清、高清或超清，但说到底它们带来的都还是一种平面观看的体验，而手机AR、手机VR却可以借助4D甚至5D，让用户直接体验到一种身临其境的“沉浸感”和“现场感”。也就是说，除了传统的视觉感知外，手机VR还拓展了听觉感知、触觉感知、运动感知，甚至还包括味觉、嗅觉等，理想的虚拟现实应该具有一切人类所具有的感知功能，真正实现麦克卢汉的“媒介是人的延伸”。5G时代的万物互联不再只停留在物质的层面，还包括了人类感官的互联。这使得人们对于手机视频艺术的认知不再禁锢于对象和范围层面，而是真正从视频艺术本身实现了突破。

比如，2018年举办的俄罗斯世界杯，由于工作、学习等原因，很多球迷去不了现场，可以通过手机来观看现场比赛视频。但是有了5G，借助VR，人们就仿佛穿梭于俄罗斯的球场，可以感受现场的激情，和大家一起加油喝彩；再比如，当我们观看一个美食节目时，不仅局限于视觉上的感受，还可以闻到香味，可以尝到味道，甚至可以“共感”到品尝美食的那种幸福感……这就是5G将带来的“沉浸式传播”，它将完全颠覆我们原有的艺术形式，打破时空，创造“不可能”。

在听觉艺术上，5G的超高网速、超大容量也带来了一个新的风口。在湖南卫视的《歌手》节目中，总是有很多观众动情落泪的画面，网友曾戏称他们为“演员”。但是，真正去过现场的人就知道，节目录制现场的各种音响设备能够真正无瑕疵、毫无损害地传递声音，音响效果十分震撼。再加上歌手们的动情演唱、交响乐队的现场伴奏，在这种氛围下，观众们听到动情处落泪也无可厚非。可惜并不是每一个人都有机会去到现场感受这种震撼的听觉盛宴，但是借助5G，未来手机也能实现这样的音响效果，将数千万的音响设备“装”进手机。超大容量保证了手机在传输时可以无压缩、全保留的展现音乐，超快网速也使得如此大容量的音乐可以很快地传递、下载，人们在手机听觉艺术上的体验得到了最大程度的满足。

在前面我们也提到，手机媒体的基本诉求是通过网络来达到交流信息的目的，而5G时代让这种交流不再局限于人与人之间。清华大学新闻与传播学院教授彭兰曾提出，“我们即将面临一个万物皆媒、人机共生的智媒时代”，而这一切都将建立在未来5G的基础上。[①] 在强大功能的支持下，5G将万物也纳入互联网中，升级为物联网，致力于实现人与人、人与物和物与物之间的智能互联。从今天的“物联网”（IoT，Internet of Things）走入“万物互联”（IoE，Internet of Everything）的时代，所有的东西将会获得语境感知、增强的处理能力和更好的感应能力。人和信息将全部加入互联网中，我们会得到一个集合十亿甚至万亿连接的网络，这些连接创造了前所未有的机会并且赋予沉默的东西声音。[②] 例如，我们的每一根血管、每一次心

① 彭兰.我们即将面临“万物皆媒、人机共生”的智媒时代［EB/OL］.（2016-11-22）.http：//sike.news.cn/statics/sike/posts/2016/11/219509602.html.

② Dave Evans. 万物互联（Internet of Everything）如何将世界变得更好［EB/OL］.https：//www.cisco.com/c/zh_cn/about/social-media/internet-of-everything/ioe-infographic.html.

跳都拥有了自己的“话语权”，他们的语言可以直接传输到手腕的手表上，于是我们的健康状况每一刻都在更新着；我们现在到一个陌生的地方，可以用手机定位到一家酒店、一个餐厅，而万物互联的5G时代，一张桌子、一块路牌都会有自己的信息库，也许它会记录下用过这张桌子的人、开过这张路牌的车等。总之，未来钥匙、钱包再也不能跟我们“捉迷藏”了，因为我们可以随时通过网络锁定它。借助手机，我们可以和世间万物进行“交流”，基于此，手机媒体艺术的范畴与对象将大大拓宽。

当然，5G给我们的生活带来的改变还不止于此。流量资费会更加便宜，甚至实现全Wi-Fi覆盖，真正做到网络无处不在。对于那些偏远山区的小孩来说，就能更早更快地迈出他们接触世界的第一步；智能家居让我们不用每天再花那么多时间和精力在做家务上，而是可以选择走出去感受自然，享受生活，特别是对于妈妈来说，她有了更多属于自己的时间；人工智能可以代替完成那些重复性的工作，人们就能提升自己去完成更有意义的事情，社会发展将“迈上”高速公路……因此，5G的出现并不代表我们进一步被网络“绑架”，反而从某种意义上来说，5G把我们从日常生活中“解放”出来，给了我们用另一种方式看世界的机会。

在4G刚开始进入大规模应用时，全世界范围内就已经全面启动了对于新一代通信系统5G的研发工作。随着近年来社会经济与科学技术的进步，以及人们对移动通信技术需求的逐渐提高，5G移动通信技术的普及只是时间问题。它的出现在给我们的生活带来转变的同时，也明显地提高手机媒体艺术的发展空间，带来了社会、生活和文化等方方面面的进步。未来伴随着5G网络的出现，数据流量一定会呈指数级别的增长，相信5G这阵狂风一定会吹出一个又一个的风口，越来越多的手机应用会应运而生，而用户将享受到的是真真正正的便捷与无处不在的优异网络连接，手机媒体艺术的形式与内容也必定会更加丰富多彩，精彩纷呈。

思考题

1. 简述 1G 时代的手机发展历程。

2. 谈谈 2G 时代短信文学、手机彩铃的发展。

3. 简述 3G 时代手机媒体艺术的发展与表现形式。

4. 如何理解现代通信技术与手机媒体艺术发展之间相辅相成的关系？

5. 手机媒体是如何打破艺术的界限，并将其引入普罗大众的生活之中的？

6. 在 4G 时代，手机媒体艺术是如何满足大众个性化、多元化的审美需求的？

7. 面对即将到来的 5G 时代，多种手机媒体艺术形态将如何进行融合和联动传播，实现“1+1>2”的效果？

8. 展望开启“万物互联”的 5G 时代是怎样的？

第三章　手机媒体艺术形态表现

手机媒体艺术的基本范畴可以分为手机媒体艺术、手机媒体文艺和手机媒体文化三个层次。其中，手机媒体艺术是指基于数字多媒体和互联网技术而创作的艺术形式，它是一种直接根源于手机媒体的原发性艺术，如手机直播、手机电影、手机小说、手机游戏等，作品形式能够充分显现手机媒体艺术的基本特点，不可否认，这种艺术形式相对较少。手机媒体文艺的范围更大，它不仅包括手机媒体原发艺术，还包括经由手机媒体传播的其他文艺形式，主要是以数字方式复制并通过手机媒体传播的传统文艺作品，包括出现在手机上的电影、有声小说、诗歌、绘画作品等。手机媒体文化是一个更大的范畴，它超越了文艺的边界，与手机媒体上呈现的器物、制度、价值观、行为和生活方式等内容关联起来，这些东西中都含有审美和艺术的成分。因此，这三个层次都是手机媒体艺术的表现形式与内容，本章围绕手机媒体艺术核心区域，兼及呈涟漪式结构散开的形态各异、纷繁复杂的手机媒体艺术表现形态进行阐述。

第一节　手机视频

一、手机直播

近年来，手机直播行业正迅速形成“百播争鸣”之势，一部智能手机加互联网就能支起一个和外界对话的窗口。手机直播作为基于手机平台的移动互联网应用产品，用户可以将手机拍摄的视频内容实时上传到平台上，通过视频直播的形式与朋友和家人即时分享身边正在发生的每一个精彩瞬间，不论是分享孩子顽皮的瞬间，还是在旅途中向亲友问好，抑或分享一次开心的聚会、球赛、音乐会……从而轻松地与好友保持动态的联系。

手机直播是网络直播向智能手机领域的延伸，是在手机智能化背景下，网络直播通过手机 App 进行商业拓展的一种新形式，本质上都是靠吸引在线观众的打赏获取经济收益，属于一种基于眼球效应的经济模式。现在无论何时何地，主播只要联网就能通过手机开始直播，观众也能随时随地观看。网络直播平台的发展顺应了大众的需求，现如今，人们只需要下载一个直播 App 就能开启直播，和别人分享自己的生活。[①] 从早期的秀场直播到游戏直播，再到现在的泛娱乐或全民直播，人们丰富而复杂的生活内容大量呈现出来。

手机直播作为一种新的媒介，还可以给商业、文化、生活带来新的改变和机遇，直播可以和不同行业深度结合，包括艺术、美食、旅游、VR、社交等。[②] 手机媒体为“直播”这种以一定的展演空间为依托的艺术形式提供了无尽的虚拟和交互空间，基于其固有的互动性特点，观者和表演者可以进行实时的互动，使艺术多了参与的维度。通过直播，人们获得了一种崭新的社交体验，可以通过视频直播直接看到交往对象的相貌，这无疑是社交媒体的巨大突破。自 QQ、微信、微博等主要的社交平台完成了“文字—图片—视频—视频直播”的更迭后，人们逐渐喜欢用视频直播来交流。如今，一部智能手机就能将主播与观众的生活联系起来，我们即将步入视频社交的时代。[③] 手机媒体所营造的赛博空间本身就是艺术空间，这里所呈现的一切都带有艺术性的烙印。在这里，不仅指通过多媒体和移动通信

---

① 李星华 . 新媒体环境下网络直播平台发展现状及影响：以手机直播平台为例［J］. 中国报业，2018（5）.

② 奉佑生 .“手机直播”如何赢得风口［N］. 人民日报，2016-07-20.

③ 钟丽园 . 手机视频直播“映客”的运营策略研究［D］. 南昌：江西财经大学，2017.

技术所创造的艺术形式，也包含着通过手机媒体进行的艺术宣传和艺术共享。

（一）直播特征

1. 社交性

手机直播的本质特征是社交性，即主播与观众的实时互动，其实质是人与人之间以直播为途径的新型社交模式。手机直播的前身是网络直播，手机直播是网络直播的高级阶段，是其移动互联网时代发展的必然结果。社交的产生和建立，也就为我们艺术的创作和分享提供了基础的纽带和桥梁，手机直播是手机视频艺术发展的新风向。

如易直播的定位是一个“视频直播社交平台”，就能体现出手机直播的本质——社交。

2. 互动性

直播过程中的“连麦”是互动性最直接的体现，连麦指的是连线互动，包括主播与主播之间的连麦及主播与观众之间的连麦。视频直播中大主播通过与小主播视频连麦，在为小主播带来人气的同时，使自己获得收益。视频连麦能够快速地实现主播与主播、主播与观众之间相对平等的互动，也能够扩充直播内容。手机媒体的“黏性”特征，让直播传、受双方甚至可能情不自禁、忘乎所以，在审美自失之中与艺术对象融为一体，实现身心合一的审美卷入。

3. 易用性

手机直播的易用性与可操作性，宣布全民直播时代的到来。天天 P 图、脸萌等软件之所以能够流行于朋友圈、QQ 空间等社交平台，就在于其本身的容易操作性降低了用户使用的门槛，用户仅需要简单的几步就可以将修改之后的图片分享到朋友圈。同样，直播软件选择的多样性和易用性，让更多的人可以开展这一网络行为，用户只需要进行注册，就可以选择自己想看的主播界面进行观看，主播也只需要进行身份认证即可。

全民直播无疑是粉丝经济的一种实现形式，它同样给了普通人通过才华、思想等打动别人的机会。如映客主播中有一个 80 岁的老奶奶，拥有几十万粉丝，很多 90 后都喜欢和她交流。她讲述的正能量故事、分享的人生阅历，在朋友圈口口相传。[①]

（二）直播模式

手机媒体艺术的融媒体性说明它是一种综合艺术，即涵盖声音艺术、视觉艺术、舞台艺术、策展艺术等在内的一种多维艺术形式。而“直播 +”形式的建立，就是基于手机媒体艺术的融媒体性，它将在其之前的所有艺术形式融于一身，并实现了有机统一，让人可以在任何一个渠道进入而又觉得毫无违和感，这就是手机媒体艺术的魅力所在。

1. 直播 + 电视

台网同步直播，创意互动。电视节目上网络早已不是罕见的情况，但台网同步直播却是手机视频直播快速发展下的产物。观众虽没有在节目现场，但依旧可以通过手机视频直播 App 参与到节目当中，增加了电视节目的互动性，同时也丰富了手机视频直播的内容。

例如，2016 年 11 月 26 日晚，《快乐大本营》将游戏环节设置在“声音的映客直播间”里开展，也就是说《快乐大本营》与映客直播牵手了。观看《快乐大本营》的同时，映客 App 的用户们也收到了一份跨屏互动的“任务单”，即“看快本，上映客”答题获映票的互动活动，让直播用户看完《快乐大本营》，上映客答题。

2. 直播 + 体育

在人们的印象中，奥运冠军总是有一定的距离感，并且运动员们在比赛之外反反复复的训练日常也是鲜为人知的。运动员入驻手机视频直播平台，既有助于观众了解他们的生活，体会运动员们异于常人的艰辛，同时也让运动员们通过直播展现出他们更具生活化的一面，带给观众更多的趣

---

① 奉佑生．“手机直播”如何赢得风口［N］．人民日报，2016-07-20.

味。体育赛事的直播能第一时间将现场的激烈通过手机媒介传送给终端的受众，让更多的人心被凝聚在一起。

例如，2016 年 8 月 10 日，中国国家女子游泳队运动员傅园慧在映客首次直播，观看人数超 1000 万，打破映客 App 的直播观看纪录。在映客直播过程中，傅园慧大口吃东西，大方自然，毫不做作。傅园慧直播的全程让大家不要刷礼物，留着钱去救济小动物。

3. 直播 + 游戏

随着移动互联网及手机游戏的快速发展，互联网和手机游戏的新型“联姻”——手机游戏直播也越来越得到受众的关注。爆款游戏催生了一批主播，在主播的带动下越来越多的观众成为某种游戏的玩家，而观众群体的稳定同样作用于主播对某种游戏的执着，这种互相效用的循环使得“直播 + 游戏”的参与者越来越多。娱乐直播的形态已经相对成熟，电竞直播则更为新颖，既拓展了直播形态，也契合了全民直播的理念。

例如，从国内主流游戏主播平台 App 下载量看来，排在前两位的是资深游戏直播平台——虎牙直播和斗鱼直播。虎牙直播更为看重直播板块，是以游戏直播为核心竞争力的直播平台。斗鱼直播是游戏直播行业的前辈，但如今在熊猫直播等直播平台的冲击下，斗鱼直播正在走转型之路，游戏内容从 LOL 转向侧重于《王者荣耀》《绝地求生》等手机游戏。

4. 直播 + 新闻

以往的新闻报道都需要采访、编辑及播出，往往发生在新闻事件之后，需要记者、编辑等的把关，这样新闻的新鲜程度其实是打了折扣的，而电视新闻直播又往往是较为重大的新闻事件。手机视频直播更好地契合了新闻的时效性、真实性、准确性，任何人在任何时间、地点都可以进行新闻事件直播。仅仅一部手机就可以把正在发生的新闻事件直播，突破了时空的限制，可以让更多的人随时随地了解到更多的新闻信息。移动互联网时代，直播的门槛不断降低且使用便捷，手机直播不仅可以为新闻的时效性提供保障，而且其影响力的覆盖范围也日益扩大。

例如，2016 年 7 月 9 日河南新乡特大暴雨，河南广播电视台民生频道《大参考》《小莉帮忙》栏目派出 18 路记者，深入气象局、火车站、汽车站，新乡受灾城市街道、小区、商场等地直播十多个小时，开创了河南电视台手机直播最长时间纪录，更是开创了河南全媒体直播报道的先河。记者在雨中现场出镜，增添了现场感，手机镜头随记者的视角充分展示出暴雨带来的危害。

5. 直播 + 晚会

晚会，顾名思义指晚上举行的集会，以表演文娱节目为主，是人数较多的人聚集在一起参加的活动，对时间、空间都有一定的要求，并且由于聚集人数较多，也存在一定的安全隐患。“直播 + 晚会”的形式则打破传统的限制，拓展了晚会的时空，让晚会可以更为丰富和便捷。

例如，为庆祝中国共产党建党 96 周年，重庆共青团青年新媒体中心召开了首届青少年庆“七一”的网络主题集会。这场网络主题集会的播出平台有华龙网、重庆共青团官方微博和微信、渝青工作平台和重庆头条 App。这场集会留言评论多达 5 万余条，有近 2 万名青少年参与网络互动，重庆共青团利用新型的网络视频直播的方式，让更多的青少年参与到主流意识形态的活动中，除了增强活动本身的参与度外，更能加强青少年的思想政治工作建设，对青少年树立正确的世界观、人生观和价值观大有裨益。

6. 直播 + 电商

“直播 + 电商”是审美经济与互联网的合谋，“视觉美感 + 互动传播”既改变了商业传统营销推广方式，又带来电子商业的迅速繁荣。

例如，淘宝直播是阿里推出的直播平台，它的定位是“消费类直播”，用户可在看直播的同时下单购买。微淘一直是淘宝女装店铺的一个重要导流入口，店家通过微淘可以经常与粉丝保持互动。每一场直播前，店铺都会在微淘页面及店铺首页进行预告，粉丝可以通过微淘进入直播页面。[①]

7. 直播 + 教育

“直播 + 教育”是把新兴的、流行的手机直播的网络科技同教育内容相结合，创新教育方式方法，从而为教育发展探索新方式，增强学生在教育过程中的参与度和互动性，提高教育的实效性的一种新探索。[②]“直播 + 教育”是手机直播与传统教育相结合的产物，通过手机直播 App 进行在线教育，打破时空的局限性，实现教育者和受教育者实时互动。

例如，考虫是一款致力于大学生四六级、考研英语和出国留学英语考试能力和英语实用能力提升的 App。老师通过线上直播的方式授课，课程直播完成后可以无限次数的回放，来达到一个实时互动之后方便学生课后复习的效果。

二、手机电影

目前，对于手机电影无论是官方还是理论界都还没有专门的研究和界定，归纳创作实践和理论界论述的只言片语，主要有两种观点：第一种观点认为手机电影是一种通过网络付费的方式，只是把普通电影的剪辑片段做成手机支持的格式，以无线或有线传输到手机中进行观赏的影片；第二种观点认为以手机为主要拍摄与制作工具，并能够通过手机平台传输与手机下载、观看的电影作品，其载体是以手机为中心。[③]前者只是银幕的一种简单转移，后者的影响更深远，毕竟工具的改变带来的创作观念、创作内容、创作主体与作品物质形态的改变才是一种新的艺术形式诞生的决定性因素，所以真正意义上的手机电影应该是以手机为载体的全新的拍摄、

① 丁蕾，刘瑜．淘宝直播在电商服装品牌中的应用分析：以淘宝女装“MG 小象”为例［J］．戏剧之家，2017（24）．

② 赵爱霞．手机直播 + 教育模式初探［J］．电视研究，2017（5）．

③ 刘立维．手机媒体艺术传播方式探索［D］．株洲：湖南工业大学，2009.

制作电影的方式，是一种新兴的电影艺术形式。①

（一）手机电影类型②

1. 依托移动终端平台播放传统电影

把普通电影的剪辑片段转换成适合手机传播和播放的格式，在手机上观看，相当于普通电影的缩略版和手机版。目前在互联网上，手机电影的下载网站或下载专区提供的内容相当一部分属于这一类型。这种形式只是把传统电影的播放平台挪到了手机上，影片内容本身并没有发生本质的改变，所以不能完全体现手机电影“手机化”的特性。

2. 依据手机播放平台标准而定制的电影

指用常规的技术和方式拍摄和制作的数字短片，转换成适合通信网络的格式，供手机传播和观看。2006 年 10 月，在首届中国手机电影节年度盛典中发表的《西安宣言》，将手机电影定义为：为手机载体制作，时长在 10 分钟内的电影作品。这虽然也是根据手机作为播放终端来定义的，但影片拍摄和制作的媒介针对性有所加强。

3. 以手机为创作、传播与观看的工具

指从拍摄、剪辑到传播、播放全部借助手机完成的短片。北京电影学院动画学院副教授陈廖宇就曾提出：“如果用传统方法和工具拍手机电影，其主要理念仍是传统电影式的，而手机电影则是完全建立在手机概念上，用手机拍摄、剪辑、传输、下载、观看。”

（二）手机电影创作与传播特点

（1）篇幅短小，形式上具有独特性，过程上开放化，制作精良，多用固定镜头。在镜头的运用上，由于观众通常会在行走或乘坐交通工具等

① 王新峰．新媒体设计中的很中国［D］．大连：大连工业大学，2013.

② 汪黎黎．手机电影：数字短片在“便携式媒体”中的生存图景［J］．南京艺术学院学报（美术与设计版），2018（6）：79-80.

过程中收看手机电影，影片中过多的运动镜头可能会造成观众头晕不适，容易形成收视疲劳，因此拍摄过程中多用固定镜头。在情节上，手机电影应最大限度地减少细节刻画，包括人物行动的叙述过程、情绪变化过程和长对白等。[①] 在画面上，由于屏幕的制约，手机电影不能采用大全景和大场景，而使用最多的是特写，特别强调人物的面部表情和故事叙述中的道具表现，色彩也尽可能的鲜明、简单、生动。[②]

2005 年，中国电影诞生 100 周年，贾樟柯、王小帅、孟京辉、刘浩等八位导演拍摄手机电影《聚焦这一刻》，由 8 个独立短片组成，每部 3 分钟。片方中博传媒公司负责人陈伟明说：“市场调查显示，中国目前能用手机看电影电视的人群有 2000 万。他们将成为用手机看《聚焦这一刻》的第一批观众，其他人可以通过网络下载观看。尽管目前有许多非法下载存在盗版和侵权问题，但我们将成为第一部合法通过网络上映的影片。”

（2）传播方式由一对多到多对多，接收方式的移动性、个人性。传统电影大多都由专业的摄制团队制作，通过影院的方式进行一对多的传播，观众大多只是单纯的接受者。与这样的传播方式相比，手机电影的门槛比较低，任何一个拥有智能手机的用户都可以将影片通过网络或数据传输等方式发送给其他用户，其他人又可以将其传输给更多的人，这就形成了多对多的传播方式，这个过程中的受众已经不再是单纯的接受者而成为主动的传播者。

（3）传播内容的娱乐化。以娱乐、自我为主题的作品将成为手机电影的创作目标，这是由受众群体年轻化、知识化所决定的。著名演员张国立说：“如果我们演电视剧和电影需要 50% 的夸张度，那么手机电影的演员的夸张度就要达到 100%，演员的选择要独到，特点要突出。”因此，手机电影艺术多往大众艺术的角度去发展。

（4）手机电影的创作过程及传播的开放性。手机媒体的方便携带，

① 项仲平．论新媒体背景下传统影视的嬗变［J］．当代电影，2011（3）：153-155.

② 周怡．手机电影现象探讨［J］．当代文坛，2006（3）：122-124.

使艺术变成身体的一部分，手机就是可移动的美术馆、图书馆、博物馆和音乐会，一种装在口袋中具有无限可能的完整的虚拟世界。因此，手机电影创作的开放性使更多的人参与到这一过程中，激发公众参与手机电影的热情。手机电影中的普通人眼中的故事也能体现出手机电影的平民化特质，真正实现所有人对所有人的传播。

（三）手机电影与微电影的区别

新媒体电影是一种新型电影形态，发轫于视频网站并在发展过程中逐渐形成了自己的独特风格。手机电影与微电影同属于新媒体电影，在移动互联网的飞速发展下，手机电影满足了用手机记录生活、表达感情的需求，但相比于微电影，手机电影播放渠道被限制在了移动终端，而微电影的传播渠道则更加丰富。

三、微电影

2010 年，凯迪拉克赞助拍摄的《一触即发》，由吴彦祖主演，1 分 30 秒的微时长，拉开了微电影的序幕。《一触即发》也被视为历史上的第一部微电影。微电影可以定义为具备“三微”特性：微时长——放映时间为十分钟至三十分钟之间；微制作——制作周期为一周至半个月之间；微投资——制作费用为几百元至几万元之间，具备完整故事性、艺术性及审美价值，借助网络与新媒体平台进行传播，可以增强用户互动感、体验感的新型电影视频形态。

王德胜认为：“就整个社会层面而言，快速到来的微时代清晰地呈现了其独有的文化景观：以简短细小、破碎分裂构成生活行动的空间占有形态，以迅捷发散、社区化或部落化复制传播作为个体情绪的时间存在方式。”[①]微电影存在于日常生活审美化，网络与新媒体技术日新月异的微时代境遇之中，具有以下特征。

① 王德胜．“微时代”的美学［J］．社会科学辑刊，2014（5）：162.

（一）平民原创：颠覆与解构传统话语

传统电影由于其投资大、制作周期长，需专业团队精细化制作、繁杂庞大的发行方式等，使心怀电影梦想的平民百姓望尘莫及。网络时代的来临，新媒体技术的蓬勃发展，拍摄技术手段的轻量化，各种编辑软件的开发，等等，这一切都为平民导演提供了良好的创作条件，让他们可以圆了自己的导演梦。作为平民导演，他们的选材大多聚焦于平民生活，用富有创意的、独特而个性的甚至是敏锐前卫的艺术手法与理念来表达自己的创作观念。这种“接地气”的影像选材更加符合网络受众的接受心理，便于与观影者产生共鸣和交流互动。

微电影《该死的胖子》由平民导演大学生张龙拍摄，这部影片具有强烈的个性色彩，充满黑色幽默并使用戏谑的创作手法。影片轻松搞笑，表现了对“高大上”传统主流电影的颠覆，也展现了年轻导演独特的表达手法和思想内涵。

（二）主题架构：微小而富含意蕴

“微电影的一个美学信条应当是，在短小的篇幅里惊人地集中大量的审美概括。”[①] 微电影在微小的时间和空间里，导演们将视角对准了身边的“小世界”，小环境、小故事、小人物等将焦点的范围缩小成典型的个体和能折射出内涵的小群体。通过镜头、影像演绎着身边人的故事，甚至就是导演自己，用影像来表达自己的情绪，释放自己的情感。通过深入人性的探寻拷问社会现实，使观众深受启迪，从而发人深思。

《老男孩》是一部成功的微电影，该片聚焦于平凡人物，一对中学同学肖大宝和王小帅，通过坚持不懈的努力，终于成就了心中梦想的故事，同时也点燃了观众内心的激情。影片以绚丽的镜头叙述了这些年轻人及这个时代的变化，剧中的黑色幽默对于不管是在那个时代里长大的人，还是现在的年轻人，都能引起共鸣——还记得我们曾经的那些梦吗，还记得关

① 王一川，等．名人微电影美学特征及微电影发展之路［J］．当代电影，2012（6）：102.

于青春的日子吗，或许我们能在这光与影之间，找到自己的影子，找到自己关于青春的记忆。这部作品以怀旧、坚持梦想的主题，突出小人物身上的品质，影片获得了巨大的成功，至今《老男孩》都是微电影中经典的代表之作，片中自创的青春梦想歌曲《老男孩》现在仍然广为流传。

（三）故事内容后现代：去中心化、拼贴、戏仿式

微电影解构了传统电影英雄主义式的、主旋律般的宏大叙事，后现代特征明显；反传统、反权威、反中心主义，拒绝深度，向大众化和现实生活靠近。

首先，表现在非中心化的人物塑造上，微电影中常常塑造的是小人物、边缘化人物，对准城市中的弱势群体，抛弃了对英雄人物的歌颂，也拒绝了史诗般的宏大叙事。微电影《百花深处》里的主人公冯先生就是一位精神失常的男性，城市化进程对传统文化的破坏，让这位冯先生精神崩溃，一直在城市中寻找早已不复存在的“家”。

其次，在故事的编排上体现出由宏大叙事模式转变为私人叙事，充分表现社会中的小故事、小人物，将他们的生活浓缩成微电影影像，从而将他们在生活中遭遇的艰辛及内心的苦闷、失落、伤感等淋漓尽致地表现出来。创作者往往深怀人文关怀，并将这种深厚的情感融入微电影的创作之中。

最后，拼贴与戏仿等元素融入创作之中。拼贴，即将各种各样有效元素进行随意的拼凑和组合，可以是蒙太奇，也可以是跨越时空，各种风格进行杂糅。戏仿，是创作者对经典作品的某些元素进行复制或二次创作，让观众观看时具有一种似曾相识的熟悉感。微电影《老男孩》就充分体现出了导演拼贴与戏仿元素的综合使用，片中筷子兄弟参加的《欢乐男生》就是对湖南电视台举办的《快乐男声》的戏仿，他们的同学包小白成为《欢乐男生》的制片人就是对制片人包小柏的模仿，王小帅的杰克舞蹈从发型、

服装再到舞姿无一不是对迈克尔的戏仿。

四、手机微视频

优酷网的创始人古永锵曾给出微视频的定义，“微视频时长应在 20 分钟以内，表现形态丰富灵活，内容包罗万象，涵盖微电影、微纪录片、DV 短片、广告短片等，可以通过摄像机、手机等多种视频拍摄设备录制的视频短片的统称。微视频还应具有短小精悍、全民参与、随时随地能进行传播的特征 。”① 微视频的内容丰富多样，既能包含政治新闻，也涵盖了各种生活资讯、娱乐新闻、社教百科等。如今的微视频具备了商业价值的同时，也承担着公益的宣传与推动。微视频的内容在于“微”，故事内容短小简单却富含深意，创作者往往用其独具匠心的创意，引起观看者的共鸣。传统媒体和新媒体都是微视频进行传播的平台，但是，随着智能手机的日益普及，现代通信和移动互联网技术的日新月异，手机、平板电脑等移动终端媒体成为微视频最为重要的传播平台。

取材于真实生活中的某一个片段，甚至是某一片段的某一个部分，由真人演绎，常常少于一分钟的视频，在时间上“微”，在表现内容上“微”，被称为“手机微视频”，具有如下特征。

（一）短小精悍的时长

手机微视频能成为一种独立的视频形态活跃在新媒体上，很大程度在于它简短的时长、独具创意的内容、别具一格的语言表达等，让观众短时间获得资讯、娱乐，并可以随时随地传播、分享。它既符合了现代人快餐文化的生活需求，也成为人们在闲暇之余的一种消遣娱乐方式，深受广大观众的欢迎、喜爱。

（二）双向的互动性、社交性

手机微视频不仅时长短，它还兼具互动性、社交性。与微博、微信、

① 杨纯，古永锵 . 微视频市场机会激动人心［J］. 中国电子商务，2006（11）：113.

QQ 这一类社交媒体连接在一起，用户可以随时随地对微视频进行传播、浏览、分享、评论、点赞。无论是亲人、朋友还是陌生人，都可以相互浏览、留言、转载等，加强了人与人之间的沟通与联系。手机微视频的出现使人们由以往网络互动及社交中以静态图片、文字交流更多地向动态影像、动态语音转变，由静转动的方式让用户越来越体验和感受到了微视频的乐趣与快感。这种新的社交方式，多向动感的网络互动与沟通，让用户一旦尝试就欲罢不能，带来与众不同的新鲜感和乐趣感，简短影像的魅力更适于年轻人双向互动、表达自我和抒发情感，更加有利于人们建立社交，产生情感。

（三）轻量化的支撑技术

随着移动互联网与智能手机技术的日新月异，也给手机微视频提供了一个良好的媒介技术环境，用户可以轻松拍摄、及时上传，也能高速下载，实时在线观看。轻量化的技术支撑带给人们的是使用手机微视频越来越方便快捷，这也是其迅猛发展、深受用户喜爱的原因所在。

（四）平民化的娱乐叙事

随着移动终端的日益普及，智能手机基本人手一部，目前已经推出了很多手机微视频的 App，如火山小视频、抖音短视频、快手、美拍、西瓜视频等。火山小视频首页推送的微视频基本上都是老百姓的日常生活内容，微视频内容丰富多样，标题平民化、娱乐化。

信息时代内容为王，越来越多的手机微视频能讲好故事，引起大众共鸣，有的极富现场感，有的表达人情冷暖，有的引人思考等。微视频的出现与“平民”一词紧密相连，网民也能成为导演，他们能够拍摄影像、记录身边的点滴故事，以及上传发生的奇闻逸事等。“用户发布的影像信息能够获得其他网友的关注，加强了个人的自我确认，消除自我孤独感。”①

短视频是新近流行的一种手机微视频形式，长度以秒计数，主要依托

① 米惠惠. 从“低头族”看移动媒体的“使用与满足”［J］. 新闻世界，2014（5）：25-26.

于移动智能终端完成快速拍摄和美化编辑，可在社交媒体平台上实时分享和无缝对接的一种新型视频形式。短视频作为一个可以集影音、图文等多种形式为一体的表现手法，随着智能手机和网络的发展普及，人们对于网络的社交形式要求越来越高，短视频社交成为越来越多网友们青睐的线上社交方式。

如日益走红的音乐社交短视频 App 抖音，用户在完成 15 秒音乐短视频的录制后，可以通过调节视频拍摄快慢、添加慢镜头、美颜等特效，让短视频整体呈现酷炫效果。抖音与音乐社交相结合，一方面有助于拓宽音乐人的传播渠道和宣传形式，促进以音乐为媒介传播受众的互动；另一方面有助于提高用户黏度，满足用户对于人际关系的需求。这里的人际关系既包括“拟态”人际关系，即受众对于音乐人之间的社交关系；又包括现实人际关系，例如与其他用户建立兴趣小组、社交圈子等。[①]

短视频这一领域虽然发展相对稍晚，但增长速度和规模可观，其传播内容主要以用户生产为主。用户在上传作品之后，每个优质的内容都有平等的机会进入受众的视野，去中心化也使受众能在社交中获得存在感和满足感，激发用户的创作动力，使其更具创造性和个性化地表达。无论是“秒拍”“微视”，还是“美拍”等，其重心似乎都放在社交上，这也是短视频得以迅速火爆的原因之一。每个网友手中都能用智能手机拍摄，利用滤镜、快速剪辑等简单功能分享工作生活的点滴。

目前手机微视频在人们的日常生活中已经占有了一席之地，茶余饭后，工作之余，或获得娱乐，或获得信息，放松心情，得到休憩，建立社交，释放压力，平民化、娱乐化的微视频传播已经成为人们生活的重要组成部分。

---

① 吴佳妮．音乐社交短视频软件何以走红：以抖音 App 为例［J］．新媒体研究，2017（18）：88-89.

第二节　手机音乐

把手机作为载体进行播放、制作或传播的音乐，我们称之为手机音乐。手机音乐是伴随着手机的发展而不断发展的，移动互联网快速发展，为音乐在手机上的应用和传播提供了便利的条件，而手机智能化的发展，为音乐在手机上进行编辑与制作提供了坚实的技术基础。当下，手机已经成为人们日常生活中不可或缺的物品，手机音乐也越来越多地出现在人们日常生活的视野之中。

手机音乐伴随着手机发展而不断丰富：在旋律上，由单声部旋律发展到双声部再到多声部旋律；在音色上，由单一的乐器音色逐渐发展变成多个乐器音色，除了传统乐器音色不断丰富外，随着电子音乐的发展，目前手机上的音色也更为丰富，大量的电子音色和合成音色得以在手机上普及，使手机音乐变得更加丰富多彩；在格式上，由开始仅仅支持MID发展到目前可以支持各种音乐格式；在音乐编辑上，由开始不能进行任何编辑，发展到目前可以利用手机对音乐进行淡入淡出、音量标准化、音高修正、变调等常用编辑。目前，手机音乐已经迅速地融入人们的生活中。

音乐是反映人类现实生活情感的一种艺术。在艺术领域内，音乐相对抽象，人们借助音乐去表达自己的情感，或者借助音乐去寻求情感上的共鸣。手机音乐的出现，无疑为人们情感的表达提供了方便。作为音乐创作者，他们可以利用手机进行简单的音乐创作或者音乐灵感的记录；而音乐爱好者，他们不仅可以利用手机欣赏音乐还可以利用手机录制自己翻唱的歌曲分享给亲人朋友。

一、手机音乐的艺术特征

（一）便捷性

手机音乐具有方便快捷的特征，因小巧方便在生活中携带，我们可以随时利用手机欣赏音乐。手机智能化的发展，也让手机进行音乐编辑和创作变得十分快捷，在手机上编辑音乐往往可以进行一键化操作。手机音乐的便捷性除了体现在音乐欣赏外，最重要的还是体现在音乐创作上。目前电脑音乐创作最大的缺点在于不方便携带，音乐创作者在外面创作时如果有好的灵感，无法利用电脑进行很好的记录；而利用手机，音乐创作者可以在第一时间记录下自己头脑中的旋律。作曲家经常会进行民风的采集，利用手机也可以很好地记录民间歌手的声音。利用手机进行音乐创作是未来音乐创作的一大趋势，手机音乐的发展会让音乐创作在大众中普及。

目前苹果公司开发了手机音乐创作软件 Logic，该软件有大量的音乐智能模块。例如很多音乐节奏型模板可以直接拿来使用，而不是像以前一样还需要自己编辑节奏，这样大大降低了音乐制作的难度。如果懂基本乐理又有一定音乐感觉，可以很好地利用该软件进行音乐的创作。

（二）参与性

手机音乐与其说是高科技的产物，不如说是时代的产物，它提倡青年人的参与精神。利用手机，人们可以很好地与音乐进行互动；利用手机，人们可以将创作者的音乐想法融入手机音乐创作中；利用手机，人们可以给亲人朋友分享自己的原创音乐或录音作品。以中国原创音乐基地 5sing 为例，人们可以将音乐上传到 5sing 平台，然后借助网络社交软件分享给自己的亲人朋友。未来手机音乐的发展趋势是让人人都能够变成音乐的“创作者”和“分享者”。

（三）娱乐性

随着手机智能化的发展，手机音乐全景声的全面应用会为观众带来震撼的听觉体验；手机触屏的发展，会让音乐创作在手机上变得更加直观、方便，充满趣味性。在创作音乐的过程中，音乐创作人员更容易享受音乐创作带来的乐趣。人们在演唱歌曲时，手机可以识别音准和节奏，可以给演唱者进行“评分”，人们可以通过分数参与他人的唱歌对决环节。

（四）生活性

音乐可以疏解人的情绪和情感。生活在都市里面的人们，由于现代社会节奏很快，工作生活压力很大，如果长期处于节奏快的状态而得不到合理的释放，久而久之会使人容易产生烦躁情绪，甚至危害身体健康。而听音乐对人的情绪有很大的舒缓作用，能够帮助精神紧张、压力大的人们缓解压力，减轻压力带来的各种不安。高强度的工作强度使人们没有固定的时间去欣赏音乐，手机音乐的出现，可以让人们在上班途中就能欣赏到音乐。另外手机录音 App 的出现，使人们演唱歌曲和录制歌曲变得更加方便，而唱歌从来就是解除紧张、激愤情绪的有效手段。生活性是手机音乐能够迅速在人群中普及的重要因素。

（五）智能性

手机音乐的智能性体现在手机可以识别人声的节奏和音高，并将人声的音高和节奏 MIDI 化，这带来的最大好处是人们可以发现和了解自己演唱中音高和节奏方面的不足，在以后的演唱中进行修正从而达到完美的效果。以前人们在演唱时会借助录音机设备对自己演唱的歌曲进行录制，通过回放来发现自己演唱中的不足，但是这种发现不足是靠人的耳朵听辨或者借助钢琴等设备，人们是无法直观地发现自己演唱中的缺点的。手机音乐 App 目前可以将人们演唱的旋律“可视化”（把音频变成具有音高和节奏的 MIDI），人们不仅可以看见自己演唱作品的音高和节奏，还能够自己动手进行音高与节奏的修正。目前市面上有大量的美图 App，主要是美化照片。相信不久的将来，随着技术的进步，会有大量的美音 App 出现，通过美音，人人都可以用自己的声音演唱出完美的旋律。

二、手机音乐的发展

手机音乐发展至今，已经到达一定的成熟阶段。从手机音乐的发展历史来看，我们可以将手机音乐发展归为四个阶段，下面针对这四个阶段进行分析。

第一阶段，人们利用手机播放音乐，通过手机欣赏音乐。目前这一阶段已经得以实现，我们不仅利用手机可以欣赏简单的单声部旋律，而且可以欣赏配器复杂的多声部音乐作品。但是手机音乐无法突破的瓶颈在于手机音乐的音质，受制于文件格式、手机内存及手机频率响应范围的影响，手机音乐在音质上的表现一直欠佳，人们很难利用手机欣赏到高质量的音乐。电影院的环绕声及目前流行的全景声效果在手机上虽然已经实现，但是并没有完全普及，使用具有杜比全景声的智能手机，人们能够体验到来自四面八方丰富且震撼的声音，包括来自欣赏者头顶上方的声音。无论是利箭呼啸着掠过头顶，或暴雨从上空倾盆而下，还是赛车尖叫着转过弯道，一切都是那样栩栩如生，令人身临其境。杜比全景声渲染器选取场景中声音对象的空间信息，渲染出耳机中的一个多维空间，让用户仿佛置身在现场，而这种声音信息都能传递一种距离感，让观众可以近距离触摸到声音源。杜比全景声在手机上的全面应用与普及将是未来手机音乐的一大发展趋势。

第二阶段，人们利用手机对音乐进行编辑。目前在手机上可以进行各种音乐编辑，其功能与在电脑上一样，便利程度甚至超过电脑音乐编辑。手机音乐编辑按功能可以分为以下几类：

（1）音乐剪辑。众所周知，目前大量的音乐剪辑都在电脑上完成，但是随着手机智能化的发展，在手机上进行音乐剪辑也变得越来越普及。用手机编辑音乐相对用电脑编辑音乐来说，更加具有直观性、便利性和趣味性。我们可以利用手机对音乐片段进行分割和合成，在合成时可以对音乐进行淡入、淡出及交叉淡入淡出处理，将波形振幅不统一的音乐进行标准化处理。由于手机触屏的发展，这些音乐编辑手法在手机上变得更加直观、方便、有趣，在编辑的过程中，音乐剪辑人员更容易享受音乐编辑带来的乐趣。

（2）变调变速。变调与变速是音乐编辑中常用的处理方法，变调主要是涉及音乐的升降调、人声的变调化处理。变速这些目前在手机上可以使用一键化进行操作，非常便捷。

第三阶段，人们利用手机作为工具进行音乐创作。狭义上讲，就是人们可以利用手机进行音乐旋律的写作和利用手机进行编曲。现在使用手机进行创作的人员仅仅限于音乐人，但是随着手机智能化的高度发展，未来将会实现全民音乐创作。借助高度智能化的手机，每一个人都能够进行音乐创作，手机可以将人们哼唱的声音记录下来并转化成可视的乐谱（目前大部分创作者无法实现音乐创作就是受制于自身的内心听觉，内心听觉差的人无法将音乐变成乐谱，在旋律创作上很受限制），人们可以凭自身的音乐感觉在手机上搭配乐器进行编曲。随着手机音乐的发展，以后的人们都会成为作曲者和编曲者。

第四阶段，人们利用手机进行后期的音乐处理。音乐后期处理是非常难的一部分，一是后期处理涉及大量的音乐后期软件，二是在处理的过程中对手机硬件的要求也比较高。音乐后期处理主要是涉及混响、均衡、压缩、音高修正、母带处理等技术，因为对硬件要求比较高，目前这些操作都是在电脑上进行和完成的。利用手机进行音乐混音的好处在于手机上混音极为便利，手机上混音更加贴近用户的真实体验，在混音时可以更好地照顾用户的听觉感受。

相对于电脑音乐，手机音乐有其自身独特的优势，手机音乐相对于电脑音乐，具有以下优点：

（1）在手机上进行音乐编辑极为便利，从对环境的要求上来看，手机音乐对于环境要求更低，用户可以在任何地方使用，不拘泥于一个固定的场所，而电脑音乐对环境要求相对较高，依赖于固定的场所。

（2）从对网络的依赖度来看，手机作为移动互联网客户端，相对于电脑，在使用上对网络的依赖度要求更低。

（3）手机智能化的发展让手机在音频编辑时更加直观。

（4）手机音乐 App 更加具有针对性，音乐编辑往往只针对某一功能进行。

（5）手机音乐 App 更容易与其他社交软件相联系，制作出来的音乐文件更加方便与他人分享。

手机音乐相对于电脑音频，其不足有以下几点：手机音乐编辑与制作在速度上不如电脑；在完成大量音乐编辑时，受到手机屏幕的限制和手机内存的限制，目前无法很好地完成，等等。

三、手机音乐常见格式

（一）WAVE 格式

WAVE 是微软公司开发的一种声音文件格式，其采样位数为 16 位，采样频率为 44.1K，采样速率为 88K/ 秒。WAVE 支持多种音频位数、采样频率和声道，从音质上来说，WAVE 格式的声音文件在音频质量上和 CD 几乎一样。这也是目前手机音频广为流行的声音文件格式，和 MP3 文件相比而言，WAVE 格式的优点在于音质上比较好，缺点在于文件比较大，不方便传输和储存。

（二）AIFF 格式

AIFF 是 Audio Interchange File Format 的缩写，它是苹果公司开发的一种音频文件格式。从文件音质上来看，AIFF 是一种优秀的文件格式，其主要应用的领域为苹果设备。

（三）MIDI 格式

MIDI 是 Musical Instrument Digital Interface 的缩写，这个格式对于音乐制作人来说相对更加的熟悉，MID 文件格式由 MIDI 继承而来。MID 文件主要用于原创的乐器作品、简单的游戏音频、电子贺卡声音等。MID 文件可以通过手机上的作曲软件创作出来。

（四）MP3 格式

MP3 是截至目前全球用户最多的格式了，其主要特点在于音频压缩大，音频文件质量小，方便传输、储存及携带。同一长度的音乐文件，用“*.mp3”格式来储存，一般只有 WAVE 文件的 1/10 不到。但是从音质上看，MP3 格式的音频要差于 CD 格式或 WAVE 格式的声音文件。另外，最重要的是 MP3 音乐的版权问题也一直找不到办法解决。

（五）WMA

WMA 格式音质要好于 MP3 格式，WMA 是针对 MP3 没有版权限制的缺点推出的。作为版权拥有者的唱片公司来说，它们更喜欢难以复制拷贝的音乐压缩技术，而 WMA 的出现则照顾到了这些唱片公司的需求。WMA 可以限定在手机上播放的次数，甚至连播放的手机硬件都能限制，从版权角度考虑，WMA 格式是非常不错的选择。

四、手机音乐 App 分类

目前手机音乐 App 可以分为两类：一类为手机音乐应用类；另一类为手机音乐娱乐类。

手机音乐应用类按照用途的不同又可以分为音频格式转换、音频剪辑、音频录音、音频后期四大类。手机音频格式转换 App 主要用于音频文件的转化，如为了将文件质量变小，方便传输和携带，我们将音频 WAVE 文件转换为 MP3 文件，或者直接从视频文件里面提取音频，其主要的代表性 App 为格式工厂。易录 App 最大的优点在于录音极为便利，可以一键化操作，新手非常容易上手使用，录出来的音频文件也很方便上传网络与他人共享。音频后期软件主要以变调类 App 为主，音频变调器利用音高的原理可以将男声变成女声，或者将成年人的声音变成小孩的声音，在录音键四周有相应的头像，我们想把声音变调成什么样的种类点击相关头像即可。

从娱乐上来看，时下流行的抖音 App 就是很好的代表。抖音 App 是一款社交类的软件，通过短视频可以分享生活，同时也可以认识更多的朋友，了解各种奇闻逸事。抖音 App 实质上是一个专注年轻人的 15 秒音乐短视频社区，用户可以选择歌曲，配以短视频，形成自己的作品。音视频结合发展也是未来手机音乐娱乐 App 发展的必由之路。

第三节　手机摄影

手机摄影是用手机作为拍摄工具，从而进行摄影的一种形式。手机作为现代人随身携带的通讯工具，同时也成为最便捷的拍摄工具，能让人们用一种更平和、更细腻、更朴实的心态来观察并记录生活中的点点滴滴。手机摄影，因为本身专业要求不高，它不仅满足了人们休闲娱乐的需求，更成为一种记录生活、鼓励人们发现生活中美好的方式。通过手机摄影，关注、记录周围发生的一切，发布这些有趣或有价值的影像信息与亲友分享，其乐融融。

一、手机摄影的演变与普及

（一）平民化的艺术创造

1. 艺术创造主体的演变

摄影艺术从属于造型艺术，摄影在诞生之初是作为一门精英艺术存在的。拍摄者运用独特的视角与审美思维，利用构图、光线、色彩语言等，对大千世界进行审美再创造，以此表达创作者的审美趣味与追求。然而专业照相机以其昂贵的价格和摄影师必备的专业技能将大多数人拒之门外。

作为现代通信与移动互联网技术催生出的并且仍然在不断发展中的新艺术形态，手机媒体艺术不再局限于有形空间与固定状态，传受方式的多元性、共享性、即时性和双向互动性更加强调大众参与和公众体验。手机媒体艺术的未完成的、开放性的结构和交互性特点召唤着受众进入作品之中参与作品的形态和意义建构，艺术家权威逐渐褪去，艺术创作主体身份逐渐淡化与消解，颠覆了传统艺术中“创作者”与“接受者”之间的关系。

2000 年 9 月，第一部具有摄影功能的手机夏普 J-SH04 问世，其内置 11 万像素的 CCD 摄像头，开启了手机摄影时代。手机“一键式拍照”的出现，使得摄影迅速由精英艺术变为大众艺术，只需一个按键，用户就可以依照自己的意愿进行拍摄，将头脑中的意向和情感利用手机摄像头来“物像化”。手机方便小巧，可随身携带，加之便捷的操作方式和表现内容的优质快捷，手机摄影功能为大众摄影降低了门槛，创作主体的改变实现了人人都是摄影家。

2. 自我传播的增强

“人人都是摄影家”使得手机摄影艺术成为自我表现的舞台，以现代通信技术发展为前提，新媒体社交平台兴起为依托，依靠手机摄影，摄影者可进行有效的自我传播。这种即时传播功能是以往所有的摄影媒介都不具备的，可以即时传播给手机拥有者需要告知的对象，而这正是手机摄影受到大量年轻人追捧的关键所在。

手机自拍是手机摄影中的重要内容，《牛津词典》2013 年将“Selfie”（自拍）这个突然流行起来的词选为年度词汇，意思是“通常由智能手机拍摄并上传至社交网络的自拍照片”。[①] 自拍的形式多、频率高，人们以其拍摄的内容来博得关注与点赞。

（二）日常生活的审美化

在消费文化与后现代的语境下，当代社会与文化正在经历“审美泛

① 陈禹安 . 想聚粉？先让他们自恋再说事儿［J］. 销售与市场（评论版），2015（3）：18-20.

化”，导致“日常生活审美化”的滋生和蔓延。英国社会学家迈克·费瑟斯通（Mike Featherstone）在其题为《日常生活的审美呈现》的讲演中就指出了三种意义上的日常生活的审美呈现：一是艺术亚文化的兴起；二是指“将生活转化为艺术作品的谋划”；三是指“充斥于当代社会日常生活之经纬的迅捷的符号与影像之流”。[①] 他认为艺术和日常生活之间的界限已经被打破，艺术可以出现在任何地方、任何事物上，今天的生活环境越来越符号化、影像化了，开始追求生活方式的风格化和审美化。由此看来，“日常生活审美化”是一个包含双向运动的过程，一个是“生活的艺术化”，另一个是“艺术的生活化”。

当代社会与文化的一个突出变化是审美的日常生活化与日常生活的审美化。审美已不再专属于艺术，审美性也不再是区别艺术与非艺术的根本要素，今天的审美活动已经广泛渗透到日常生活之中，艺术活动的场所已不再限定在高雅的歌剧院、博物馆，而是百姓可以自由出入的空间，而这样的空间是艺术活动、审美活动、商业活动可以共展并存、交错进行、互惠互利的空间。周宪认为：“日常生活的批判理论对日常生活的认识趋向于辩证，既认识到日常生活的普遍化，又看到了日常生活所包含的创造性、审美化因素，因此他们放弃了唯美主义及海德格尔、阿多诺那种以艺术对抗异化的精英道路，而是强调在日常生活中通过狂欢化、大众消费文化等形式建构一种新的有意义的生存。”[②] 传统哲学意义上的精英式审美已经彻底地世俗化了，泛化为日常生活的普遍现象，这种“审美的普遍性”在当代社会已经深深地植根于人类最深邃的本性之中，于是曾经哲学式的审美在今天进入每个人的现实生活实践，审美化在当代人的日常生活之中得到了最彻底的实现。

手机摄影艺术让艺术创造主体急剧增加，生活中的任何事物都可以通过手机摄影的“记录”功能使之画上“美”的符号，如美景、美食、美女

① 迈克·费瑟斯通．消费文化与后现代主义［M］．刘精明，译．南京：译林出版社，2000：95-98.

② 周宪．文化现代性与美学问题［M］．北京：中国人民大学出版社，2005：58.

等占据了用户手机相册中的绝大多数。眼之所及之物皆可成为用户表达情感、反映社会生活的手段。拍摄者不断放大自身的生活琐事并将其进行美化、渲染，对衣、食、住、行等的共享使得拍摄者构建起与他人共享的精神家园。艺术与生活的界限日益模糊，手机摄影增加了现实的审美幻化，凭借手机用户的独特构思表达出人们对现实生活的审美再创造，传播的便捷又拉近了艺术与现实生活之间的距离。审美日常生活化，日常生活审美化，在全新的技术环境下，在艺术家营造的公众分享过程中，在受众人与人之间的多维度交互交流中，在虚拟与现实的互动交融中，手机摄影艺术表现出更多的创意、创新和创造。

二、手机摄影的表达与创作

（一）手机摄影中的新潮表达

1. 手机美图①

随着智能手机的发展，图片类传播大有越来越热的趋势，手机应用在图片美化领域前景随之逐渐广阔。美图类 App 致力于提供手机上图片拍摄、美化、分享和云端相册的一站式图片服务，已成为时下最流行的图片美化工具，深受广大受众喜爱。手机美图艺术将触摸操作与图片处理更好地结合起来，被人们称为“指尖的魔法”。

过度修图也是快速、浮躁社会的缩影，折射扭曲的审美观。社会节奏急促，人们来去匆匆，无暇深交，一张美丽的面庞便是一张亮眼的名片，即可引起关注。一些人“畸形”的美丽观催热了美图软件，社会评价标准体系也发生偏移。

（1）新身体叙事。“人们对自我的认识过程，往往是在与他人的互动行为中完成的。”人们对于身体和外表的关注是一个亘古不变的交往话题，而手机美图牢牢地把握着人们这一心理，从视觉切入，以美颜作为突

① 刘涛．美图秀秀我们时代的“新身体叙事”［J］．创作与评论，2015（12）：98-100.

破口来俘获大众的心。而每个人普通却又平凡的内心，都可以在手机美图身后变得强大而有力。美化后的照片是对摄影的再现进行了超越，成为激活人脉关系的身体符号，对身体进行重塑，将个体转化为一个关系符号，将原本琐碎、平凡、被忽视的生活细节转化为前所未有的审美意义与和谐关系，手机美图无可置疑地成为移动时代的“新身体叙事”。

（2）身份话语生产的“误同”。手机美图的主要受众是年轻人，究其根本，在于它与年轻人的认同体系相契合，按照肯尼斯·伯克（Kenneth Burke）的新修辞理论，我们之所以对某种事物产生认同，根本上是因为我们在这一心理行为中找到了某种安全感。而“误同”实则表现为一种“假意的认同感”，是一种在自身想象中完成的认同。手机美图正是利用了年轻人“误同”的心理，不同于原始摄影的再现功能，其在美化现实的新美学语境下重新阐述了照片的意义，使得身份话语产生了转变。而手机美图的多款滤镜是将“误同”这种心理的实质化表达，成为一种标准化的视觉意向的生产，完成了近乎逼真的视觉神话。

（3）主体性与社交想象力。社交媒体的兴起为手机美图提供了一个极其有利的平台，换言之，手机美图作为一种途径，其目的是将个人代入社交媒体之中，从而完成主体的自我表达。在社交平台上争夺最为激烈的资源便是注意力，手机美图在一定程度上用“完美的假象”来迎合大众从而捕获注意力，依靠美图获得广泛的社交人脉，编织更大的关系网络，在“误同”中对主体身份进行重塑及再生产，实现与突出“存在感”。

2. 手机图片创意

新媒体时代，以网络和手机为载体的各类社交媒体，具有图像时代的特征，富有现场感的图片、漫画、地图等视觉元素不断加入社交平台中，而漫画凭借其浅显易懂、生动形象且信息量大等特点，成为其中最有力的“图”[①]。

① 张莹，殷瑜.脸萌软件何以走红新媒体社交网络［J］.新闻与写作，2015（11）：106-108.

（1）图文设计。图文设计就是指图片配上文字，人们以时下流行的明星、语录、动漫、影视截图为素材，配上一系列相匹配的文字在网络传播，用以表达特定的情感，培育出以市民为主体的大众传媒流行文化。①

“表情包”也是一种利用图片来表达感情的方式，成为社交软件活跃之后的一种流行文化，为大众所熟知并广泛使用。如可以通过实时拍照或从相册中选择照片来进行编辑的一款表情包制作软件 Emoji，App 内有 2000 多种风格不相同的贴纸可供用户自由选用，用户可自行发挥想象力和创造力对照片进行加工，拉近了人与人之间的距离，喜怒哀乐的情感表达都可以化作一个个小小的“表情包”。

移动互联网与智能手机时代的图像文本传播，可以作为当代大众社会文化生活的真实反映与记录。其叙述功能的第一层为感官能直接感受到的浅层直接意义，第二层为结合传播语境被人感知的较为深层的意义，在传播中具有指示性、社会性、娱乐性、自语性等特征。综合这些特点也可以看出手机图文信息鲜明的时代特点和当代人的心理、精神状况，是当代大众传媒流行文化丰富性和多样性的见证。

（2）制作拼贴。制作拼贴是指将多张照片排列为一张或一组，将不同内容结合在一起，并且提供精美背景和精简的用户界面，使之成为多种元素混合的手机图像“新玩法”，其制作成果还可通过云系统进行分享。其中最具代表性的便是 GIF 动图制作，可以存储多幅彩色图片，并且将多幅图像数据逐幅读出，形成最简单的动画。如一款功能非常丰富的美颜相机 B612 咔叽，内含美颜、贴纸、GIF 动画制作功能。用户可以拍摄一段 10 秒以内的小视频，App 后台会根据视频内容进行人像美容，并且分离成以“幅”为单位的连续画面，用户可根据自行需要增加文字等说明，操作简单方便，内容生动活泼，符合大众“玩手机”的心理活动。

（二）手机摄影中的艺术创作

摄影艺术中，审美方式的独特性有四个方面：在发现选择中实现平凡

① 张莹，殷瑜．脸萌软件何以走红新媒体社交网络［J］．新闻与写作，2015（11）：106-108.

美的升华；在观察取舍中体现光影美的追求；在等待捕捉中完成瞬间美的凝聚；在构思导演中进行摄影美的再造。[①]

1. 选材前提

手机摄影图片泛滥、缺少个性化的原因在于“随手拍”缺乏对生活的体验与思考。拍摄者需要发现被拍摄物的闪光点，并赋予其新的面貌，即便是相同的题材和内容，但由于角度不同、立意不同，拍摄所呈现出的效果也会不同。因此，手机摄影的第一步是确立主题，明确立意。

2. 拍摄技巧

（1）构图。构图是指根据选材和立意的要求，将要表现的事物按照一定的法则组织起来，构成一个完整而富有意义的图像。

a. 对称性构图：对称性构图是指以主体为中心，画面比例大致相同，其优点是为了突出仪式感，具有平衡、稳定的特点，其缺点是画面太过于呆板、压抑。

b. X形构图：X形构图是将手机拍摄的画面以对角的形式汇集到一点，是线性透视表现方法的一种，常见于表现广场、走廊。

c. 斜线透视构图：斜线透视构图打破了手机摄影的规则性，利用纵深感和不规则性营造出一种动感的效果，使画面更加生动、活泼。

d. 立体球形构图：立体球形构图是圆形构图的一种，将球形物放置在平面上，重点得以突出，带来独特的视觉效果。

（2）色彩。在进行手机摄影拍摄时，利用不同色彩营造出来的强烈对比感，使得手机摄影图片更具视觉冲击力。

a. 暖色调与冷色调。以红、橙、黄等暖色为主的画面称为暖色调，表现热情、兴奋、活泼等情感，以绿、蓝、紫为主的画面称为冷色调，表现压抑、忧郁、平静等情感。

---

① 王锐明. 论摄影审美方式的独特性［J］. 咸阳师范学院学报，2002，17（6）.

b. 高调与低调。高调与低调是色调中颜色亮度和明暗之间的对比，高调一般为白色与浅灰，低调表现为黑色和深灰。常用于人物摄影，用高低调式的对比突出人物轮廓。

（3）光线。光线按来源分为自然光源、人造光源和环境光，按光线投射方向又可分为顺光、逆光、侧光、顶光等，在进行手机摄影时，利用不同的光线进行拍摄，从而实现不同的艺术效果。

三、手机摄影的展览与分享

（一）个性化的“艺术展”

朋友圈是基于社交关系网络的虚拟社区，有意无意之间，人们总是在朋友圈中营造自己的“人物形象”。个性化的手机摄影是帮助我们建立“人设”的重要途径之一，或是美丽的风景，或是触动内心那刻……我们总是会拿出手机来记录并表达，人们会在朋友圈特地建构“九宫格”式的仪式感。从某一个角度甚至可以说，朋友圈成为今天私人的艺术展厅，生活、体验、经历等都可以通过个人页面实现个性化的展览。

（二）“点赞”文化

人类社会拥有无与伦比的语言系统和交流体系，人作为最高级和复杂的动物，也有着各种复杂的社交需求。相比于现实生活中人与人之间的语言交流可能出现的羞涩和冲突，网络社交上的“点赞”功能则完美诠释了什么是“一切尽在不言中”。“点赞”早已超越了设计者本来赋予它的意义，作为一种新型的社交语言，表现为用户对某一话题的认同或喜爱。摄影图片的分享加之文字的描述，成为发布朋友圈的“标配”。在读图时代的今天，一张照片的信息量是纯文字所不可比拟的，不仅带给朋友圈最直观的感受，也为亲朋好友提供出无限的遐想，让人们产生情绪共鸣的同时，也会收获一个小小的“赞”。

第四节 手机文学

文学自诞生以来随着传播媒介的变化经历了口头文学、纸媒文学、影视文学、网络文学等阶段，随着“第五媒体”手机的出现，文学获得了写作与传播的新载体。通过手机载体来写作、传播的文学就是“手机文学”，有人将其称为“短信文学”“拇指文学”“移动文学”等，是人类技术革新与精神需求的产物，是一种新型的文学样式。

手机文学，广义上指通过手机浏览的文学著作，与传统文学的区别仅仅是阅读方式的不同，将传统意义上的文学作品直接放在手机上提供给用户浏览，但其并没有照顾到手机浏览的习惯和特点。正因为手机的诸多限制，狭义上的手机文学与传统文学有较大的区别，指根据手机阅读的特点而专门创作的新型文学形式，包括短信文学、手机网络文学等。①

一、手机阅读

手机阅读是以手机为文本载体，以专门为手机创作的新型文学形式——手机文学为阅读内容，以娱乐化、快餐化和通俗化为文本特点的一种全新的阅读方式。它首先离不开3G、4G网络及LED屏显等多项技术的支撑，同时，从社会学层面上来说，它也是产生于信息社会、消费社会、审美化生存时代等多重语境中的一种普遍的社会现象。正是因为其产品特点顺应了当前社会的阅读需求，手机阅读自诞生之日起，便以其阅读方式的灵活性、随意性等特点迅速在用户人群中流行开来，并给传统的阅读方式带来了巨大冲击。

根据中国新闻出版研究院全国国民阅读调查课题组近三年来（分别是

① 蔡斌．基于“文化工业”理论的手机文学出版研究［D］．长沙：湖南大学，2011.

第八次、第九次、第十次）对外发布的数据显示，自 2010 年至 2013 年，我国 18 周岁至 70 周岁国民数字化阅读接触率呈逐年上升趋势，分别为 32.8%、38.6% 和 40.3%。[①] 其中手机阅读在数字化阅读中的占有量和增长率每年均有大幅度提高：2011 年，有 27.6% 的国民进行过手机阅读，比 2010 年的 23.0% 增加了 4.6 个百分点；2012 年增势仍在蔓延，调查显示，本年度有 31.2% 的国民进行过手机阅读，较去年增加了 3.6 个百分点，增幅达 13.0%，形象地来说，“手机阅读人群平均每天进行手机阅读的时长超过 40 分钟，平均每年花费在手机阅读上的费用为 23.31 元”。[②] 本年度调查的十大结论中特别强调了手机阅读的接触时长呈逐年增长的现象，而与此相对应的是上网时长和其他电子阅读器接触时长均有所下降的趋势。[③] 这说明手机阅读将有望超越台式电脑的阅读，成为人们首选的电子阅读载体。来自中国互联网络信息中心（CNNIC）的调查数据刚好印证了这一点。

根据 CNNIC 发布的《第 30 次中国互联网络发展状况统计报告》显示，截至 2012 年 6 月底，中国网民数量已达到 5.38 亿，其中手机网民规模达到 3.88 亿。至此，“手机首次超越台式电脑成为第一大上网终端”。[④] 这是一个具有重要转折意义的数据，它说明随着手机用户的急剧增加，手机阅读将很快超越台式电脑，手机将成为当代读者中仅次于纸质文本的第二大阅读载体和第一大电子阅读载体。

在当今这样一个快节奏的信息社会中，憧憬着静坐在群书环绕的书房里品文字、闻书香，无疑已经成为一种奢望。随着生活节奏的加快，人们的移动性越来越强，阅读时间被分散，读者需要更加便捷的阅读方式，如

---

① 中国新闻出版研究院全国国民阅读调查课题组. 第八次全国国民阅读调查十大结论［J］. 出版参考，2011（9）.

② 第九次全国国民阅读调查：图书阅读率为 53.9%［EB/OL］.（2012-04-19）.http：//www.chinanews.com/cul/2012/04-19/3832813.shtml.

③ 第十次全国国民阅读调查初步研究成果公布［EB/OL］.（2013-04-18）.http：//book.sina.com.cn/newsyc/v/2013-04-18/1257454088.shtml.

④ 中国网民数量达到 5.38 亿手机网民规模达 3.88 亿［EB/OL］.（2012-07-19）.http：//finance.chinanews.com/it/2012/07-19/4044177.shtml.

在公交站台上、地铁车厢里、会议间隙中、等待电梯时……人们，尤其是有互联网阅读习惯的群体，都有潜在的阅读需求，但条件的限制使其打开电脑成为不可能，手机就成为满足随身、快捷电子阅读需求的最好载体。打开手机高速上网，不受时间、地点的任何限制，轻松享受阅读的乐趣和海量的阅读信息。手机阅读屏幕的互动性、富媒体性、便捷性和高度的信息关联性等优势，能够很好地满足读者的个性化需求，这种满足感能够带给读者个体以强烈的心理愉悦感，使读者沉醉于一个声、光、电的虚拟世界之中，从日常生活的当下被“带出”，融入“客体的诱惑”（波德里亚语）之中，从而获得强烈的美感体验。

二、短信文学

手机文学的起源可以追溯到2002年短信笑话的流行，那段时期在高额回报的诱惑下诞生了一大批短信写手，也涌现了一大批增值服务提供商（SP）。

（一）短信文学的发展历程

1. 短信的起源

手机短信是伴随着手机的普及而产生的一种新兴的文学形式、信息交流方式和人际沟通方式。1992年世界上第一条短信在英国沃达丰的GSM网络上通过PC向移动用户发送成功，1994年短信开始商业化，1999年实现了从技术成熟到市场化的转变。[①] 在文学领域当中，短信文学可以说是一个新的形式。短信文学的雏形大概是在1999年到2000年开始的，自通信技术发展，手机逐渐成为大众的主要通信工具。2000年之后，这个时期的短信依然肩负着传递信息的实用目的，人们往往是为了节省话费用而选择短信，甚至是短暂风靡的“bp机（寻呼机）”都是在这时期技术发展过程中的跳板之一。这个阶段的短信并不能称为文学，只能定义为是通信语

① 引自信息产业部网站。

言，但这为后面的短信文学兴起与发展打下了良好的基础。

2. 发展转折点

2001 年，短信的点对点月租的取消，彻底地让人放开了书写短信的手脚，不再被金钱限制字数的短信从原本的寥寥几字“吃晚饭了吗”迅速增加到 70 字左右的“长”短信。这大大丰富了短信的内容容量，促进了短信文学的觉醒，短信祝福也成了逢年过节现代人问候祝福、表情达意的一种重要方式。

3. 高速发展期

2003 年，中国第一部短信小说《短信情缘》出版，它不仅仅用于传递简单的通信文本，更多的是在表达情感和思想。同年，新浪推出全国第一个短信写手专栏“戴鹏飞原创短信”。搜狐、网易等网站也都陆续推出了短信写作板块或者专栏。2004 年海南移动和“天涯社区”联合举办了全国性的首届短信文学大赛，由铁凝、韩少功、苏童、格非等作家任评委的首届中国短信文学大赛所评出的获奖小说《贩与乞》全文如下：“一残疾少年当街乞讨，无人问津。偶见一卖枣妇女经过，妇女卸担，捧出大枣塞给少年，笑说：‘阿姨没钱。’见此，笔者三日不知肉味。”自此短信文学成为一种崭新的文学形式。

4. 彩信（彩 e）文学

彩信的英文名是 MMS，它是 Multimedia Messaging Service 的缩写，意为多媒体信息服务。它支持多媒体功能，能够传递功能全面的内容和信息，这些信息包括文字、图像、声音、数据等各种多媒体格式的信息。彩信容量为 300K，相当于 10 幅精美图片或 15 万个汉字（字符），这是原本只有 70 个汉字的普通短信无法比拟的。[①]

彩 e 一般被称为手机杂志，它是一种新型的媒体传播形式，是由我国

① 张超，夏葳，潘静，吴晓宁．气象彩信中 SMIL 的设置与应用［J］．现代农业科技，2012（3）：63-64.

电信业推出的一种“移动多媒体邮件业务”。它的核心就是电信的短信预订业务，用于实现手机与手机、手机与互联网邮箱之间的邮件互动，其基本功能就是，手机接收来自互联网上的多媒体邮件——通过互联网上的任何邮箱将多种内容（包含文字、图片、音频、视频等）发送到彩 e 手机上，手机会自动保存邮件附件至文件夹中。可以说它的出现，正是人们在紧张的工作生活之余，快速、高效地浏览有用信息的愿望的一种有益补充。[①]

基于彩信的文学得到了动画和声音的支持，并且在字数上实现了更大的突破。一般情况下，彩信可以达到每条 5000 字的容量。当然，考虑到用户的阅读心理，一般每条彩信的字数控制在 1200 字左右，而彩 e 则控制在 800 字左右。

（二）短信文学的特点

首先，手机短信写作的初衷大多不是为文学而作，但字数限制的技术要求带来操作层面炼词达意的需要，精微表达，巧妙运思，实现短小精悍的文本特点，或心领神悟、会意认同，或莞尔开怀、一笑了之，锤炼文字、悉心创意是短信文学的重要特征。

其次，“把神圣化为笑谈，将崇高降格为游戏，用喜剧冲淡悲愤，以笑料对抗沉重”“以平民姿态、平常心态写平庸事态”。[②] 从全国短信文学大赛我们发现，其参赛者没有等级秩序和社会阶层的高下之分，可以说，只要是热爱生活、爱好文学的人都可以参与其中，短信文学可以视为“老百姓的天空”，它以贴近普通人的思想情感与喜怒哀乐为旨归，凸显了大众文化诉求，是平民化的文学形式。

再次，“手机传播打破了传统大众传播主体的机构性、权威性，进而呈现出传受主体的多元交互性及其在新的传播模式中权利的分解与集中的特征。”[③] 创作短信能够自由地挥洒才情，兴之所至，顺势而为，或阳春

① 刘海平．一种全新的出版模式：彩 e 服务［J］．出版发行研究，2005（8）：67-68.
② 欧阳友权．论网络文学的平民化叙事［J］．中南大学学报（社会科学版），2004（2）.
③ 匡文波．手机媒体概论［M］．北京：中国人民大学出版社，2006：110.

白雪式的诗歌散文，或下里巴人式的谐语笑话，信手拈来，为我所用。

最后，为了实现工于修辞、巧于表达，短信文学注重各种修辞手法和表达技巧就是必不可少的。短信是对汉语的一种魔方式的拼贴，短信文本中运用很多隐喻、双关语、藏头诗、回形诗及拟人、夸张、排比、双关、反语、谐音、调侃、回环等修辞技巧，表现了现代反讽的精神、狂欢的气质、幽默感等，精妙的手机短信常常成为生活的“调味剂”，给平常的生活增添一抹亮色。

三、手机网络文学

（一）从网络文学到手机网络文学

“网络文学”的概念从 1995 年就已经出现了，“榕树下”“起点中文网”等文学网站于 1997 年先后成立，2005 年诞生了“专职网络作家”这一职业。一天在线浏览量约 15 亿人次，一年营业额约 70 亿元人民币，几乎可以称为“全民写作与阅读时代”。[①] 随着智能手机的出现，它提供了网络文学发展的移动平台，手机网络文学由此诞生，晋江文学城、红袖添香等手机文学 App 深受用户喜爱。

（二）手机网络文学的分类

1. 手机小说

手机小说，即由手机作为载体来完成小说的创作或者阅读的形式，是近年颇为流行的一种文学新体裁。[②] 手机小说包含两方面的含义：一是以手机作为创作平台，加工创作的小说称为手机小说；二是仅以手机作为阅读方式，是通过传统文本创作、电脑创作、手机创作等创作方式产生的小说，用手机进行阅读的小说，称为手机小说。

手机小说其创作行为和创作载体的选择具有鲜明的民间倾向——民间

① 张育铭 . 几十年间腾飞：我看网络文学在大陆的发展［J］. 台声，2016（19）：80-81.

② 高宣扬 . 流行文化社会学［M］. 北京：中国人民大学出版社，2006：112.

参与性和普及性。只要掌握手机语言操作技术，人人皆可创作。创作行为系民间自发，“我手写我口、我手写我心”，传达民间自我意识，促成作者的创作行为。[①]创作者在设置故事情节、人设定位、故事结局等方面，会与读者互动，在读者、运营商的参与下，融入多方创作思考和智慧，在手机小说的传播中也会有多人参与补充、发展、改造等再创造行为。

手机小说具有“群体感”和“网络性”，往往会形成十分鲜明的趣味取向，不同类型的爱好者会聚集组成趣味群体，满足了大众快餐式阅读需要。

QQ阅读是一款非常受欢迎的手机阅读软件，诞生于2009年。文学评论家白烨将其小说类型分为官场、武侠、游戏、军事、都市爱情等十大类，支持全格式文档和自动阅读等功能，用户可以根据自身需要和喜好，跳跃式、重组式阅读，作者与读者、读者与读者之间的相互交流也带给了手机网络文学发展的新空间。

2. 手机诗歌、散文

手机诗歌是以手机网络为载体、以诗歌的形式表达人们思想感情的一种新的诗歌样式。[②]手机诗歌大多是有感而发，即兴而作，反映的是当下人们生活的状态及对社会热点问题的关注。

由于手机只有小小的屏幕和有限的几个按键，使其拥有了区别于传统诗歌的一些特点：以抒情诗为主，以直接的意境和形象吸引人，以有限的篇幅容纳更丰富的内容。手机诗歌的作者尽管有许多客观条件的限制，但其中一些诗歌已不再是静止的“牢笼”，而是随意传动的文字画面，其诗歌的意境及韵律都达到了较高的水平。[③]

手机诗歌作者的“写作更多的是基于一种生命力的驱使，一种自我实现的渴望，一种无法控制的率性而为”。[④]它给诗人带来的是创作完成后即兴的快感，一种一吐为快的愉悦，诗歌中表现了他们感知的社会及对当

① 贾剑秋．手机小说创作机制与特征论略［J］．西南民族大学学报（人文社科版），2011，32（3）．
② 丁桂香．手机诗歌的审美特征［J］．新闻爱好者（理论版），2008（4）．
③ 同上。
④ 吴思敬．新媒体与当代诗歌创作［J］．河南社会科学，2004（1）．

下诸多现实问题的思考。

手机文学软件红袖添香已经成为广大用户放飞自我、自由创作的平台，它支持 iOS 与 Android 客户端，目前已有 240 万的用户注册该软件，这款软件除了涵盖手机诗歌、散文以外，其最大的特点就是富于特色的女性言情文学，深受广大女性读者的喜爱。西窗烛是一款展现中国传统文化的手机 App，它传播中国传统文化，将传统诗词歌赋与现代青年读者勾连，是大家学习、交流、传播传统文化的平台。

3. 手机段子

手机段子是一种新的手机文学体裁，主要通过手机微信、微博等应用软件传播。它形式多样，内容丰富，通俗易懂，简短精练，注重押韵顺口，利于传播。

段子文化在我国有着悠久历史，从古代的民谣、顺口溜到近代的评书、相声，再到现代的笑话、脱口秀，段子文化随着历史的发展不断进行革新与演变。“段子大部分以红段子和祝福段子为主，以节假日或特定时期的传播频率最高。”①

以智能手机为代表的移动新媒体的兴起，是推动段子文化勃兴的重要因素，这种新的文学体裁既是对于传统文学体裁的创新，又成为新时期草根文化的代表。它具有创新性和娱乐性，以夸张、戏谑的方式将人生感悟、热点事件评论等表达出来，互动传播之中相互激发、触动，往往表现出新形式、新感受和新思维。手机段子在创作上融入了更多的时尚元素和个性化手段；在传播上不再局限于纯语言文字，而是借助图片、视频使表达更加直观、快捷；在表达上休闲娱乐、消解压力、释放情绪及反映舆情民意等社会功能得到进一步的强化。②

糗事百科作为国内最大的网络段子分享平台，2012 年推出移动客户端。

① 周晓燕．小小段子，搅动中国："如何看待手机段子流行" 问卷调查分析报告［J］. 人民论坛，2010（18）：14-17.

② 李当奇．手机应用视域下段子文化浅析［D］. 重庆：重庆大学，2015.

糗事百科是以网友真实糗事为主题的笑话网站，话题轻松休闲。在糗事百科中可以查看他人发布的糗事并与网友分享自己亲身经历，可以将生活中不开心的事、糗事、倒霉事晒出来，跟众人分享，苦中作乐。自“糗事百科”与“冷笑话精选”开始，通过文字、图片、短视频等形式，将民间原创的内容形成互联网产品，构成大众都可以参与的娱乐产业。这种新型的文学体裁算得上是一场文化潮流。

4. 博文帖子

续写和接龙是在互联网和自媒体普及之后兴起的文学形式，一条博文帖子随着更多用户的参与可以满足更多人的阅读趣味。平等、协作、共享等理念是博文帖子的创作特点，用户参与写作与作者一起完成作品。罗兰·巴特认为：“诸意义系统可以接收此类绝对复数的文，然其数目，永无解算之时，这是因为它所依据的群体语言无穷无尽的缘故。”[①] 大众参与让博文帖子去中心化，没有终极意义也找不到原创作者，所有读者都可以参与续写，交互性、交流感和参与感成为其特点。由于不是由同一作者创作，不同的思维碰撞导致故事发展方向极有可能出现重大变化，写作风格截然不同，欧亨利式结局时常换一个作者就出现一次，这也使接龙文学出现了很多未知性，转折不断出现。博文帖子往往以时事热点作为引子，由于要吸引大众参与，时事热点的吸引力和讨论度使其成为续写文章的引子。博文帖子让每一个人都能够接近艺术、感知艺术、创作艺术和传播艺术，大众实现了独立的体验，任意的感知，自由的创造。

5. 个人随笔

在 Web2.0 时代，用户的个人体验和情感抒发成为核心观念，纸质的日志逐渐被代替，许多人更加偏向在网络上分享自己的观点和生活。人们的所写、所发、所感完全出自内心对生活的真实情感，在移动互联网络空间里，任何人都拥有话语权，人们可以自由平等地张扬自己的审美主张。

---

① 罗兰·巴特 .S/Z［M］. 屠友祥，译 . 上海：上海人民出版社，2000：62.

手机软件有道云笔记支持 Android 和 iOS 系统，除了强大的存储功能之外，它可以帮助用户随手记录趣事和心情，并发表与分享。随着手机文学逐渐突破短信体裁的制约，它不仅成为文字的“阅读”平台，其正发展成一种集文学创作与发布、转载与传播、阅读与评论、反馈与回应、娱乐与监督等多种功能为一体的大众文学样式。[①] 手机文学想象超群，鼓励原创，充满先锋性、流行性、娱乐性和互动性的作品不断脱颖而出，既有情趣、理趣、讽喻、抒情、想象和夸张等元素功能，又能够寓教于乐，是手机文学的生命力和原动力之所在。

思考题

1. 简述手机直播的类型及其艺术特征。

2. 简述手机电影的创作与传播特点。

3. 手机微视频具有什么样的艺术特征？

4. 请举例分析一款常见的手机音乐编辑软件的艺术特征。

5. 谈谈手机摄影的艺术创作。

6. 简述手机摄影的拍摄技巧与手法。

7. 手机短信曾经是人们生活的重要组成部分，现如今却逐渐走向没落，你是如何看待“短信文学”的兴起及其衰落的？

8. 手机网络文学只是大众狂欢时代的“电子零食”吗？你认为它是“文学的明天”还是“文学的堕落”？

① 姜申．手机文学：全媒体时代的文化畅想［N］．光明日报，2011-07-04.

第四章　手机媒体界面设计

第一节　手机媒体界面设计概述

一、手机媒体界面设计的相关概念

（一）UI

UI是User Interface的缩写，是“指人和机器互动过程中的界面”。[①]对于手机而言，手机的界面都属于用户界面。使用者通过手机用户界面进行各种交互操作，发出指令，手机根据指令再通过手机用户界面做出相应的信息反馈。

（二）GUI

GUI是Graphical User Interface的缩写，是指人机交互的图形用户界面，是一种以图形信息为主的信息可视化的用户界面。图形用户界面呈现给用户的信息是非常直观且容易理解的。GUI是UI重要的视觉呈现形式，手机的用户界面都是采用图形用户界面。

（三）IA

IA是Information Architecture的缩写，是指信息的组织结构。通过对用户界面的信息进行归类、层级结构组织，以及对用户任务流程的逻辑构

① 余振华．术与道：移动应用UI设计必修课［M］．北京：中国工信出版集团/人民邮电出版社，2016：20.

建，建立起用户界面的信息与用户认知之间的合理通道，从而便于用户使用用户界面，并获取想要的信息。

（四）IxD

IxD 是 Interaction Design 的缩写，是指交互设计。1984 年，交互设计作为一门新学科由比尔·莫格里奇（Bill Moggridge）提出。交互设计是专门针对人和机器的交互过程的一种设计，是定义、设计人造系统行为方式的设计，如移动设备、应用程序、人造环境等。交互设计的主要对象是人机用户界面（UI），但不仅限于图形用户界面（GUI）。

（五）UE

UE 是 User Experience 的缩写，是指用户体验。最早在 20 世纪 90 年代，随着计算机的普及，人机交互的应用开始渗透到社会各个层面，仅依靠可用性工程学关于效能、效率和满意度的产品评估标准已经不能有效分析产品设计的优劣，用户的情感、动机和价值被提出来应纳入设计和评估的范畴，这些综合称为“用户体验”。这一概念最早是由唐纳德·诺曼（Donald Norman）提出的。在中国用户体验联盟发布的《2016 中国用户体验行业白皮书》中提出“用户体验的实施流程是依据 ISO 9241-210‘以用户为中心的设计’User Centered Design 所展开的，包括识别以用户为中心的设计需求、理解和细化使用情景、细化用户和组织需求、设计的执行和实现、按照需求进行评估，直至设计出满足用户和组织需求的产品、系统或服务”。具体到产品，用户体验包含以下几点内容：

（1）性能：产品运行是否稳定、快速。

（2）内容：产品的内容是否能解决用户的问题，满足用户的需要；产品的信息架构是否符合用户认知。

（3）交互：产品的人机交互是否便捷、易于掌握。

（4）视觉：产品的外观、用户界面等是否能带给用户审美感受。

（六）手机媒体界面设计

手机媒体界面设计是指对智能手机操作系统及运行于智能手机端的App的用户界面设计，以用户体验为指导，包括对信息架构、人机交互及图形用户界面的整体设计。

二、手机媒体界面设计的分类

（一）手机操作系统界面设计

目前主流的智能手机操作系统主要有iOS、Android和Windows Phone，不同的操作系统根据产品诉求和用户需求建立各自不同的手机操作系统界面设计原则、特点、标准和规范。

iOS系统是苹果公司开创的图形化操作系统，用户可以使用物理按键和多点触控对移动终端设备进行控制并与系统进行互动。iOS的系统架构通常是通过视觉隐喻以引导式的方式进行功能的设定，提供给用户有限的、高度统一的交互方式和路径，为用户排除了很多认知干扰和选择负担。根据iOS的系统架构层次，用户通过直接操作媒体层和可触摸层就可以按照一定的逻辑实现与系统的交互，获取想要的信息。而在用户的交互过程中随时可以通过单击Home键返回到系统主界面，且双击Home键可以实现后台应用程序之间的选择切换。所以说“iOS系统的本质可以分解为：演示隐喻、直接操纵的概念和Home键的中心性”。[①]iOS系统的“屏幕界面以应用程序方格的形式呈现，可以有最多四个程序图标被固定在最底部Dock栏上”。[②]这一视觉界面的布局结构确立了应用于iOS系统上的应用程序界面区别于Android系统的结构特征。此外，iOS系统定义所有应用程序的入口为图标，所有应用程序的出口为Home键。

2007年11月5日，谷歌公司正式向外界展示了名为Android的操作系统，并且在当日Google宣布建立一个全球性的联盟组织。这一联盟将支持

① WOOD T.iOS用户体验设计［M］. 毛姝雯，译. 北京：人民邮电出版社，2013.
② 陈鑫萍. 移动设备用户体验的易用性研究［D］. 杭州：浙江理工大学，2015：20.

谷歌发布的手机操作系统及应用软件，将共同开发 Android 系统的开放源代码。Android 系统从诞生之日起就是一个有别于 iOS 系统的一个自由开放的系统。早期的 Android 系统带有极强的 Google“以工程师为主导”的文化特色，在 Android4.x 之前，Google 对应用开发市场没有一个统一和严格的标准，导致 Android 应用良莠不齐。Android 在 5.0 版本时经历了一个彻底的变革，Material Design 出现了。Material Design 结合卡片式设计，讲究自然过渡，颜色更鲜艳并倾向于用颜色来进行视觉隐喻提示，更强调动画效果，规范了 Android 系统的运动元素。这套设计系统为应用 Android 系统的智能手机、平板电脑、台式机等设备的用户界面提供了一致的、美观的视觉体验及交互的设计方法。但它只是一个设计标准的参考，各个品牌应用商依然可根据自己的实际情况对运行的 Android 系统进行个性化设计。

Windows Phone（简称为 WP）是微软于 2010 年 10 月 21 日正式发布的一款手机操作系统，使用一种称为 Metro 的用户界面。Windows Phone 具有桌面定制、图标拖拽、滑动控制等一系列前卫的操作体验。其主屏幕通过提供类似仪表盘的体验来显示新的电子邮件、短信、未接来电、日历约会等，让人们对重要信息保持时刻更新。动态磁贴（Live Tile）是出现在 WP 中的一个新概念，这是微软的 Modern 概念，Modern UI 是长方图形的功能界面组合方块，要带给用户的是“glance and go”的体验。Modern UI 是一种界面展示技术，和苹果的 iOS、谷歌的 Android 界面最大的区别在于：后两种都是以应用为主要呈现对象，而 Metro 界面更强调的是信息本身，而不是界面元素的设计。

（二）手机 App 界面设计

App 是英文 Application（应用程序）的缩写，通常指手机或平板电脑等移动端的第三方应用程序。手机 App 大致可以分为以下类型。

1. 社交通讯类

社交通讯类 App 是人们线下社交活动在移动端的自然延伸，能够满足用户随机和即时性的社交通信需求。用户可以在此类 App 中发送和分享文字、图片、视频、音乐、链接等内容，社交变得更便捷和多元化。在当前的技术条件下，部分社交网络和即时通信 App 还进一步整合了如基于地理位置的服务（LBS）、网络支付等功能。在国内，此类 App 的代表有移动 QQ、微信、新浪微博等。

2. 地图导航类

地图导航 App 主要功能包括路线导航、实时路况、查找附近生活信息等。国内拥有较多用户的地图导航 App 有高德地图、百度地图等，其功能各具特色，如高德地图还提供叫车、共享单车、违章查询等服务。

3. 网购类

网购类 App 主要为用户提供足不出户的购物服务。随着互联网商业的日趋完善，此类 App 覆盖的服务领域越来越大，给人们的日常生活带来了极大的便利。国内具有代表性的网购类 App 有手机淘宝、天猫、京东、唯品会、苏宁易购、大众点评、美团等，多为综合性的电商 App。

4. 金融财务类

支付宝是国内最具影响力的综合性金融财务类 App，它不仅提供相关在线支付、转账、还信用卡等业务，还提供各种金融理财、保险业务，也提供各种生活缴费、预约挂号等综合性服务。除此以外，各大银行基本都有自己的 App，方便用户进行移动端的线上操作。

5. 媒体资讯类

媒体资讯类 App 包含门户新闻类 App 和新闻聚合类 App。新闻聚合类 App 的内容来源是通过协议交换和网络抓取来整合其他媒体的内容资源，代表性新闻聚合类 App 有今日头条、ZAKER 新闻等。相对于门户新闻 App，如腾讯新闻、网易新闻、搜狐新闻、凤凰新闻等更注重内容的结构层次，以展现平台的全面和强大，使得更多用户会访问这些 App 背后的网站；新闻聚合类 App 则更关注热点，更注重视觉效果和展示效率。该类

App 用户呈现出非常积极的参与性，热衷点赞、分享等社交行为，其中八成的内容分享指向微信。

6. 休闲娱乐类

休闲娱乐类 App 主要是为用户提供精神娱乐的移动应用产品，包括影音播放、游戏、音乐、美食、阅读、照片美化、视频拍摄制作等。国内具有代表性的 App 有爱奇艺、优酷、虾米、网易云音乐、美图秀秀、美拍等。

7. 教育学习类

网上大量的教育学习资源的出现，突破了传统教育模式，用户可根据自身的需求进行选择性的学习，能充分利用碎片时间是教育学习类 App 最大的优势。国内具有代表性的教育学习类 App 有网易公开课、朗易思听、掌上新东方、网易有道词典等。

8. 生活服务类

生活服务类 App 发展迅速，涵盖的服务范围广，有效地整合了线上线下的资源。国内具有代表性的生活服务类 App 有滴滴出行、神州专车、58 到家等。

9. 医疗健身类

医疗健身类 App 是随着人们对身体健康越来越重视兴起的 App，包括医疗咨询和运动健身两大类。医疗咨询 App 主要功能有在线医疗咨询、预约挂号、查看医生简介等。运动健身 App 主要功能有记录跑步和行走的数据、记录心率和睡眠时间、训练方案、饮食指南、运动装备等。国内具代表性的医疗健身类 App 有 Keep、医事通、好大夫在线等。

不同类型的手机 App 由于产品诉求和用户诉求不同，在设计目标和设计风格上有所区别；并且同类型的 App 也需要通过既有良好的用户体验，又有自身独特设计风格的界面设计来吸引用户，才能在激烈的竞争中脱颖而出。此外，手机 App 界面设计还需要适应不同智能手机操作系统的界面设计的标准、原则等，在不同的操作系统下没有完全通用的 App 界面设计方案；还要匹配不同尺寸手机屏幕的显示。因此，一个手机 App 的界面不可能只有一套设计模板，往往会根据运行的移动终端具体情况设计制作几套方案；但也不能完全用不同的设计方案，这样既会造成设计和开发成本的高昂，又会给用户造成认知困扰。所以手机 App 界面在不同平台间的设计上还是需要保持一定的品牌风格统一性，尤其是视觉设计风格。

三、手机媒体界面设计的流程

（一）目标用户界定

用户即使用者。不同的产品就有不同的使用者，因此在进行手机媒体界面设计之前首先需要根据产品诉求确定使用者，包括主要使用者和潜在使用者。不同的目标用户对手机媒体界面的认识、需求，以及使用手机媒体界面所需的基本技能和习惯等都是不同的。不同的目标用户在使用手机媒体界面时，其行为还受到文化背景、教育程度及阅历等因素的制约，主要表现在视觉、听觉等感知能力、分析能力、记忆力、反应力等方面的不同。

目标用户界定主要通过前期的用户调查，调查方法包括文献研究、用户访谈、背景资料问卷调查。通过明确目标用户可以使设计更专注于服务某一两类特定人群，这样更容易提升目标用户的使用满意度。

（二）用户需求分析

以用户体验为指导进行设计必须明确目标用户所需要的核心价值，这就需要有效的用户需求分析数据。用户需求分析是通过构建用户属性信息，深入定位手机媒体界面要面对的目标用户特点，包括对用户类型、行为习惯、认知特点、使用动机、使用目标的分析。用户需求分析的研究方法主要有问卷调查、人物访谈、场景观察。

通过用户需求分析既可以洞见目标用户当前的主导诉求，又可以预见用户的潜在诉求。根据马斯洛需求层次理论，人的需求呈现向上转移的趋势，即人的低层次需求一旦得到满足，就会自然而然地追求更高层次的需求。也就是说目标用户主导诉求所在层次之上的所有层次都有可能产生用户的潜在需求。

在得出用户需求分析的结论后，需要创建具有代表性的用户画像。最早提出用户画像（Personas）概念的是被称为“交互设计之父”的阿兰·库帕（Alan Cooper），他认为用户画像是从真实用户群中抽离出的一个虚拟的、典型的代表，是对目标用户群的人口统计学要素、使用情景等特点的具体表现。当有多个用户画像时，应考虑优先级，一般情况下不超过三个用户画像。

“Tencent CDC 总结了创建用户画像的流程，分别为：研究准备与数据收集、亲和图、用户画像框架、优先级排序、用户画像这五个部分。用户画像基本元素包括：姓名、头像、年龄、籍贯、居住地、家庭情况、爱好与性格、用户场景、职业信息、收入水平、计算机网络使用、动机、目标、人生态度。”①

（三）确定设计目标

设计目标是通过明确某种设计策略和手段给目标用户带来某种可以实现的用户价值，从而支持某种产品价值的变现方式。前期对目标用户需求的研究分析实际是对用户诉求的目标化，而用户诉求是建立在特定的用户群体和特定的情景环境之上，所以用户诉求的目标或者说用户体验目标并不能直接拿来当作手机媒体界面设计的目标。设计目标的确定还需要结合产品诉求，即产品的目标、主要功能、价值的变现方式及价值的实现策略。产品诉求的明确不是设计师的工作，而是产品经理或业务伙伴的工作，但设计师可以协助他们一起思考、梳理，为后续的设计工作打好基础。通过设计目标的确定，很多时候可以帮助设计师重新梳理用户的设计需求优先级，使设计更加合理。

---

① 何天平，白珩. 面向用户的设计：移动应用产品设计之道［M］. 北京：中国工信出版集团 / 人民邮电出版社，2017：30.

（四）信息架构设计

传统的网站信息架构“侧重于网页信息的合理组织与便于用户进行信息搜索查阅”。[①]而作为移动端的手机媒体界面的信息架构则更复杂和多元化，会随着应用服务的不同而有不同的组织结构。一个以提供信息为主要内容的手机媒体界面，其信息架构更多地侧重对其所提供的信息的层级关系的梳理，如各种新闻类 App 的界面；而以提供服务功能为主要内容的手机媒体界面，其信息架构会更多地侧重任务流程的设计，如美图秀秀 App、高德地图 App、手机相机应用等。信息架构设计需要完成信息内容分类、任务流程设计及页面流程图。信息内容分类是对信息的分类与组织，任务流程设计是为了理清目标用户的主要任务和次要任务的逻辑关系，两者是设计手机媒体界面的基础。在此基础上进行页面流程图设计才能建立起页面之间的逻辑关系和层级关系。

（五）交互设计、原型制作和可用性测试

手机媒体界面的交互设计主要包括交互手势应用和交互反馈设计。用户和手机媒体界面之间的交互主要依赖于触摸，因而通过手指开展的各式各样的触摸即手势操作构成了用户使用手机媒体界面的主要路径。交互手势应用是对用户操作手机媒体界面的常用手势的设计。交互反馈设计是设计出界面对于用户操作会做出的信息反馈，在界面上对于手势等交互操作可使用文字、数字、图形、语音等给予及时的反馈。

完成交互设计后便需要系统性地开展原型设计。原型设计是以可视化的形式将用户界面展现给用户，用以征求意见、确定需求，同时也用于开发团队内部的讨论、分析、设计。原型设计的根本目的是为了开发、设计人员及用户之间的沟通、测试、修改，以帮助后期的图形用户界面设计工作的展开。依据项目大小、时间周期等，不同的团队根据实际情况进行低保真、中等保真、高保真等不同制作质量的原型制作。低保真原型多用于

① 何天平，白珩．面向用户的设计：移动应用产品设计之道［M］．北京：中国工信出版集团 / 人民邮电出版社，2017：46.

设计团队内部的沟通、修改；中等保真原型多用于进行初期的用户可用性测试；高保真原型用于手机媒体界面的最终设计效果的呈现及最后阶段的用户可用性测试。

（六）图形用户界面设计

在进行图形用户界面设计之初，应根据用户诉求和产品诉求确立手机媒体界面的视觉设计风格，需要注意的是形式应服从于内容。手机媒体界面的视觉设计风格很多，如简约、热情、可爱、优雅、时尚、前卫、复古、科技感等，每种设计风格都有着对应的视觉语言。这都需要通过设计师独到的设计灵感为每一款手机媒体界面赋予自身的气质。

在确定了视觉设计风格后，就需要明确色彩关系、字体、导航、图标、图片、界面布局、设计组件、动效设计、设计适配及建立视觉设计规范。

四、手机媒体界面设计的原则

（一）内容优先

“移动终端用户体验专家卢克·沃洛布莱夫斯基掀起的‘移动优先’风潮强调：只保留必要的内容和功能。最伟大的设计理论家之一约翰·梅德提出：为了用户的利益，要学会放弃。”[①] 手机媒体界面的屏幕空间是很有限的，为了提升屏幕空间的有效性，界面设计应以内容为核心进行组织，提供符合用户期望的并且能快速理解的内容，删除无关的多余内容，从而简化界面的导航。此外，内容要符合移动终端的特征，需要考虑在不同的情景下为用户提供相匹配的内容。

（二）简洁与效率

智能手机的便携性、移动性，也带来了用户使用时间的碎片化和使用环境的不稳定性。用户没有太多的时间去查看帮助文档或尝试各种操作的

① 艾米丽·布歇．匠心体验：智能手机与平板电脑的用户体验设计［M］．吴博，译．北京：中国工信出版集团／人民邮电出版社，2016：74.

可能，因此手机媒体界面应倾向于让用户易于学习，操作简单可见，通过用户的手机使用经验和认知，以及通过界面提供的线索就能轻松掌握使用。强调简洁与效率，并不是寻求更少的功能，而是设计出真正能满足用户在移动中对手机媒体界面的使用需求。

（三）操作流畅

随着触屏的诞生，智能手机的正面几乎都是屏幕，直接操作成为用户使用手机媒体界面时的主要需求。而在手机媒体界面的使用过程中，如果用户不知道该怎么操作，或操作后没有得到及时反馈都会极大地影响用户体验。手机媒体界面的设计中，提倡的是简单、直接的操作。操作流畅主要从手指的操作区域、手势的操作及界面的及时反馈三个方面来考虑。

（四）善用隐喻

根据认知心理学的原理，视觉感知对人的情感作用分为本能、行为、反思三个层面。其中，反思层面的影响是决定用户情感愉悦性和满意度的核心；反思层面的视觉感知注重的是信息、文化及功能背后的意义，代表了用户的自我形象，象征着用户的品位。隐喻是语言学修辞的一种手法，是在某类事物暗示下的一种对另一类事物的联想、认知和体验的心理行为、语言行为和文化行为。隐喻设计是界面设计中的重要组成部分，它解决了通过图形界面传达抽象信息的难题，使界面设计化繁为简，把复杂的问题变得简单了。所以在手机媒体界面的设计中，从用户已有的经验，尤其是从视觉经验出发，善用隐喻，寻找能减少用户认知难度，且能让用户引起情感共鸣的视觉元素，可以帮助用户理解界面设计所要表达的意图和信息内容，提高操作效率，避免误操作。

（五）一致性

保持界面设计的一致性是指各级界面的布局、图标、导航、交互与反馈等都具有高度相似性和延续性。一致性原则需建立让用户使用起来感到舒适的设计标准，带给用户整体统一的使用感受。一致性既可以塑造产品的风格，也可以让用户在手机媒体的不同界面中重复使用他们掌握的知识和技能，大大降低用户的学习成本和使用负担。手机媒体界面的一致性越高，用户形成使用习惯的速度就越快。

第二节　手机媒体界面信息架构设计

一、信息内容分类

（一）逻辑分类

设计师直接使用人们在生活中熟悉的分类逻辑对用户需求的信息内容进行组织，如常见用途、品类、形状、色彩、材质、品牌等。

（二）卡片分类

在信息架构设计的初级阶段，设计师利用卡片分类可以知道用户对界面内容的期望，一般分为两类：

（1）开放式：用户可以自由决定把卡片分几组，并给卡片命名。

（2）封闭式：设计师先将信息架构设计出一个讨论版，确定出导航的个数和名称，再将属于这些导航的卡片内容分给用户，让用户根据自己的想法把卡片归类到各个导航下。

二、信息架构的深度与广度

信息架构在设计时，要合理地根据用户诉求和产品诉求建立信息分类和任务流程的深广度，建立好层级关系。

（一）深度优先

主要在纵向上增加层级数。深度优先的设计，用户获取目标信息和完成任务的路径会更长，操作也更繁琐，但可以给手机用户界面留出更多的空间，界面布局上可以展示更多用户关心的内容。

（二）广度优先

主要在横向上增加层级数。广度优先的设计，同一层级的入口更多，用户获取信息的路径很短，也很简单，但却要面对更多的入口选择，也会占用更多的屏幕空间，在手机这样的小屏幕上影响更大。

（三）常见的信息架构深广度组合方式

在进行手机媒体界面信息架构设计的时候，权衡好深度和广度，要综合考虑“包括产品的核心价值、内容的数量、用户的熟练程度、内容组织的有效性、目标内容的使用频率、内容之间的语义相似性、使用情景特征，甚至是手机的反应时间等。”[①]用于手机媒体界面常见的信息架构深广度组合方式有浅而广、深而广、深而窄、浅而窄。其中，深而广的组合方式应用最为广泛，比如网购类 App、媒体资讯类 App、休闲娱乐类 App、教育学习类 App，具体如淘宝、爱奇艺、搜狐新闻、网易有道词典等；深而窄的组合方式也较为广泛地应用于功能性的智能手机端产品界面，比如高德地图、美图秀秀、抖音等。对于功能相对简单的产品则多会使用浅而广和浅而窄的信息架构组合方式，如 VUE 视频。

三、任务流程设计

根据设计目标准确清楚区分目标用户使用手机媒体界面的主要任务和次要任务，再根据主次任务设计目标用户需要完成的任务流程图，通过任务流程图引导用户按照清晰的步骤去完成任务。任务流程图的支线越少，整体复杂度越低，越有助于用户在碎片化的时间里迅速完成任务，达成目标。

（一）排列任务层级次序

根据主次功能设计来排布任务优先级，并组合合并功能相似的任务，

① 傅小贞，胡甲超，郑元拢．移动设计［M］．北京：电子工业出版社，2014：81.

再按照用户的主行为流的次序确定不同任务之间的层级次序。

（二）任务流程图

排列好任务层级次序后，就需要明确提供给用户的操作流程。操作流程一定是分支化的、动态化的，因此需要用任务流程图将目标用户的操作过程及其结果线性化。任务流程图描述了一款智能手机产品的用户界面的完整使用，为信息架构的可视化提供操作的全景路径。

四、页面流程图

信息架构设计的最终目的是为用户呈现可视化的用户界面，因此需要根据信息内容分类和任务流程图，再以草图的形式将信息架构视觉化到各级页面布局中，从而得到大致的界面模块。

五、设计工具的使用

信息架构设计可使用 MindManager 软件和 Axure RP 软件进行制作。MindManager 是一款创造、管理和交流想法的思维导图软件，与它类似的思维导图软件都可用于信息架构设计的使用，其特点是可快速将思维发散并帮助使用者理清逻辑关系。Axure RP 软件是一款专业的快速原型设计工具，主要用于定义应用产品的需求和规格，创建并设计界面线框图、流程图、交互原型和相关规格说明的文档。Axure RP 既可在信息架构设计时使用，也能在制作交互原型时使用。

六、学生作业点评

产品名：医家 App

该组学生通过前期问卷调查、人物访谈等调查方法，发现在人们出现健康问题后，71.19% 的人群选择直接看医生，11.86% 的人群选择查询医疗网站或医疗 App，而 80.51% 的人群没有使用过医疗 App，另一方面 48.31%

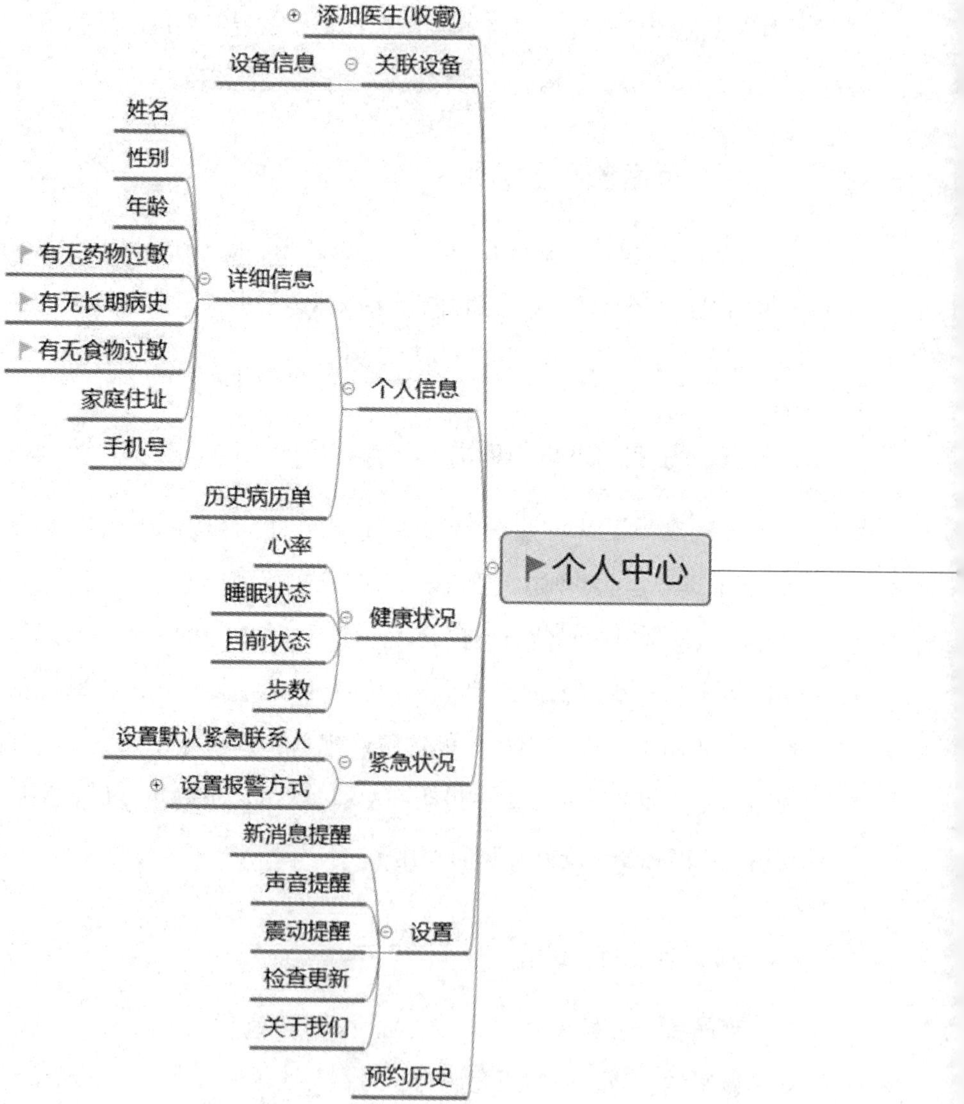

添加医生(收藏)
设备信息
关联设备
姓名
性别
年龄
有无药物过敏
详细信息
有无长期病史
有无食物过敏
个人信息
家庭住址
手机号
历史病历单
心率
个人中心
睡眠状态
健康状况
目前状态
步数
设置默认紧急联系人
紧急状况
设置报警方式
新消息提醒
声音提醒
震动提醒
设置
检查更新
关于我们
预约历史

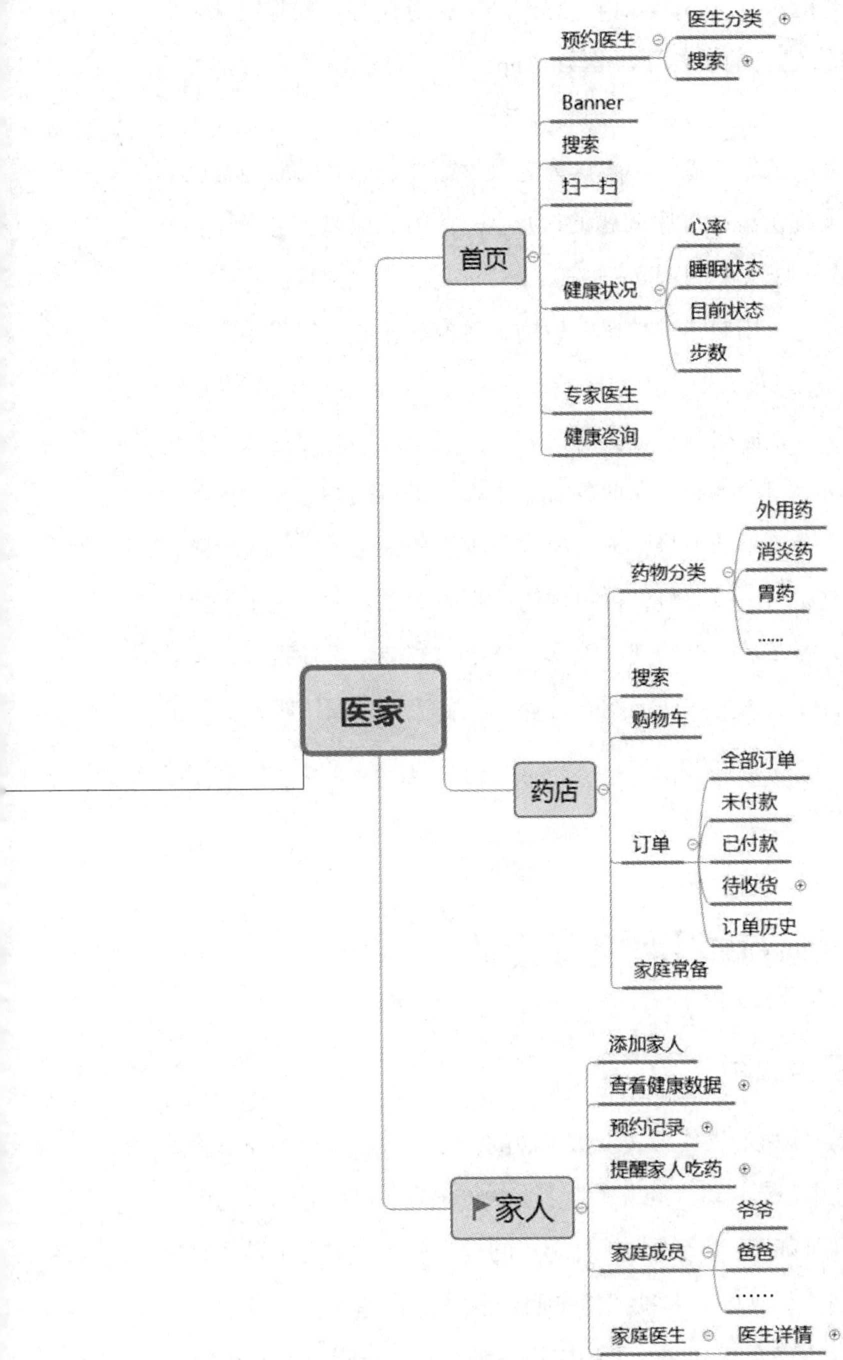
医家
首页
预约医生
医生分类
搜索
Banner
搜索
扫一扫
健康状况
心率
睡眠状态
目前状态
步数
专家医生
健康咨询
药店
药物分类
外用药
消炎药
胃药
……
搜索
购物车
订单
全部订单
未付款
已付款
待收货
订单历史
家庭常备
家人
添加家人
查看健康数据
预约记录
提醒家人吃药
家庭成员
爷爷
爸爸
……
家庭医生
医生详情

的人群愿意接受智能医疗 App，88.14% 的人群希望能够有一款监控身体健康数据并及时提供建议的智能手环医疗 App，能够自己使用或者推荐给亲朋好友。

基于前期调查的数据，该组学生认为老百姓需要一款能够监控自己和家人健康数据并能提供解决健康问题的医疗 App，因此他们决定设计一款“智能手环 +App”的智能医疗产品——医家。

该组学生在经过对用户需求的研究后确定医家的核心功能是用户以家庭为单位，可通过手环的检测查看自己及家人的身体状况，查询健康报告，家庭成员间可共享家庭健康数据，实时关注家人健康。同时提供预约医生上门服务功能，在上门服务后可在此款 App 中直接进行药物购买。因此，在信息架构的设计上该组学生将个人与家人分设为并列关系的一级导航，也将药店设置为独立的一级导航，再将预约医生、专家咨询功能集合放在首页中，并在首页中显示个人的健康数据。整个信息架构设计很好地反映了用户需求和产品诉求，主次功能明确合理，任务流程逻辑清晰，页面流程图清楚明了。

第三节　手机媒体界面交互设计

一、交互手势应用

iPhone 诞生后，手机的操作方式发生了质的变化。智能手机已经不同于功能手机的按键操作和笔式输入的方式，多点触控配合各种手势的应用也取代了 PC 端键盘、鼠标的控制，更加符合用户的行为模式，用户对界面的控制更为直观和敏捷。设计师需要根据信息层级和功能合理地规划多个手势的组成关系，建立一套合理的交互手势应用系统。在进行设计时，应坚持手势设计的自然性，即多采用用户在下意识情况下会做出的手势操作。

“单击”是人们面对界面最自然的反应，也是一种精确操作的手势，所以在 App 界面的自然手势交互中应该占据最重要的位置。“双击”和“长按”往往表现出人们对某一内容的高度关注，“长按”手势有区别于其他几种自然手势的特点，它存在时长。“滑动”是在人们对于界面空间不足，在二维空间中很自然的一种手势反应。“双指缩放”是人们对于放大缩小的一个自然反应。“拖拽”手势带有极强的参与意识，在移动端游戏中应用广泛，如天天爱消除 App 游戏，用户通过拖拽相同的动物头像完成消减并得分的游戏任务。各平台支持的手势应用有所不同，即使同一款 App 由于在不同的操作平台上某些功能的手势操作也会不同，如 QQ 邮箱的删除邮件功能，iOS 系统支持左滑动手势进行删除，但 Android 系统则支持长按手势进行删除。

各种手势比较

手势	主要操作
单击	按压或选择一个控件或选项
双击	放大内容或图片，使内容也可以恢复缩小的内容
长按	对内容进行选择和编辑，当编辑文本时用来定位光标的位置
滑动	用于上下左右的信息获取
双指缩放	对图片的放大缩小操作
拖拽	移动一个元素
轻扫	使用一个手指扫动屏幕，可以回到之前的屏幕，可以拉出隐藏视图，也可以滑出删除按钮

各平台支持手势比较

平台	支持的手势
iOS	点击、拖拽、滑动、轻扫、双击、双指缩放、长按、摇动、旋转
Android	点击、拖拽、滑动、双击、双指缩放、长按、摇动
Windows Phone	点击、滑动、双指旋转、轻扫、双指缩放、长按

手势操作减少了空间的使用从而释放了屏幕的空间，相对于单调的点击，手势操作给用户带来了更丰富、更有效的人机交互新体验。手势操作的缺点在于对有效区域的有效点击无法达到光标的精准度。“麻省理工学院触摸实验室的工作人员在研究人类的指尖触觉时发现，成年人的食指平均宽度为 1.6 厘米至 2 厘米（45 像素至 47 像素），大拇指的平均宽度为 2.5 厘米（72 像素）。”① 而在人机工效学的研究中也有过这样的结论：“用食指操作时，触及范围在 7 毫米左右较合适；而用拇指操作，合适的触击范围为 9 毫米。”② 智能手机用户在操作手机媒体界面时会根据不同的使用情景有不同的操作特征：坐着时多用双手，拇指和食指都会使用；行走时多用单手，以拇指操作为主。可见拇指的使用频率最高，拇指在屏幕上以指关节为圆心进行弧线滑动，因此手势操作在有限的手机屏幕上是必然存在易操作区和操作死角的，用户需要更能适应手指操控的 App 界面布局和文字图片的点触区域控制。“针对食指和拇指的操作区域和精度，各个平台操作都给出了点触区域的最小物理尺寸的标准：食指最小尺寸为 7 毫米 *7 毫米，拇指最小尺寸为 9 毫米 *9 毫米。”③

二、交互反馈设计

人机交互的方式是模拟自然界人与人之间的交互方式而形成的，既讲究用户对设备的控制，也重视设备给用户的反馈。苹果公司就在其官方设计指南《iOS Human Interface Guidelines》中写道，“为用户向你提出的需求提供尽可能多的信息反馈或功能”“在人机交互设计中，反馈机制是指产品对用户发出的信息做出回应的一种机制”，④ 提示用户其操作已被成功接收，并告知用户其操作的结果。交互反馈设计需要为用户的每个行为提

① 陈鑫萍 . 移动设备用户体验的易用性研究［D］. 杭州：浙江理工大学，2015：25.
② 移动触屏的手指触发尺寸［EB/OL］.（2013-05-27）.http：//www.alibuybuy.com/posts/ 81587.html.
③ 傅小贞，胡甲超，郑元拢 . 移动设计［M］. 北京：电子工业出版社，2014：46.
④ 王月丰 . 互联网产品交互设计中反馈机制的研究［D］. 无锡：江南大学，2012.

供可感知的反馈，一般分为视觉、听觉、触觉等表现形式。信息的有效反馈可以提高用户对复杂、陌生的设备或任务的认知，合理的、及时的反馈可以有效降低用户体验中的认知和学习成本。在界面上对于用户的交互操作可使用文字、数字或图形等给予及时的视觉反馈，还可以使用语音等进行信息反馈设计。

以长按手势为例。用户使用手指触碰界面中的某个元素时会下意识地进行手势操作的尝试，当用户单击某个支持长按手势的元素时，界面没有任何改变，没有改变也是一种反馈，会促使用户尝试其他手势操作。当用户下意识做长按手势操作后，界面随即显示即时的文字或图形信息进行反馈响应，界面的变化会使用户意识到界面已经侦测到了刚刚的操作。用户接下来就会按照界面的反馈信息的指引进行下一步操作。如在微信的语音对话功能和小视频功能中，一旦用户做出长按手势后，就会出现文字提示“手指上滑，取消发送”或“上移取消”的文字提示，用户如果想取消即时信息的发送，就可以马上按照文字提示进行手势的交互操作。在微信聊天窗口中，如果用户点击信息后没有发送成功，会在这条消息旁出现一个红色圆形底加“！”的符号来进行视觉反馈，以提示用户目前的操作情况。

三、交互原型设计

低保真原型，是一种由纸上手绘或电脑绘制的黑白线框图制作的原型。通过原型中的批注、说明及简易的流程线框图帮助创作者将手机媒体界面可视化的基础框架展现出来，以此为蓝本，主要用于视觉设计师、技术研发人员、产品经理等团队成员进行沟通、反馈并确认。设计线框原型时，交互设计师要以降低用户操作和理解成本为核心，将合理的元素放在合适的位置，尽最大可能避免他们进行不必要的操作。线框原型可以彻底与字号、配图等无关，它的作用是组织并呈现信息，所以要避免视觉上的高度保真。

中等保真原型，通常是基于现有的界面或系统，通过电脑制作的原型。

其示意更加明确，能够呈现设计的交互方式和反馈形式，但美观性欠佳。可用于进行用户可用性测试，测试原型运行效果是否满足用户诉求，纠正在原型和交互逻辑中可能存在的误差与问题，增补或删减需求，提出全面的调适意见。

高保真原型，是对线框设计的细化，最大限度地追求和真实效果保持一致，是在图形用户界面的设计稿完成后生成的原型，其效果与实际产品一致，交互体验也与真实手机媒体界面接近。通常高保真原型是依据中等保真原型的可用性测试结果进行的原型调整与修改，可用于设计团队向管理层和用户提交最终测试的手机媒体界面。

四、设计工具的使用

交互设计可使用的设计工具主要有 Axure RP 软件、Sketch 软件、Balsamiq Mockups 软件。

Axure RP 软件可以帮助交互设计师快速创建线框图和原型，并高效地分析需求、验证设计，传达给设计团队的参与者。Axure RP 软件支持更多有利于移动互联网产品原型设计的交互条件，对于设计初学者也是一款容易上手的工具。

Sketch 软件完全为移动端产品设计而生，这款软件不仅能绘制低保真、高保真的移动端原型，还可以作为交互文档和视觉设计说明文档进行输出。Sketch 具有图层分层操作的概念，可直接绘制界面图标、视觉设计初稿及界面切图的输出，清晰的图层分组能使原型元素的设计管理更为便捷。在国外，Sketch 深受移动端设计师的钟爱，有匹敌 Photoshop 和 Axure RP 的趋势，如今在国内的移动端互联网产品设计中也正被广泛使用。

Balsamiq Mockups 软件是一款原型设计软件，在制作产品概念图、规划产品基本格局等方面有较大的优势。它有非常庞大的控件原型库，包括各类按钮、文本框、表格、下拉菜单、树形菜单、颜色控件、窗体等，尤其为 iOS 端移动产品的设计提供了丰富的适配原型元素。Balsamiq Mockups 表现形式丰富，创建的原型图都是手绘风格，支持中文环境，但它不太适于具有交互性质的原型设计。

五、学生作业点评

产品名：同校帮 App

同校帮 App 是基于同校为平台的一款校园应用软件，用户群主要是同一学校的在校学生，主要功能是发布用户的校园生活需求，为接单者获得用户奖励的红包和评价。具体功能包括快递帮取、摄影接拍、电脑软件、顺路带饭、搬东西、代购，还包括资源交换区域，为大学生提供闲置物品的二手跳蚤市场，既能进行失物招领，也能在线外卖，还能及时看到发布圈子和评价。该组学生在信息架构设计的基础上，用手绘的方式做了纸上原型设计，用于小组成员间对交互方式、交互反馈、页面流程的合理性讨论，根据讨论意见进一步修改和完善信息架构，优化交互，最后完成高保真原型设计。

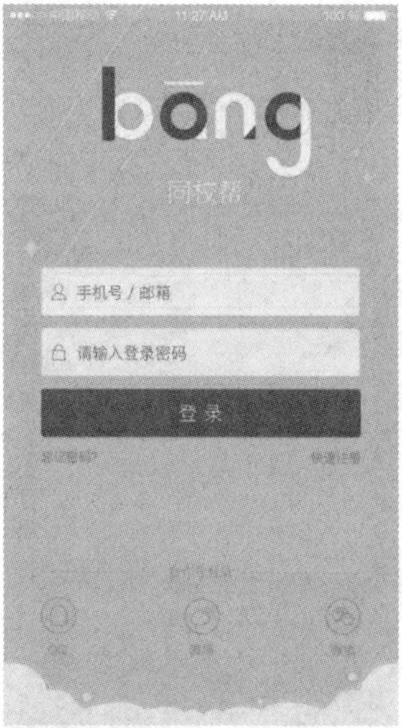

综合排序
时间
报酬
离我最近
五口汤圆
¥ 5
千喜鹤食堂帮捎牛肉面
中午12:00前到达
宁静苑1舍 距离300米
去帮他
小西瓜小萌萌
¥10
5分钟前发布
红高粱食堂帮捎土耳其...
中午12:30前到达
宁静苑6舍 距离1000米
去帮他
小西瓜小萌萌
¥ 10
5分钟前发布
红高粱食堂帮捎土耳其...
中午12:30前到达
宁静苑6舍 距离1000米
去帮他

订单详情
五口 汤圆
¥20
请求带饭，请帮我从中心食堂带一份3两小面，不要葱，不要辣，辛苦了！
重庆邮电大学 宁静苑1舍
请于下午6:30之前送达
留言
点赞
去帮TA

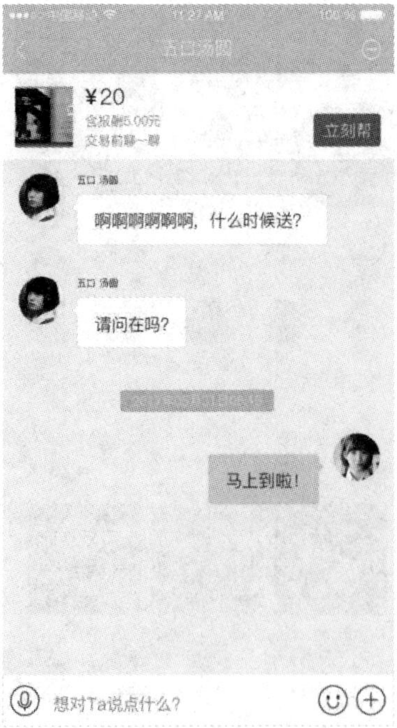
五口汤圆
¥20
立刻帮
啊啊啊啊啊啊，什么时候送？
请问在吗？
马上到啦！
想对Ta说点什么？

您确定要开始帮助伙伴么
一旦确定就要好好帮助ta们呦
返回
确定

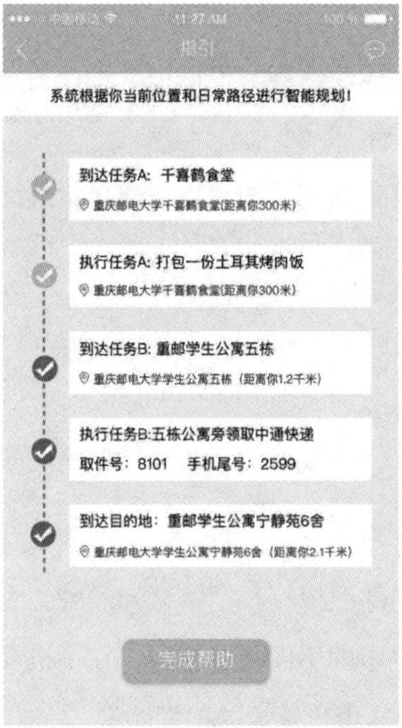

第四节　手机媒体图形用户界面设计

优秀的手机媒体图形用户界面会根据清晰的目标和易用性来平衡视觉设计，以内容为中心，尽量避免增加用户的认知负担。

一、视觉设计风格

一个优秀的手机媒体图形用户界面一定有自己独特的视觉设计风格，通过视觉设计风格向用户传递出产品的气质。

其一，视觉设计关键词。首先通过对产品定位的理解与认识及用户诉求的研究得出视觉设计的原生关键词，再根据得到的关键词进行头脑风暴，找出衍生关键词。举例来说，先确定出几个原生关键词如时尚、舒适、简洁等，再找和这几个词相关的其他词语作为衍生关键词如欧美范、慵懒、白色等。

其二，收集相关图片，提取图片生成情绪版。根据视觉设计关键词寻找图片，将图片按照各个关键词分类放置。

其三，确定视觉设计风格。根据收集的相关图片进行选择，最终确定色彩关系、图形元素和布局特点。

二、色彩设计

（一）色彩的用途

1. 传达情感及个性

色彩本身是一种物理现象，但人们却能根据长期的认知经验感受到色彩的情感与个性，从而形成了对不同色彩的不同情感理解。在手机媒体图形用户界面的设计中，色彩是最先能激发用户感情的视觉元素。

例如，红色能使人产生兴奋、活力、温暖的正面情感联想，也能使人产生冲动、危险、残忍、警惕的负面情感联想；橙色给人以活跃、明媚、辉煌、快乐、健康、时尚的情感联想；黄色是所有色彩中明度最高的颜色，它比白色的亮度刺激还要强，明亮的黄色给人光明、希望、尊贵、辉煌、乐观、喜悦、明快的正面情感联想，也会给人色情、低俗、警告的负面情感联想；蓝色给人以平静、安全、清洁、智慧、庄重、理想、忠诚、正义的情感联想；绿色能使人产生和平、安全、新鲜、自然、健康、青春、生长的情感联想；紫色神秘而优雅，通常能给人带来浪漫、神秘、高贵、梦幻、时尚的正面情感联想，也能使人产生忧郁、诡辩、夸张、疯狂的负面情感联想；白色给人以高雅、纯洁、明亮、神圣、理性、朴素、和平的正面情感联想，也会使人产生死亡、投降、虚弱、恐怖、悲哀的负面情感联想；黑色是明度最低的颜色，具有很强的抽象表现力，能够和很多颜色构成很好的色彩组合关系，黑色往往给人以严肃、神秘、时尚、权力、庄重、高贵的正面情感体验，也会给人带来恐惧、邪恶、阴沉、诡异、悲哀、孤独、死亡的负面情感体验。

2. 建立视觉层级

在手机媒体图形用户界面中，色彩是建立视觉层级的重要视觉元素。色彩与布局设计一同使用，当界面展现了大量复杂信息的时候，色相、色彩饱和度、色彩对比关系等对视觉层级的影响是很大的，色彩会引导用户关注界面的重要信息。

根据色觉三色论，“视椎细胞中含有三种椎体细胞，它们分别对红色、绿色和蓝色敏感。”[①] 所以在强调重要的信息元素和控件时可多使用这三种颜色。但是人的视觉系统还会产生视觉后像的色觉现象，如当我们注视一个黄色圆形中的黑点 30 秒以后，再把视线移到旁边白色底上的黑点，会看到在黑点下面有一个蓝色的圆形存在，这种色觉现象是由我们的感受细胞负责的。“色觉的拮抗过程理论认为，感受细胞是成对联系在一起的，分别为‘黑—白’‘蓝—黄’‘红—绿’，相互间以一种拮抗的方式工作。”[②] 即如前所述，当我们长时间注视黄色后，“蓝—黄”对感受细胞中负责黄色的细胞变得疲劳，此时负责蓝色的感受细胞则由于没有受到长时间的刺激而被激活。

了解色觉的拮抗过程理论对于掌控界面中色块间的对比调和非常重要。以微信聊天窗口为例，默认情况下，对方的文字聊天信息为白色底，而自己的文字聊天信息为绿色底，既有明显的色相差异利于信息的阅读，又能让用户可以快速关注到自己所发送的信息内容。

3. 色彩视觉风格定位

手机媒体图形用户界面的色彩视觉风格的定位是根据确定的视觉设计风格去捕捉的。

（1）搜集色彩素材。基于视觉设计的原生关键词和衍生关键词搜集

---

① Sunl 视觉设计 . 移动终端决胜之道：App 视觉设计艺术［M］. 北京：电子工业出版社，2014：177-178.

② 同上。

大量的视觉化素材图像，并配合人物访谈了解用户选择的原因及挖掘更多的细节。

（2）色彩分析和质感分析。对素材图像按照关键词聚合分类，从视觉映射、心境映射两个维度对视觉图像的色彩和质感进行分析，提取配色方案、肌理材质等特征。

4. 色彩设计的配色原则

（1）明确的主色。根据色彩分析确定一两个能够明确传达产品定位、满足用户诉求的主导色彩。主导色彩必须十分中性或者可以作为中性色使用。

（2）色彩支持界面布局中的层级组织。手机媒体图形用户界面的色彩必须能支持界面布局中的层级组织，这里的层级组织需要细分出分别支持文字、按钮、图标的色彩层级关系。比如大部分界面会使用黑色、灰色或者深蓝色作为文字色彩，使用两三个其他色相的颜色作为强调色，并使用这些色相的深色和浅色建立一套文字的色彩集。但界面的层级组织绝不能仅仅靠色彩，因此需要避免使用过多的色彩去建立层级组织。在大多数情况下，色彩不能喧宾夺主，应该用来在细节上提升用户体验。

（3）利用色彩对比突出重点信息。色彩对比不足会直接影响手机媒体图形用户界面中文字的易读性，并使得界面层级不明显，因此必须要通过色彩对比来强调重点信息。但过多地使用不同色相的色彩会建立太多的对比，使用户很难知道哪里才是重点，在建立色彩系统时也需要控制对比过多。

（4）区分交互式和非交互式元素使用的颜色。色彩是一个手机媒体图形用户界面元素显示其交互性的方式，因此在进行色彩设计时需要将交互式元素和非交互式元素的颜色进行明确的区分，这样用户才知道该点哪里。

三、图标与图片

图标（ICON）是具有明确指代含义的计算机图形，是 UI 中承载功能性作用的图形图像符号。

（一）图标创意原则

（1）以用户为中心。了解手机媒体用户界面的目标用户的认知层次、共性特征和地域文化特征，使用用户理解的视觉语言。

（2）从功能出发合理运用图形的隐喻。手机媒体用户界面的图标创意设计首先要满足功能的识别，然后才是美感。隐喻是图标设计中使用的必要的思维方法，要找出设计物与现实物之间的内在含义和关系。

（3）个性鲜明的图形。在运用隐喻进行图标创意的基础上，尽可能地体现图标的鲜明个性，让用户记忆深刻。

（4）色彩对比。需根据相应的产品气质和对应的用户群，去选择合适的颜色，再通过色彩对比得到更加突出的视觉效果，可以采用色相、明暗度或纯度在色彩上进行对比。

（5）避免使用大量文字。多用图形表现，用产品名称的首字母或简短的中文名字进行创意。

（6）细节精美。一个完美的图标设计，精美的细节是绝不可忽视的。创意再好，如果细节粗糙，也会使图标的设计水准大打折扣。无论是哪一种风格的图标设计，都应力求在每一个图形转角、起伏、连接、渐变及叠透等制作效果上精益求精，做到精美细腻。

（7）视觉统一性。一套图标要有自己整体统一的风格，使用有共性的视觉元素，并设置图标尺寸大小及色彩的统一使用规范。若图标的色彩填充方式为单色，通常会采用该产品的主色调或品牌色；若是多色图标，则根据界面的视觉设计风格搭配色彩。

（二）图标设计的方法和流程

（1）了解目标用户需求和运行环境的软硬件技术。从前期调研入手，掌握目标用户的设计需求。此外，了解运行环境的软硬件技术便于决定图标制作的规格和相关参数。

（2）收集已知相关图标设计。根据功能特点确定关键词，收集相关图片，并收集竞争对手或类似项目的图标。

（3）制定设计策略和风格。根据功能属性和视觉设计风格来确定图标设计的策略与风格，如采用扁平化或拟物化，抽象图形或具象图形，二维或三维，柔和或绚丽，纯色或多色，等等。

（4）设计思维发散。根据功能特点进行关键词的头脑风暴，并将关键词视觉化，寻找合适的视觉元素。

（5）设计草图。根据确定的视觉元素用手绘的方式进行初步的草图设计，从形的变体、组合上去多做设计尝试，把创意表达准确。

（6）制作数字图标。当确定出几个意向性的设计草图后就在设计软件中绘制数字图形，设计师可根据自己的实际情况选择最熟悉的软件，如 Photoshop、Adobe Illustrator、Sketch 等。数字图标制作时要重点调整图标的设计细节，并添加适当的效果做修饰，如添加色彩、阴影和背景灯效果。

（7）场景测试。图标的应用环境很多，在正式发布前需将设计好的图标系统拿给目标用户进行各个不同场景的测试，看看用户是否能正确理解并使用各图标的功能。根据测试结果进行修改，以确保图标良好的识别性。

（8）发布。将最终确定的图标成品发布，生成相应的图标文件格式，正式输出与运行环境相匹配的尺寸。

（三）常用图标的设计方法

1. 增加背景

可在背景中选用和图标创意主题相关的元素，或者选用常见的渐变、投影等。

2. 线性图标

通过提炼图形的轮廓设计各式线性图形，通常是对单个图形的轮廓设计，也可以通过线条把两个图形组合起来。在线条的设计细节上，可通过控制线条的粗细、走向及线条的连接或者中断来丰富图形的视觉表现力。

（1）大圆角风格线性图标：不会出现尖锐的棱角，矩形的圆角很大，整体风格显得萌动、可爱。

（2）直角风格线性图标：不会出现圆角，线条一般要细一些，整体显得干练、明快。

（3）断线风格线性图标：选择在线条的局部进行断线处理，断线时要考虑线条的走向，不能影响图标的识别性。断线风格的图标更具个性感。

3. 色块填充

可以是单色的色彩填充，也可以把图形分割成各个块状，并填充多种颜色。为增加设计的表现力，多色填充有时会加入色块叠加的效果。

4. 折叠图形

通过分析图形的轮廓走向，在图形的结尾或转角处做局部折叠处理，并在折叠处适当加入微渐变，增加立体感，使折叠图形显得更生动。

5. 复用图形

对已设计好的单个主图形进行复制，通常用于复制的主图形形状都较为简单，通过透明度或者大小变化创造出半立体或立体的效果。复制还可以是多次的，可创造出一种图形阵列之美。

6. 文字设计

以中文或英文文字为主体进行文字字体的设计，也可以加入图形与文字结合。

（四）图标制作规范

遵循手机系统技术规范，根据需要的尺寸和色彩深度进行设计。通常采用“做大不做小”的设计策略，先做大尺寸的图标，然后通过缩放得到相应的小尺寸图标。

1. iOS 图标制作规范

很多 iOS 系统的手机 App 界面设计稿都是以 iPhone6 为基准的，方便向上适配 iPhone7 的尺寸，也方便向下适配 iPhone5 的尺寸。

iPhone 的图标尺寸参数

机型	iPhone 5/5s/5c/6/6s/SE/7/8/X	iPhone 6s/6s+/7+/8+/X
App 图标	120*120px	180*180px
App Store	1024*1024px	1024*1024px
标签栏导航	50*50px	75*75px
导航栏 / 工具栏	44*44px	66*66px
设置 / 搜索	58*58px	87*87px
Web Clip	120*120px	180*180px

由于 iOS 系统的 App 图标是由系统统一切圆角，所以设计的正稿直接出方形图标即可。在做设计效果图时，需要根据 iOS 图标圆角参照表做出圆角供展示使用。

iOS 图标圆角参照表

图标类型	图标尺寸	圆角
App 图标	57*57px	10px
App 图标	114*114px	20px
App 图标	120*120px	22px
App 图标	180*180px	34px
App Store 图标	512*512px	90px
App Store 图标	1024*1024px	180px

2.Android 图标制作规范

为适应不同的屏幕规格，Android 系统的图标尺寸参数不同，其手机 App 界面设计稿应适配各个不同的屏幕规格。

Android 系统的图标尺寸参数

密度	mdpi	hdpi	xhdpi	xxhdpi	xxxhdpi
App 图标	48*48px	72*72px	96*96px	144*144px	192*192px
操作栏图标	32*32px	48*48px	64*64px	96*96px	128*128px
情境图标	16*16px	24*24px	32*32px	48*48px	64*64px
系统图标	24*24px	36*36px	48*48px	72*72px	96*96px
比例	@1x	@1.5x	@2x	@3x	@4x

由于 Android 系统不提供系统统一切圆角的功能，所以设计的正稿需要根据圆角参照表做出圆角。

Android 图标圆角参照表

图标类型	图标尺寸	圆角
App 图标	48*48px	8px
App 图标	72*72px	12px
App 图标	96*96px	16px
App 图标	144*144px	24px
App 图标	192*192px	32px

（五）图片格式

图片是手机媒体图形用户界面重要的组成部分，横幅广告、列表页、详情页及各种控件都会使用到图片。手机媒体图形用户界面中的图片主要采用两种格式，一种是 PNG，另一种是 JPG，这两种都是位图格式。

1.PNG

目前最主流的移动设计图片格式是 PNG。PNG 为 Portable Network Graphics（可移植网络图形）的缩写，文件扩展名为“.png”。“iOS 系统和 Android 系统都选择 PNG 作为控件和图标的标准格式。”[1]PNG24 支持 8 位的 Alpha 通道透明，即可以存储从完全透明到完全不透明共 256 个层级的透明度，也就是半透明效果。此外，PNG24 能索引 1600 多万种颜色，基本能真实还原我们肉眼可以分辨的所有颜色。

2.JPG

移动端使用的图片都需要考虑其大小，通常在服务器端口会对同一图片同时准备多套图片供调用，在有必要将图片优化到最小尺寸时推荐使用 JPEG 格式。JPEG 为 Joint Photographic Experts Group（联合图像专家组）的缩写，经常写成 JPG，文件扩展名为“.JPG”。JPG 是一种采用了有损压缩对图像信息进行处理的图片格式，在存储图像时会把图像分解成 8*8 的栅格，然后会对每个栅格的数据进行压缩处理。图片经过压缩后会有很多噪点，但下载速度更短。通常在用户的使用过程中，手机客户端可以根据手机网络的不同情况，选择加载不同质量的图片，如果是数据网络连接会加载低精度图片，如果是 Wi-Fi 连接则会加载高清大图。

四、导航设计

导航的设计需要根据运行的不同智能手机操作系统的硬件特性、界面结构及导航机制来进行，常见的导航设计形式有以下几种。

（一）标签式导航

不论是在 iOS 系统还是 Android 系统，标签式导航都是主导航设计最常见的形式。标签式导航位于界面的最底部，与界面内容区形成明显的视觉分割，通常设置 4 个至 5 个一级分类的功能导航。每个一级分类的功能导航之间没有内容组织上的层级关系，通过点击标签实现各个功能导航的切换。

① 余振华. 术与道：移动应用 UI 设计必修课［M］. 北京：中国工信出版集团 / 人民邮电出版社，2016：91.

在一些需要用户创造内容的 App 中，会采用标签式导航的扩展形式，以方便用户在更短的任务流程中贡献内容。

（二）菜单式导航

菜单式导航是在界面中将已分类定义好的信息分组显示在一起。通常位于界面的顶部以文字形式出现，或在界面内容区以“图标 + 文字”的形式出现。

（三）抽屉式导航

抽屉式导航适用于以展示当前内容为核心的界面，将导航隐藏在屏幕之外，需要用户主动调用才会出现。抽屉式导航通常出现在屏幕的左右两边，扩展性好，对屏幕空间的利用率高，但要注意对入口的视觉隐喻设计，避免用户在使用过程中的茫然与挫败感。

（四）点聚式导航

点聚式导航是通过一个点的方式将一些用户常用的辅助功能隐藏起来，需要用户点击调用才会显示。

（五）列表式导航

列表式导航是以表格为容器，多为纵向表格，以文字表达为主，也会搭配图标补充说明文字标题。列表式导航通常采用通栏设计，越靠上的导航优先级越靠前。

（六）陈列式导航

陈列式导航是通过在屏幕上直接显示分类内容项来实现导航，多用于信息分类庞多的界面。

（七）平铺式导航

平铺式导航适用于层级简单、内容整体性很强的界面，在一个界面中就展示一项完整的内容，多个内容之间是并列关系。通常在平铺的界面底部会增加分页控件，以提示用户通过左右滑动的手势进行界面的切换。

五、布局设计

（一）卡片式

卡片式是通过区块化的“卡片”间隔将界面的信息内容切割为多个区域，界面布局清晰简洁，易于设计上的迭代。卡片式设计的优势是可以将不同大小、不同媒介形式的内容单元以统一的方式进行混合呈现。最常见的就是图文混排，通过卡片式设计既可以实现视觉一致性，又平衡了文字和图片的主次关系。

（二）列表式

列表式布局通过标题设置、分割线设计将界面内容从上向下排列，优势在于可展示内容较长的菜单或拥有次级文字内容的标题。通常在界面中以垂直列表的形式呈现。

（三）九宫格式

九宫格式是指采用比较稳定的一行三列式布局形式，界面构图更为规范、整洁。在实际界面设计中，九宫格式也可以根据界面内容有比较灵活的设计改变，如一行两列、一行四列等格局。

（四）瀑布流式

瀑布流式布局的视觉表现为参差不齐的多栏结构，每个模块高度不一且内容上没有侧重。在智能手机的屏幕上，用户通过向上滑动进行界面滚动和内容加载，对操作的精准程度要求远远低于点击按钮或者链接，使用户能更好地专注于浏览而不是操作。

（五）多面板式

多面板式布局能同时呈现出比较多的导航分类及内容，使用户对产品分类有整体性的了解，减少界面跳转的层级。

（六）全屏式

全屏式布局多应用于启动界面或以内容展示为主的功能性智能手机产品界面。

六、学生作业点评

产品名：握爪 App

握爪 App 是一款集在线交流、权威专家咨询、在线购物等功能为一体的宠物社区 App。该组学生在经过前期调研和对竞品的分析后确定了产品的核心功能。第一，社交功能，包括动态分享、图片和视频分享、达人推荐等；第二，养宠攻略，在线阅读最新养宠资讯和方法；第三，宠物管家，包括宠物健康监测、科学喂养、生育周期等；第四，同城互助，包括寻狗、帮养、交配、帮助流浪猫狗等；第五，宠物用品商城，App 自营、品质保障、出售药物、服饰、玩具等；第六，专业答疑，专家在线解决养宠问题。

该组学生以产品核心功能为基础确立了整个 App 的信息架构和以表现年轻化为主的视觉设计风格。在色彩设计上以兼具温暖和欢快情感联想的中黄色为主色调，辅助色以纯度低于主色的暖色为主，再配以少数的蓝色、绿色和紫色作为对比色。在图标设计上则采用了大圆角风格，既有线性图标也有色块填充，图标设计风格统一又具有多样性。整体界面布局层级清晰，多使用卡片式布局和列表式布局。导航设计以标签式导航作为主导航的设计形式，辅以列表式导航和陈列式导航。该组作品的高保真交互原型设计，交互操作流畅，制作规范。

指导老师：杨洁
组　　长：江琳
组　　员：孟宪慧　岳青
握爪
Shake hands
欢迎扫码体验

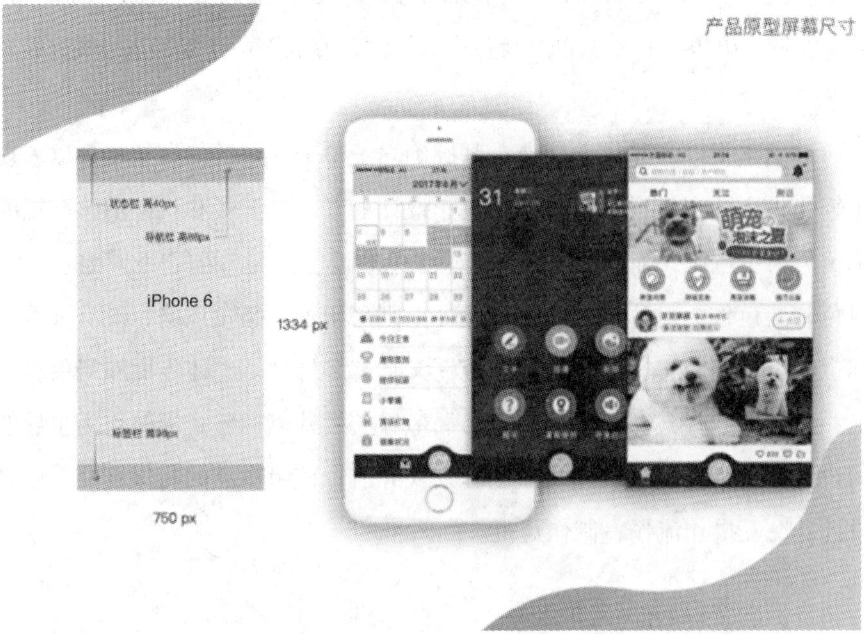
产品原型屏幕尺寸
iPhone 6
1334 px
750 px

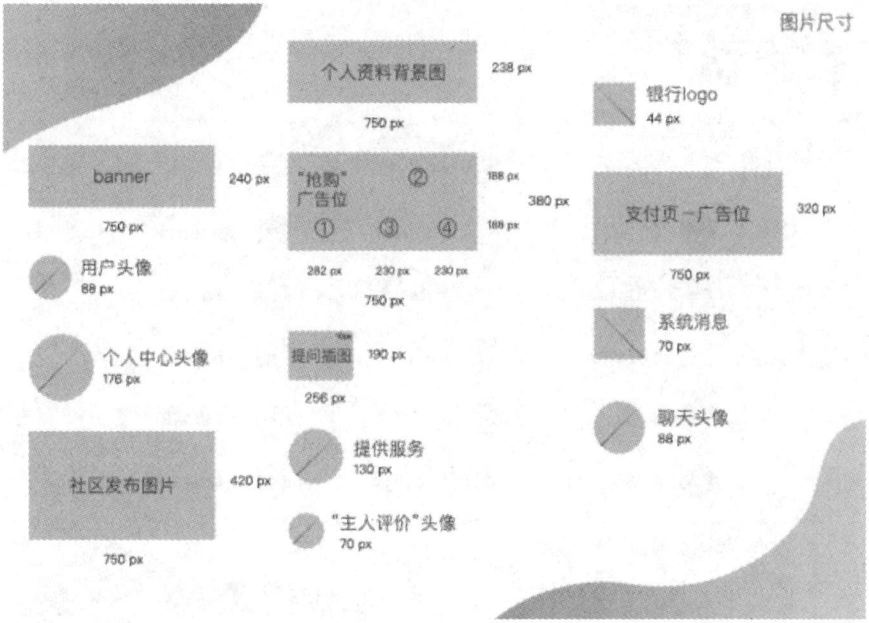
图片尺寸
个人资料背景图
238 px
750 px
银行logo
44 px
banner
240 px
750 px
"抢购"
广告位
②
①
③
④
188 px
380 px
188 px
282 px
230 px
230 px
750 px
支付页－广告位
320 px
750 px
用户头像
88 px
个人中心头像
176 px
提问插图
190 px
256 px
系统消息
70 px
聊天头像
88 px
提供服务
130 px
社区发布图片
420 px
750 px
"主人评价"头像
70 px

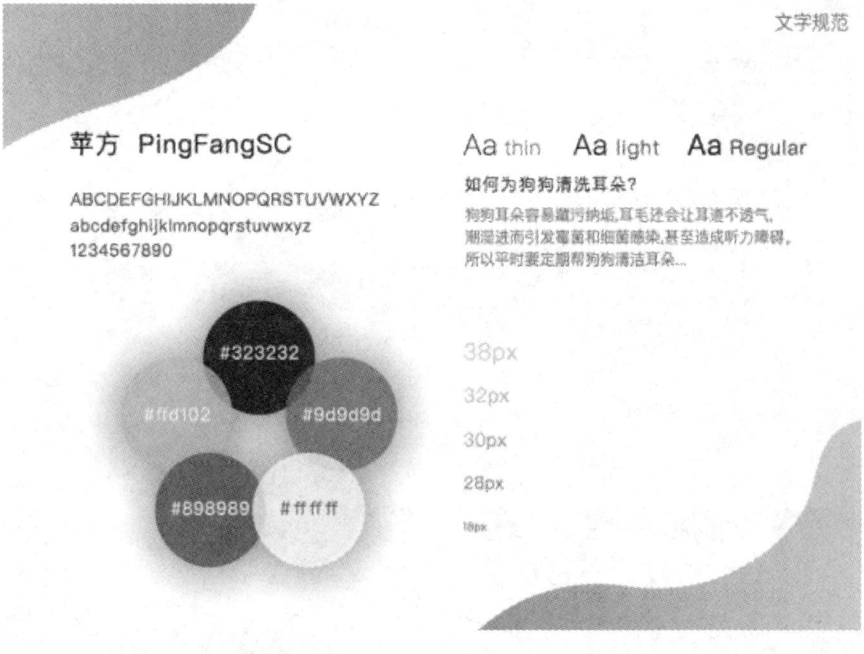
文字规范
苹方 PingFangSC
ABCDEFGHIJKLMNOPQRSTUVWXYZ
abcdefghijklmnopqrstuvwxyz
1234567890
Aa thin
Aa light
Aa Regular
如何为狗狗清洗耳朵?
狗狗耳朵容易藏污纳垢,耳毛还会让耳道不透气,
潮湿进而引发霉菌和细菌感染,甚至造成听力障碍。
所以平时要定期帮狗狗清洁耳朵...
#323232
#ffd102
#9d9d9d
#898989
ff ff ff
38px
32px
30px
28px

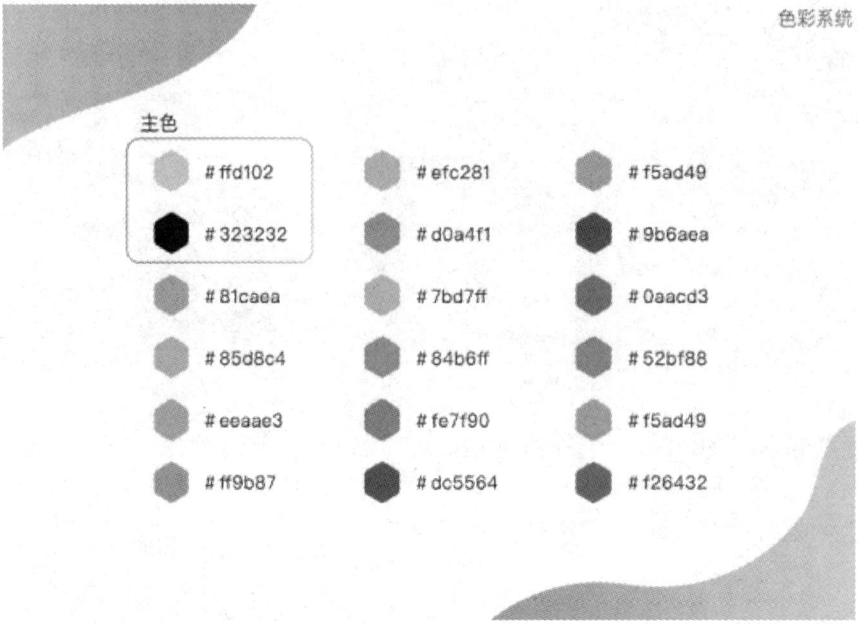
色彩系统
主色
ffd102
323232
efc281
d0a4f1
f5ad49
9b6aea
81caea
7bd7ff
0aacd3
85d8c4
84b6ff
52bf88
eeaae3
fe7f90
f5ad49
ff9b87
dc5564
f26432

图标系统
主图标
icon
icon
icon

图标系统
其他图标

21:18
87%
热门
关注
附近
萌宠の
泡沫之夏
养宠问答
同城互助
养宠攻略
萌爪公益
豆豆麻麻 重庆南岸区
王豆豆 比熊犬
+关注
233

31
星期三
/
2017-05
蓝梦
文字
拍摄
相册
提问
遛弯签到
寻宠启示

中国移动 4G
21:18
87%
个人中心
这个岳岳有点吉
关注: 521 | 粉丝: 10275
日常管理
宠物
宠友
社区
收藏
商城购物
购物车
购物订单
我的售后
收货地址
其他
账户明细
个性装扮
游戏中心
意见反馈

中国移动 4G
21:18
87%
2017年6月
四
五
1
2
3
4
今天
5
6
7
8
9
10
11
12
13
14
15
16
17
18
19
20
21
22
23
24
25
26
27
28
29
30
今日主食
遛弯签到
陪伴玩耍
小零嘴
清洁打理
健康状况

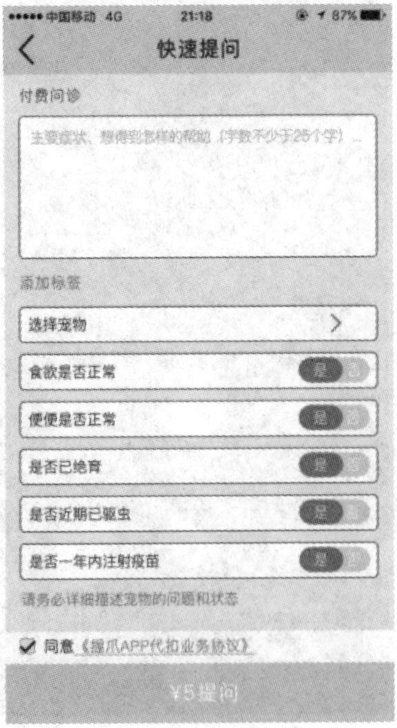
中国移动 4G
21:18
87%
快速提问
付费问诊
添加标签
选择宠物
食欲是否正常
便便是否正常
是否已绝育
是否近期已驱虫
是否一年内注射疫苗
请务必详细描述宠物的问题和状态
同意《握爪APP代扣业务协议》
¥5提问

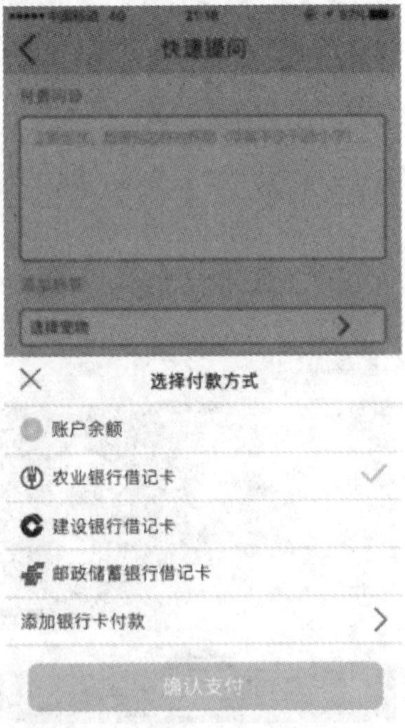
快速提问
选择付款方式
账户余额
农业银行借记卡
建设银行借记卡
邮政储蓄银行借记卡
添加银行卡付款
确认支付

中国移动 4G
21:18
87%
支付详情
支付完成
返回首页
本次提问您获得了32点积分

中国移动 4G
21:18
87%
消息(1)
联系人
交易物流信息
昨天
通知消息
11:02
互动消息
17/05/21
孟贤璧医师
昨天
王尼美医师
17/05/12
王尼玛医师
17/05/12
大部分狗狗其实都患有牙周炎
孟贤璧医师
17/05/09
王尼美医师
17/05/08
对宠物进行训练是很有必要的
王尼玛医师
17/05/05
对宠物进行训练是很有必要的
公众号

明星产品 买一组送一套!
Nice to Meat you!

中国移动 4G
21:18
87%
小玩具
大乐趣
主粮
零食
日用品
医疗
保健
玩具
限时抢购
查看更多
蓝梦进口膨润土猫砂
香浓美味棒，宝贝更爱吃
百威沐浴露
便携宠物碗
EVER DREAM
时尚美宠
查看更多
潮流宠讯
新品推荐

中国移动 4G
21:18
87%
养宠问答
问医疗
问养护
问训练
问其他
热门专家
孟昆
秦越
林娴旅
姜梅梅
犬猫流行病、肿瘤
皮肤病、耳道疾病
热门问题
6岁的金毛想减肥怎么做?
1元旁听
刚买的小金鱼沉底没精神是怎么回事?

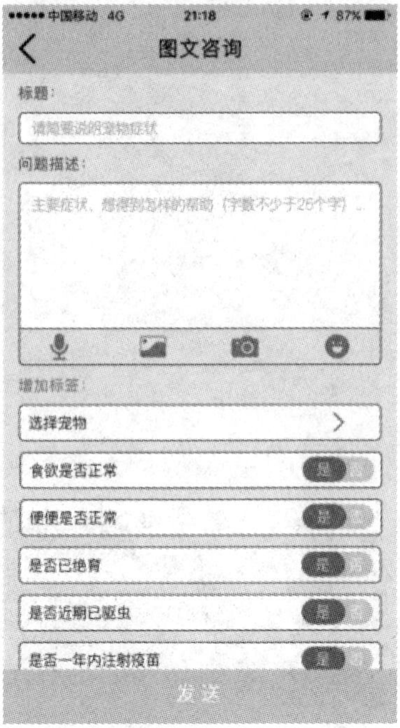

思考题

1. 以微信 App 为例，分析其信息架构，讨论微信 App 的主次任务排列顺序并画出一个主要任务的页面流程图。

2. 如何在某一 QQ 群和微信群中查找某一条历史消息？画出自己完成该任务最常用的行为流程。

3. 分析智能手机端的 iOS 系统和 Android 系统的交互手势在具体任务中应用的不同。

4. 分析购物类、旅游类、社交类、视频类、音乐类、运动健身类、新闻资讯类的 App 主图标色彩设计特点，如色相、色彩填充形式等。

5. 分析各视频类 App 在视觉设计风格的特点。

6. 分析智能手机端的 iOS 系统和 Android 系统的用户界面布局结构有哪些。

7. 分析一款手游的用户界面设计优缺点。

第五章　手机媒体艺术创作与欣赏

作为现代通信与移动互联网技术催生的并且仍然在不断发展中的新艺术形态，手机媒体艺术不再局限于有形空间与固定状态，传受方式的多元性、共享性、即时性和双向互动性更加强调大众参与和公众体验。它相较传统艺术接受方式而言有其独特的优势，促使和吸引更多的人关注和爱上艺术，激发人们的创造力和想象力，将艺术走进并融入大众的生活，开拓出新的艺术认知世界。手机媒体艺术摆脱传统艺术所固有的、有限的艺术逻辑思维架构，人人都是艺术家，实现着艺术是大众的艺术而不仅仅是艺术家的专利，进入一个无限丰富、没有规则的自由艺术创作境界，带来一种无限艺术的可能。

数字技术、网络科技、虚拟现实、人工智能及生物基因、媒介融合等领域的日新月异与快速发展，以及手机媒体受众的参与性、能动性和个人选择性，决定他们不仅是手机媒体艺术被动的接受者，也是新媒体艺术的生产者，共同推动着手机媒体艺术的发展演变。借助科学技术的最新成果，不断拓展和扩张人类的视觉、听觉、触觉及嗅觉甚至味觉等，达成多种感觉器官的交通。手机媒体艺术打破了传统艺术只存在于博物馆与美术馆、音乐厅的惯例，只要充满想象力、创造力并且饱含激情，都可以成为艺术家。它改变了传统的艺术创作方式，技术与艺术相结合，创造出新型的艺术形式，带来崭新的艺术与受众关系。

在全新的技术环境下，在艺术家营造的公众分享过程中，在人与人之间的多维度交互交流中，在虚拟与现实的互动交融中，手机媒体艺术表现出更多的创意、创新、创造，促使更多的媒介技术与手段应用于创作领域，也不断激发出艺术家、大众的实践探索。

第一节　创作主体

手机媒体艺术以受众为中心，关注受众的能动接受与创造功能，以受众的喜好、需求作为出发点和宗旨，秉承没有受众接受的艺术是不完整甚至是不存在的艺术的宗旨。

手机媒体艺术创作的指导思想、基本原则和总体目标紧紧围绕以受众为中心，在创作方式、创作主题、叙事方式、表达风格、价值追求上贴近受众生活方式、行为方式、思维方式与心理方式，符合其审美趣味、价值取向和消费习惯，在创作策略上追求独创性、多向性与综合性。

一、创作主体身份消解

贡布里希（Gombrich）曾经强调，“现实中根本没有艺术这种东西，只有艺术家而已。”[①] 毋庸置疑，传统艺术中艺术家居于主体地位，受到大众的顶礼膜拜和憧憬向往，他们代表了人类精神世界的高级层次，是智慧与美的化身。

考察手机媒体艺术的创作过程，我们发现创作主体的身份已经发生变化。在荷兰后印象派画家梵·高创作的艺术作品《向日葵》中，我们会感受到满怀炽热的激情和对比单纯又强烈的色彩。这个作品在绘画艺术的漫长历史中，似乎成为最具代表性的作品，它向我们展示出一位伟大艺术家的精神世界，对于画前仰视观赏的大众来说，无疑是按照创作者的理念接受作品的价值。除了对作品理念的被动接受，也将对创作家的审美价值作

① 贡布里希．艺术发展史［M］．范景中，译．天津：天津人民美术出版社，1991.

为艺术作品的鉴赏标准，共同融入梵·高丰富的主观感情中去。这种根深蒂固的主体观念延绵千年，而现在我们发现原创者是谁已变得不那么重要，重要的是作品及其形态本身。[①] 艺术品“原创性”的消失带来传统意义上创作主体身份、权利的转移，正如罗兰·巴特惊呼“作者已死”。手机媒体艺术作品的身份归属变得越来越复杂，也越来越不重要。

手机媒体艺术的未完成的、开放性的结构和交互性特点召唤着受众进入作品之中，参与作品的形态和意义建构，艺术家权威逐渐褪去，艺术创作主体身份逐渐淡化与消解，颠覆了传统艺术中“创作者”与“接受者”之间的关系。如手机短视频美拍就在进行着这样的改变，用户在美拍 App 上选择歌曲，配以 5 秒至 60 秒的短视频，即可拥有属于自己的作品。同时，用户可以通过视频拍摄的快慢，以及原创特效、滤镜、场景切换等技术让视频更具创造性，一秒变大片。由于配乐以电音、舞曲为主，所以形成的大多数作品节奏感很强，给人感觉十分酷炫。[②]

值得一提的是，在视频拍摄的过程中，用户可以自主调节拍摄的速度，这大大提升了创作者在视频拍摄的过程中找准节奏的概率。一方面，根据自己的节奏做对应的舞蹈和剪辑创作，会使拍摄过程更舒服。[③] 另一方面，不同的拍摄节奏，也会大大降低内容的同质化，即使是相似的内容，不同的节奏所展现出的效果也是截然不同的。[④] 例如当原创者创造视频后，很多人都会模仿他的动作，在模仿的同时进行再创造，甚至有时我们并不知晓一个视频的最初发起者到底是谁。这些作品的风靡及优化，如果只有创作者一人绝无可能创作完成，可见此艺术作品的创作主体无疑是大众参与者。另外，用户也可以添加一些小道具，这个小道具和 Faceu 激萌、B612

① 刘世文 . 作者隐退、非物质化、非线性和超文本［J］. 廊坊师范学院学报（社会科学版），2014，30（1）：33-37.

② 关于抖音的崛起与未来的发展 .［EB/OL］.（2017-12-28）.https：//www.sohu.com/a/213372144_99999180.

③ 抖音和美拍有什么区别都可以拍视频但前者更火点［EB/OL］.（2018-04-09）.http：//www.xiumu.cn/kj/2018/0409/5858920.html.

④ 抖音视频是怎么拍出来的？看完发现原来很简单！［EB/OL］.（2018-04-14）.https：//baijiahao.baidu.com/s?id=1597708159916624317&wfr=spider&for=pc.

咔叽比较相似，都是可以让画面更可爱、更有趣的小玩意儿。总之，多种排列有无限种可能，便于用户以各自的喜好或节奏来创作出很多新潮、不一样的作品，给参与者以丰富的感知体验。①

此外，手机媒体艺术创作主体的一个新变化就是艺术作品并不是由艺术家单独完成而是由多人合作，尤其是技术人员的合作。手机媒体艺术对高科技的依赖，要求将艺术与技术完美结合，对艺术家的创作在技术上提出了更高的要求。艺术家要想将其艺术构思和创意借助于最新的媒体技术表达出来，就需要与专业技术人员和科学研发人员合作，从而实现其艺术构思与创意。英国当代艺术研究中心新媒体部主任本杰明·威利（Benjamin Weil）指出："艺术作品首先需要提出艺术家的观念，然后再由技术提出最为巧妙和聪明的解决方法并将其完成。"② 手机媒体艺术实践中一部作品往往拥有多个作者，作品由艺术家与其他参与者、互动者共同完成。正因为如此，创作主体的身份消解与解放也带来创意与智慧的解放，带来创造的无限可能，手机媒体艺术由此走向大众创造。

二、大众创造

手机媒体艺术时代，只要拥有一部手机，人人都可以成为艺术家，参与艺术创作的人更广泛，互动更及时有效。移动技术提供了新的观众参与方式，也带来新的艺术表现和叙述形式。

手机媒体艺术渗透于生活之中，大众参与艺术创作和意义生成成为生活体验的内在要求。艺术走进并融入大众的生活，从此开创大众创造艺术的崭新时代，也带来无限艺术的可能。

（一）专业化、市场化的企业生产

创意产业语境下手机媒体艺术创作向现代企业式创造和制作转换，创

① 抖音：这款让你浑身颤抖的产品会是昙花一现么？［EB/OL］.（2017-08-01）.https：//www.sohu.com/a/161498387_624051.

② 朱其 . 新艺术史与视觉叙事［M］. 长沙：湖南美术出版社，2003：139.

作主体由传统的作者、艺术家向专业化、市场化的生产者转变。生产遵守市场经济运营的法则，以追求利润的最大化和提高市场占有率为目标，生产机制也发生深刻变化。

手机媒体艺术创作从制作生产到宣传投放，每个过程都与受众紧密相关，以符合受众价值取向及满足受众审美需求、审美趣味、审美标准、审美个性等为标准，具有其独特的生产规律。Color 多彩手账就是这样一款手机 App，不仅吸引了诸多女生，现在就连男生也开始喜欢上这款 App。这不仅是因为其满足了不同人群的用户需求，还反映出它所具有的丰富性和包容性。打开 Color 多彩日记，用账号登录后，即使是换了手机，记录过的东西也不会丢失。新功能里的“+”号，可以去添加更多的素材贴，这是通往素材商城的捷径。素材商城中有专业的设计师精心设计的素材，来满足不同的审美趣味和审美个性。设置里的模板、密码、个性皮肤，随用户切换，随用户控制。

Color 多彩手账是一款无线 App 产品，属于工具类产品。产品目前会提供给用户独家的模板素材，个性化的 DIY 贴纸、背景、花边笔等，还有一些贴心的小工具，为用户提供便捷、有趣、个性的记录方式，记录自己的精彩生活。用户可以根据自己的审美体验和审美风格来制作符合自己当下心情的手账，同时，产品也在不断地升级，为用户提供更为丰富的体验。如在原有的基础上增加的音乐手账功能，可以为自己的手账添加合适的旋律，除了是视觉的美感以外，又增加了听觉的美感。Color 多彩手账 App 正因有了专业化、市场化的企业生产运营，成为其迅速发展的保障。公司不仅自主研发应用，同时还结合匹配的包装、推广等手段，利用互联网这一优质的平台进行传播，不断加强用户对产品的认知度，有效地树立优质形象。

（二）用户创造内容（UGC）

用户创造内容（UGC）是相对专业媒体制作内容的一个概念。经济合作与发展组织（OECD）认为：“用户生成内容是由业余人士通过非专业渠道制作的、包含一定的创造性劳动并在网络上公开可用的内容。”[①]

用户创造内容的互动、双向与去中心化的传播网络正在产生难以遏制的创造力量，它依赖于受众的原创和自主建设，鼓励参与、开放。传播者既可以是受传者，受传者也可以是传播者，只需要一部手机，就可以随时随地发布和参与媒介内容的生产。新浪微博手机客户端就是一个很好的案例，在微博的世界里，“随时随地分享身边的新鲜事儿”这句宣传语，使得每个普通人都可以成为生活的经历者、见证人和记录者，每个人都可以成为一个信息源，成为一个信息的发布者，也正因为如此，新浪微博被喻为“永不闭幕的新闻发布会”。[②]与此同时，微博也可以实时带来很多特殊又非常有价值的信息，当地震发生的时候，中国地震台网中心官方微博发布的快讯将在 10 秒内向震中所在地的微博用户推送信息，用户手机网络畅通且微博处于登录状态就可以收到信息，无须关注任何账号，手机媒体的高覆盖度和快速传播能力，使微博在公共服务和紧急状态下的社会动员中能发挥特殊作用。[③]而身处紧急环境中的微博用户也可以通过微博实时传递出周边的状态，使救援工作更加精准而高效。

用户还可以在新浪微博上关注自己喜欢的明星，只要明星微博有更新，关注者的微博首页便会自动更新，呈现出最实时的消息。这种方式既可以使关注者了解明星的生活状态和内容，又可以通过评论、转发等功能进行互动，拉近粉丝与明星的距离，明星也可以通过微博内容的更新，争取更多的粉丝群，并利用微博进行相关事宜的说明和澄清，更好地塑造和优化自己的形象。

Web2.0 赋予了大众更多的主动权，让大众互动的需求及自我表达的意愿得到更好的实现，而不久的将来 Web3.0 结合大数据、虚拟现实、人工智

① Graham Vickery，SachaWunsch-Vincent Participative Web and User-Created Content：Web 2.0，Wikis and SocialNetworking . Paris：Organization for Economic Cooperation and Development（OECD），2007.

② 严瑶 . 用户创造内容（UGC）的受众角色研究［D］. 武汉：华中师范大学，2014.

③ 中国地震台网中心与微博合作 实时推送区域地震速报［EB/OL］.（2014-12-17）.http：//www.cea.gov.cn/publish/dizhenj/464/522/20141218105309863978906/index.html.

能等技术将促使人与人之间形成更加个性化的信息网络，也必将带来 UGC 模式的进一步发展，并带来视频社交、移动应用及内容聚合的爆发式增长。新浪微博手机客户端的快速发展也让我们看到了 UGC 模式在移动领域发展的契机，从微博分享内容可以看出，手机的便捷、可移动特点，4G、Wi-Fi 的普及使得人们的拍摄、分享需求获得更多满足，尤其对图片、视频的上传频率大大增加。移动互联网的优势极大地丰富了 UGC 的内容，技术的改进与完善提高了 UGC 的内容质量，用户体验不断优化增强。

手机媒体渲染了受众与受众间的亲密关系，并反过来塑造了他们的形象，形成了新的参与、分配模式。用户创造内容的个人化、个性化特征，强调创意，弱化利益驱动及内容发布的随机性，微视频、评论、数字图像、微信公众号、话题帖、博客、音频等手机媒体内容与艺术形式将个人与个人之间，个人创造的内容与内容之间，以及个人汇聚的群体与群体之间组织起来，从而最大限度体现出用户创造的力量。

日常生活中用户情感诉求多元化，通过网络源源不断产生和消费大量 UGC 内容。不同的 UGC 内容可以让用户达到与他人的交互和自我的实现，满足用户的多种情感诉求。如用户通过贡献高质量的 UGC 内容，展现自我、受到尊重的同时也能获得自我满足；通过大量消费 UGC 内容，可以满足享乐生活的诉求；通过网络用户与他人交流，拥有归属感、满足交际的诉求等。多样化的 UGC 内容使用户生活充满新奇，带来刺激的感官享受。

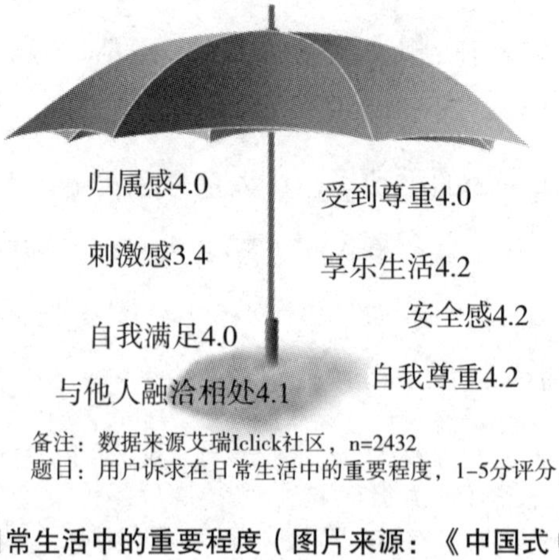

用户诉求在日常生活中的重要程度（图片来源：《中国式 UGC 白皮书简版》）

总体来说，UGC 模式的发展精髓主要体现在五个维度：内容聚合是基础；用户沉淀是关键；视频社交融合是趋势；移动应用是推动；实现盈利是目标。互联网不断发展，信息化环境也随之改变，新形式的信息改变我们的生活，尤其是用户价值的释放，大量来自用户的 UGC 内容会深刻影响人们的生活，而大量的 UGC 内容是通过手机这一媒介传递给我们的。不难发现，从欢快热闹的庆祝画面到悲伤欲绝的灾难现场，手机俨然已经成为旁观者、目击者、传播者和各种情绪的记录者，随时随地拿起手机记录自身感觉、顿悟、心得、印象、体验，与人分享，手机融入生活，日常生活更加审美化，审美更加日常生活化，手机将每一种体验融合在了一起。①

第二节 创作特征

随着技术进步与智能手机的普及，创作方式的多元和多样充分激发出大众审美创造的热情和兴趣，人们更加积极地参与创造、传播，个性化、生活化的手机媒体艺术作品充满自由性、体验性、分享性及主动性的创作特征。

一、自由性

“人是生而自由的，但却无往不在枷锁之中。”② 卢梭的名言说出了人类作为有限的存在，在现实世界中难以摆脱的悲剧性宿命。哲学过于悲凉，然而人类却找到了那么一瞬间，尽管它神秘又短暂、空灵又梦幻，但许多天才人物却将其视为永恒，视为无限，那就是审美。审美是心灵自由的活动，它能够以特殊的方式冲破一切心灵束缚，引人走向广阔的天地。

① 参考《中国式 UGC 白皮书简版》。

② 卢梭．社会契约论［M］．上海：商务印书馆，1980：8.

艺术应该指向人的心灵，艺术创作要以社会生活为源泉，不是简单地复制生活现象，而是高于生活，是一种特殊的审美创造。手机时代人人都是艺术家，自由化的、个性化的、多元化的审美创造成为人们能够走进自由的捷径。它可以将人们创造力全面发挥，也可以超越现实与功利，是以情感和想象的形式实现对人的生命的充分肯定。在自由的艺术创造之中，感性动力超越了理性教条，精神享受超越了功利欲求，个体生命超越了社会压力，人也超越了自身的有限性，带来崭新的生命体验。

列夫·托尔斯泰曾经宣称文艺复兴以来的艺术全部是伪艺术，他在文章中写道，“自从基督教各民族的上层不再相信教会基督教之后，上层积极的艺术就脱离了全民的艺术，于是就有了两种艺术：平民的艺术和贵族的艺术。生活中缺乏真正的艺术，从文艺复兴和宗教改革的初期起，到最近位置。”① 托尔斯泰所希望的未来，是一个人人可以是艺术家的社会。在托尔斯泰看来，贝多芬的奏鸣曲是艺术，村妇的歌声亦是艺术。艺术并不是少数人的专利，广大的人民群众需要艺术，他们可以自由地创造这种艺术。未来的艺术家由于不是专业艺术家，不因自己的活动而得到报酬，他们过着平常生活，表达出日常生活中大家都能领会的最淳朴的感情，就只有在感觉到自己有这种不可抑制的内心要求才会创作艺术。

手机横空出世终于实现了托尔斯泰的愿景，人人可以自由地进行审美创造，无论何种理由也无法阻挡人们随时随地通过手机媒体及各种 App 应用表达日常生活中心领神会的最淳朴的感情，将耳闻目见、耳濡目染、悦心悦神的艺术作品、情感，表达并传播到各类大众平台，发布给亲朋好友。社交媒体（Social Media）或自媒体（We Media）理论上可以使任何用户都成为一个信息发布中心，就像传统的报社、广播站和电视台一样。手机提供出更加广阔的舞台让大众进行艺术创造，每个人都是艺术的创造者。这样的手机软件类型很多，如手机短视频制作的软件有抖音、美拍、秒拍等；

① 列夫·托尔斯泰．论艺术［M］．张昕畅，刘岩，赵雪予，译．北京：中国人民大学出版社，2005.

手机视频剪辑的软件有 VUE、小影、乐秀等；手机唱歌软件有唱吧、全民 K 歌等。如果想进行文学创作，还可以用微博、微信这样的社交软件进行创作并发布。无论是文学、音乐、美术，还是摄影、视频等艺术形式，都可以通过手机媒体自由地创造。

自由性首先就体现在艺术形式选择的自由性。任何一个普通人，只要进行一个简单的注册，就可以开始他的艺术创作的道路。正是有这样的社交网络平台的存在，使得艺术出现了“无门槛”的创作条件，无条件限制和极具亲民特性的艺术创作走进了大众的生活当中，任何人都可以进行艺术创作、艺术鉴赏、艺术传播。正是手机媒体这种极大的自由性，构建了公共性的审美意识，完成了人的个体艺术创作解放的同时，也给艺术创作空间带来了极大的提升空间。

二、体验性

艺术创作总是以我们的生活体验为基础，它反映一定的主题、思想、情感，而创作主题、情感又来源于生活的积累。任何艺术家在进行创作之前都是经历了一个深入生活、积累生活、体验生活的过程，并在生活中选取触动自己心灵的素材来进行加工和创造。脱离了生活基础的作品，缺乏深刻的精神体验的作品，是没有生命力的、矫情乏味的东西。[①]

艺术创作往往是通往艺术家心中幸福生活的走廊，在手机媒体艺术创作过程中，以生活为原本有感而发，尊重生活的体验，多种体验交织、融合、升华。

（一）感官体验

感官体验通俗来讲就是利用人的视觉、听觉、触觉、味觉、嗅觉五种感觉的刺激构建的体验类型。感官体验通过刺激上述感觉对应的五种器官，进而愉悦感官，满足创作者心理上对美的需求，产生美好的感官体验，给

① 范译匀 . 浅析油画作品创作［J］. 明日风尚，2016（15）.

创作者留下深刻的印象。例如当代社会常用的拍摄视频的 App 美拍、秒拍等，创作者运用这些 App 拍摄视频，体会当“平民导演”或“平民演员”的感觉，通过独特的审美体会进行创作从而完成打上自己符号烙印的作品。手机媒体艺术是综合性艺术，其视听高度结合的形式及多种感官交互连接的通感体验。以当下火热的手机视频 App 抖音为例，大量用户自制的内容、形式独特的短视频受到广大年轻人的追捧和模仿，其中最为流行的就是利用手机的角度旋转、移动、暂停，跟随音乐的节奏进行手势运动和全身舞蹈，再通过一定的组接形成一个画面丰富、富于变化的短视频，这样一种极具个性化的视频拍摄方式，抖音的用户将其称为运镜。巧妙运用一定摄影运动镜头的专业知识，选择律动感强、匹配度高的音乐，可以给观众带来不一样的视听感官体验。炫技性的画面剪辑和亮眼的帅哥美女，还有律动感的现代音乐，带来不一样的听觉享受。视听觉的双管齐下，会让用户不知不觉跟着“运镜”的节奏随性地摆动，这是一种率性而为的情感愉悦和互联互通的感官体验。

（二）情感体验

情感体验建立在感官体验的基础之上，以触动创作者的内心感受和情感来进行情感体验，使之感到快乐或悲伤。众所周知，对快乐和美的追求是人的天性，因此快乐积极的情感体验相比较悲观消极的情感体验来说更容易运用。例如创作者可以在心情愉悦的情况下运用唱吧、全民 K 歌等 App 进行歌曲录制，用以表达或是发泄当下的情绪；或者创作者在旅游、美食的过程当中体会到大自然的鬼斧神工，色香味的极致诱惑，不禁在微博、微信中发表文字、照片直抒胸臆，表达出自己独特而个性化的情感体会。网络电台荔枝 FM 就是一个案例，随着智能手机、移动互联网及 4G 通信技术的普及与发展，传统广播电台在时间、地域上的限制被破解，移动网络电台发展的技术障碍被排除，用户可以随时随地收听、制作、分享音频内容。网络电台把传统意义上的电台搬到了网上，而微信电台则是把网络电台搬到了微信上。不用台式机或笔记本，不用连接耳机或麦克风，只要用智能手机打开 App 或者登录微信即可收听网络电台节目，和主播进行文字、图片、声音等多种信息交互。2013 年始，荔枝 FM 以其“人人都能当主播”“轻电台”的理念，积聚了众多“平民用户”，开启了网络电台用户生产内容的时代，用户通过智能手机可以随时随地阅听或发布音频内容。移动网络电台以“用户”为中心，通过平台的聚合性、包容性，让众多有“主播梦”的平民纷纷进入，为音频平台注入了更多新的节目内容、表达形式及传播方式。

任何一个用户只需要一个简单的注册，就可以收听任何一个电台，同时也可以自己开办一个电台。电台类型的多样性也满足了广大观众不同层次的情感需求。其中，情感类型电台收听率最高。在这个被图片占据的时代，电台通过声音媒介传播的不可视性为当下忙碌的人群提供了一个隐秘的情感宣泄口。在这里，会有很多听众和电台主播通过手机进行连麦对话，分享自己的情感故事、人生经历和难题困惑，电台主播会进行对话和解答，同时收听节目的观众也可以通过弹幕的形式发表看法和意见。这样一个私密性的对话空间容纳了许许多多的情感故事和情感分享，带给了受众深层次的情感体验。

（三）思考体验

思考体验经常运用于高科技产品，手机媒体恰恰是其中的一个。手机及其附带的各种软件通过激发使用者的兴趣和好奇心，鼓励使用者思考、探索某个问题，引导使用者重新认识手机及其附带的软件。每一次有新的软件上线后总会有一大批的手机使用者跃跃欲试，如有第一个创作者利用小咖秀发表了个人录制的视频后，就会有观众纷纷思考、询问并开始使用此 App 录制私人视频。这就印证了上文所说的手机及其附带的软件可以激发使用者的兴趣和好奇心，促使使用者进行平民艺术创作，营造手机媒体艺术创作个性化的局面。随着手机媒体技术的进步，专业性的技能也越来越大众化，艺术创作的门槛和难度不断降低，专业化的艺术创作不再是艺术家的专属品。手机视频特效软件的不断涌现，让制作不再那么高深莫测，普通人也可以制作出精美的视频作品。在电影《惊天魔盗团 2》热映的时候，电影中那个令人赞叹的“掌中下雨”的魔术画面让人惊叹不已。这个奇异的特效本是通过专业的软件合成，甚至需要巨资完成。但随着各种手机视频剪辑特效软件的出现，用户可以通过手机视频特效软件 MixV 来实现，公开发表在相关的社交平台上引发大众热议和模仿，促使许多没有接触过特效专业领域的人开始去探究这些操作手法来创造各种不同的特效视频。

（四）关联体验

关联体验中包含感官、情感和思考体验的综合成分，它超越了个人情感，使创作者与理想中的自己、他人、文化和社会实体联系起来。人们总是希望得到别人的认同，并从外界寻找信息用以证明自己的观点。在手机媒体艺术创作中，得到别人的认同也就是得到他们的称赞。在互联网时代，创作者将自己的作品（拍摄的视频、录制的歌曲等）发布到各种公众平台等以获得观看者的赞赏，满足创作者自身的被认同需求。手机媒体艺术的“融媒体性”可以集多种艺术形式于一身，比如手机软件“一个”，它每日定点会向用户推送一张摄影图片、一篇短文章、一个问答、一个连载故事和一个深夜电台，大众可以在一个平台进行多种艺术类型的欣赏，同时读者也可以评论及点赞，并且所有的内容都可以通过关联性社交平台进行分享，用户也可以结合自己的情感和思考体验给平台投稿并选择性发布，创作者将自己的艺术理想与现实体会表达出来，获得大众的支持与点赞。

三、分享性

手机媒体的优势大多建立在移动互联网的基础之上，人们在任何时间地点都能通过手机与网络相连，手机已经慢慢成为人们随身携带的掌上电脑或口袋里的多媒体终端。手机媒体的分享性大大加强了手机媒体艺术创作的个性化。

首先，与传统媒体相比手机无疑最能体现即时互动性，尤其是其随身性特征可以将即时互动这一优势发挥到极致。如果说当初手机短信用文字解决了人们即时沟通的需求，那么随着人们物质文化生活水平的不断提高，追求的就不仅仅是简单的信息交流，转而期待一种更具有艺术气质方式的信息共享。以往短信、彩信的信息分享仅限于一对一，而现在随着微博、微信、QQ 等社交媒体的出现，为我们提供更大、更自由的信息共享空间。

以微信朋友圈为例，随拍随发的微信小视频，一方面可以满足用户的分享需求，同时还突破了传统短信的数量限制，可以直接分享给所有微信好友，好友可以对朋友圈进行评价和点赞并及时收到回复；另一方面，手机媒体的关联性大大加强，我们通过唱歌软件录制的歌曲、视频软件拍摄的视频、美图软件拍摄的精美照片都可以直接关联到微信朋友圈等相关平台并发布，增强了分享的趣味性，也提高了人们艺术创造的积极性。

其次，除去手机自带的“短信”功能，现代智能手机的各类娱乐 App 更是加速了手机的分享性。众所周知，手机媒体逐渐成为传播信息最新最快的平台，智能手机用户可以将自己用手机创作的各种作品通过微博平台发布，上传图片、视频和文字，然后被其他用户欣赏或转载，在较短的时间内获得关注，强有力地印证了手机媒体艺术创作的分享性。智能化的手机媒体在互联网时代的背景之下，分享提供大量个人创作的信息内容，手机用户可以根据个人需求进行阅览，满足了日益个性化的审美趣味，同时也激发了手机媒体艺术创作的个性化发展。例如在新浪微博的使用中，有的微博偏向于录制搞怪视频，有的微博偏向于图片创作，有的微博偏向于音乐制作，等等。无形之中建立起不同的“趣味群体”，人们可以自由选择加入多个“趣味群体”对其进行“关注”，或者让自己也朝着创作者的方向发展，满足自身的“精神意趣”。

四、主动性

创作是一种具有表达的体验，是一种具有主动性的体验。在这个体验的过程中，会有不同形式的情感和情绪。艺术是在创作过程中的审美创造，创作者将其想表达的内容及理解融入艺术作品，通过某种艺术符号进行表达。苏珊·朗格认为艺术是一种有组织的象征，把艺术家对其感觉的认识呈现给我们的知觉，而这两种体验都需要受众打开所有的感知器官去感知和体验，手机媒体艺术创作亦是如此。

主动性是个体按照自己规定或设置的目标行动，而不依赖外力推动的行为品质，主动性也是来源于自身并驱动自己去行动的动力。手机媒体艺术创作的自由性、体验性、分享性共同促进加速了创作主体主动性的形成。正是因为其自由性，在这个高速运转的社会中人们可以在空隙的时间中拿起手机进行自由的“创作”——或是高歌一曲，或是文艺拍摄，等等。而手机带给人们的感官体验、情感体验、思考体验及关联体验等激发出人们对新鲜事物的好奇心与探索心。现代社会人们非常享受手机带来的体验，乐此不疲，主动地去追寻手机媒体艺术创作体验，将其分享给他人，并在他人的点赞、欣赏中获得愉悦感。在他人的反应、互动之后创作者也更加乐意创作下一个“艺术品”，不断获得认同和欣赏，并且在此之中取得创作的成就感，这样就形成了一个心理的循环：自由创作—拥有体验感—愿意分享—刺激新的创作，主动性的艺术创作也更加促进手机媒体艺术个性化特征的形成。马斯洛需求层次理论中最高层次是自我实现，知乎 App 满足了人们自我实现的需要，活跃于此的用户不断通过回答别人的提问，获得别人的肯定，进而激发他再一次回答或者创作的期望。通过不断的信息交换，获得新的灵感，再进一步主动分享，创造信息的用户也获得了满足感，实现了个人价值，让普通人成为知乎社区中的“名人”。

与此相同的还有豆瓣，当一部电影上映后或者读者在读完一本书后，想进一步对电影、书籍、音乐、摄影等艺术作品进行了解时，他们会选择通过豆瓣查看别人的评论或自己发表评论，论坛提供的平台成为人们主动参与艺术探究的场地。

第三节　创作方式

人类传播的发展历程大致经历了前语言传播时代、口语传播时代、文字传播时代、印刷传播时代、电子传播时代而进入今天的网络和手机传播时代，从古至今人类传播媒介经历了漫长的演化。每一个传播时代都有一种媒介作为主导和核心，也正是这些核心媒介使人类的审美活动走上了不断发展和创新的道路，形成了丰富多彩的审美景观，带来人类欣赏美、表现美和创造美的不同方式。[①] 传播中的变革和每一种新的传播媒介的出现必然影响人们社会交往和思想情感交流的方式，并创造出新的社会行为类型和精神文化形态，进而影响到人们审美观念和审美取向的变化。[②]

数字技术、网络技术、交互技术、虚拟现实技术、人工智能技术改变着我们的生活，也在改变着艺术的形态和表现形式。手机媒体艺术创造性地运用各种新技术手段，在艺术创作、艺术承载、艺术传播与接受等行为方式上对艺术进行全面探索，生产出与传统艺术相异的新艺术形态，其创作方式、手段与传统艺术也有着显著的区别。

一、非物质性

艺术创作材料主要是物质性材料，包括各种植物、动物和矿物材料，音乐创作、表演也需要各种乐器或者以人的身体作为条件。虽然传统艺术在发展中融合了许多新兴材料并进行了革新，但总体来说仍然显得较固定、单一。传统艺术家创造性地运用这些物质材料进行创作，并在人类艺术史

① 张建. 手掌上的风景：智能手机时代移动审美方式研究［M］. 北京：中国社会科学出版社，2016：51.

② 何志钧，秦凤珍. 网络传播与审美文化新变初探［J］. 湖南文理学院学报（社会科学版），2006（5）.

上留下许多叹为观止的杰出艺术作品，形成一套艺术语言系统和创作方法，建立起与传统艺术形态和样式相匹配的艺术准则、审美趣味、审美体验和审美理想。

与传统艺术相比较，手机媒体艺术是现代科技发展的产物，与现代科学技术的发展有着与生俱来的密切关系。无论是艺术创作、艺术传播与接受还是艺术形态表现，都与技术发展息息相关，手机媒体艺术的创作与发展需要技术手段的不断创新突破，对技术高度依赖。

手机媒体艺术创作以“数字”技术为支撑，呈现出非物质化特征。数字、网络、虚拟现实等技术带来了创作空间的拓展，它不再局限于“再现真实”或“表现现实”，而是通过数字化产生或者追求虚拟存在的真实。“数字的现实从根本上是间离物质的现实的”[①]，手机媒体艺术的实践推向一个非物质的世界，甚至形成了一个与现实世界完全不同的虚拟的“真实”世界。2018 年初，手机游戏《旅行青蛙》受到追捧，这款手机游戏支持 Android 和 iOS 两个平台运行。从技术角度来说，它利用虚拟现实等技术，通过手机给玩家创造出一个完全虚拟的“真实”世界，让玩家产生较高的审美体验与游戏体验。游戏主角是一只小青蛙，主要以青蛙的庭院和家里两个虚拟场景为主，玩家通过收集青蛙庭院内的三叶草来购买青蛙需要出门旅行的道具，青蛙在旅行后会不定时的回来，并且为玩家寄来它旅行的照片。玩家不能够控制青蛙的行为，唯有等待，这也从心理上牢牢地抓住了玩家。从另一个角度来说，利用数字技术虚拟的大千世界也让玩家对日本的风土人情、饮食习惯、名胜古迹等都有了一定的了解，人们在这个数字虚拟的艺术世界里乐此不疲。

二、双向交融性

传统艺术拥有严格、明确的艺术创作方向和路径，对艺术家、艺术创

① 贾秀清，栗文清，姜娟，等．重构美学：数字媒体艺术本性［M］．北京：中国广播电视出版社，2006：88.

作活动本身赋予了比较清晰的规定与界限。手机的交互性、互动性让手机媒体艺术的创作路径不再那样泾渭分明，艺术家与受众可以相互转化身份、相互激发创作灵感，交织出双向、动态的创作模式，用新形式、新感受、新思维来创造多样化的艺术形式，并包含各种意义、情感。互动性、现场性、未完成性等特征，展现出互换、交融的创作态势，由此手机媒体艺术才会迸发出无限的活力，拥有无限丰富的内涵，带来全新的个性化体验。

手机文学的创作有着明显的双向交融性，它带动了全民创作的热潮。比如天才段子手 App，它是一款包含大量的搞笑图片、段子、视频等为一体的娱乐社交软件，支持 Android 和 iOS 平台应用。天才段子手 App 遵循 UGC 原则，交互性模糊了创作的主体，作家与读者身份相交融，不断出现的新想法、新感受、新思维都可以激发用户的创作灵感，并且随时上传原创搞笑段子和广大用户分享，加入创作的队伍中来，实现人人都是“段子手”的梦想。

手机媒体艺术创作不再是艺术家的艺术理念和艺术技巧主宰一切，艺术家的创意与受众的感受和体验紧密相联，召唤受众随时随地投入作品的形态和意义建构之中。手机媒体艺术海纳百川，融汇大众的智慧，突破了传统艺术物质化的固定程式及创作与接受之间的明显界限，淡化了创作主体与接受主体之间的身份属性，实现了大众创造、欣赏艺术的双向交融性。

三、超文本

超文本是由信息结点和表示信息结点间相关性的链构成的一个具有一定逻辑结构和语义的网络，是一种使用于文本、图形或计算机的信息组织形式。超文本是用超链接的方法，将各种不同空间的文字信息组织在一起的网状文本，它使得单一的信息块之间可以相互交叉“引用”，同时它也是一种用户界面范式，用以显示文本及与文本相关的内容。

传统的文本是顺序的、线性表示的，而超文本不是顺序的，它是一个非线性的网状结构。“这种非线性是多元的、任意的和不确定的，它通过解散、打乱、重组、链接、跳跃，由不同路径或多路径进入作品，引起作品之内容和意义发生变化，表现出一种起伏断续、无序的‘碎片化’状态以突破传统线性叙事之连续不断和有序，重视叙事的语义空间性。”①

近二十年来超文本开始突破互联网向各个领域扩展，人们逐渐意识到超文本不仅是一项技术，而且是一种文化艺术思潮。正是在此基础上，手机媒体正在构建起极具创造性的、丰富的现代多元艺术形态。手机媒体艺术的超文本表现在其“山外有山、人外有人、峰回路转”的特点中。超文本的信息是无穷尽的，从表面上看它是重组的、跳跃的，但其内在有着一定的逻辑关系。传统的阅读方式都是一气呵成、紧凑完整的，而超文本的作品却是一种网状文本模式，它的出现带给了读者更大空间的艺术创作与艺术想象。爱悦读 App 作为爱阅读科技有限公司旗下的一款手机阅读软件，以方便、好用、便捷著称。Android2.2 以上系统、iPhone5.1—iPhone7.0 以上系统、手机 WAP 站、爱悦读 WEB 和 iOS 客户端都适用。它的出现打破了传统读者的阅读模式，读者可以任意选择想要阅读的章节，根据习惯和喜好进行跳跃、重组式的阅读。这样的碎片化阅读也赋予了手机文学作品新的生命。读者之间不仅可以相互交流，还可以和“爱悦读”的签约作者交流阅读体验，允许每一位读者和作者交流并发表自己的意见和体会，进行思想的交流和碰撞，在一定程度上读者甚至可以决定故事发展的方向和结局。因此，超文本的手机媒体艺术作品创作拥有自己的特点。

（一）需要多人合作

超文本艺术是群体性艺术，一般需要由多人共同完成。超文本艺术作品的合作者在保持创作独立的同时，相互之间必须建立深层次的理解与沟通，在技术层面之外，应该对平等、协作、共享等理念有深刻认知，进而扬弃“小我”意识，不断寻求“大我”的创造和表达。这种多人合作外延

① 刘世文. 作者隐退、非物质化、非线性和超文本：论新媒体艺术创作的深刻变革［J］. 廊坊师范学院学报（社会科学版），2014，30（1）.

不断扩展，成为一种社会化的创作表达。手机媒体的群体性艺术形式在生活服务类软件当中表现尤为明显，大众点评 App 所有的内容是由全体用户共同参与创作的结果，利用互联网定位地理位置，为用户提供恰当合理的消费地点与方式，每一位参与消费的用户都可以把大众点评作为自由表达的平台，将美食、美景及消费感受以文字、图片、视频等艺术形式共同分享，充分调动用户的感官体验，建立情感上深层次的沟通与交流，完成社会化的创作表达。

OpenRice App 作为一款针对香港旅行的生活服务类软件，也受到了大众的广泛好评。用户分享旅行和消费经历，尤其值得一提的是“饮食志”这一板块让用户可以将自己在香港品尝的美食以图片和文字的形式表达出来，用户可以通过视觉体验更直观地共享旅行经历。

（二）网络化

这里的网络化并不是狭义的“互联网化”，而是指作品的构成部分、作品创作过程中的各环节、作品的传播等，从内容到形式都互有关联。作品不再是不可分割的整体，而是可以分解成很多节点，可随意从文本的这一点跳跃到另一点，从这一边点击链接到另一边，通过每一个节点都可链接到其他任意一个节点，从而实现一种非线性阅读，导致不同的艺术欣赏结果和审美感受，同时也带来创作方式的变化。相互关联的文本，往往能够满足受众个性化的审美需求。豆瓣电影 App 早已不是单纯的购票平台，大体分为热映、找片、我的三部分。电影在豆瓣电影 App 中又被分为豆瓣热门、电影评分、短评、影人介绍、讨论区等多个部分。一部作品被分为多个节点，用户可以通过任意一个节点链接到其他相关联的节点，根据观影经历，软件系统还会自动推荐用户可能喜欢的电影或者电视剧的链接，满足用户个性化的审美需求。

（三）动态交互性、即时性、不确定性

作品的创作过程及传播都不再是固定不变的，而是一个动态的过程。

在这个过程中，作者与作者、作者与受众、受众与受众之间都可以随时进行交互，并可能影响作品的最终结果。由于交互性的影响，作品即使是在完成以后，也仍是动态的、可能随时改变的。恰如美国学者德特·纳尔逊（Ted Nelson）所说的“非相续著述”，他认为“超文本”艺术是分叉的、允许读者做出选择的、最好在交互屏幕上阅读的文本。[①] 百度贴吧 App 就很典型，这款软件由百度推出，手机用户可以作为作者随时发布文字、图片、视频等帖子，贴吧目录有教育、生活、游戏、体育、明星等，用户可以随时加入某一话题社区进行讨论。在百度贴吧里，作者和用户的身份相互交织，每一条帖子都充满了动态性和不确定性，没有任何一项内容是固定不变的，用户可以随时进行补充，帖子的动态性让内容变得更加广泛、深刻并充满吸引力。

（四）各组成部分具有相互依存性

对超文本艺术作品而言，往往一个环节的残缺会导致整个作品的失败，所以每一个参与者都不仅要考虑自己直接参与的部分，而且要顾念他人，着眼于整体来通盘考虑作品创作各个环节，作品的各组成部分与其他部分和整个作品之间，具有相互依存关系。

网易云音乐作为一款音乐软件，其特点专注于发现与共享，在手机端延续了 PC 端的风格，软件设计风格上采取黑胶片转动的模式，显得简约而自然。网易云音乐最大的特点就是用户可以直接参与到创作过程中，根据自己的情感需求创建喜欢的歌单，与其他用户分享并通过音乐互动。有些大众共同参与完成的原创音乐，用户在参与中不仅要考虑自己的音乐部分，而且要着眼于整体来通盘考虑作品创作各个环节。因为就整个作品而言，各组成部分之间具有相互依存性，每个参与者完成的只是其中的一个部分。

艺术是用来欣赏的，只有通过人们的欣赏，艺术和美才能体现并发挥

① 许鹏．新媒体艺术论［M］．北京：高等教育出版社，2006：49.

自身的价值。“第五媒体”时代手机媒体艺术的接受方式、艺术形式、审美体验及传播手段呈现出新的特征，也带来艺术欣赏活动的新变化。

艺术欣赏，是指读者、观众、听众凭借艺术作品而展开的一种积极的、主动的审美再创造活动。[①] 欣赏是一种主要的艺术接受方式，包括人们对艺术形式、形象的感受、理解和判断。在艺术欣赏过程中，包含了人们对艺术作品的认识与理解，通过艺术作品，欣赏者还能够深入认识与理解生活与现实世界。在欣赏活动中，人们的思维和感情活动从具体的感受出发实现由感性到理性的飞跃。因此艺术欣赏本质上是一种审美的认识活动，欣赏本身也就是一种审美的再创造。

麦克卢汉认为：“任何技术都逐渐创造出一种全新的人的环境，环境并非消极的包装用品，而是积极的作用机制。”[②] 手机媒体作为积极作用机制，人机交互改变了受众认知艺术、参与艺术、创作艺术及体验艺术的方式。由此艺术进入日常生活之中，受众结合自身情感、人生经验进行感悟、体验和分享，手机媒体让高雅艺术与大众文化相互融合，受众在欣赏中实现手机媒体艺术的解读和重构。

第四节　接受美学与主动体验（欣赏）

法国古典美学家波瓦洛（Boileau）认为，作品的美并不是作家自封的，“只有后代的赞许才可以确定作品的真正价值”。我国南北朝时期文艺理论家刘勰在《文心雕龙》知音篇中感叹：“知音其难哉！音实难知，知实难逢，逢其知音，千载其一乎。”可见优秀的艺术作品可以遇见自己的欣赏者是多么的难能可贵，所以对于欣赏者在艺术活动中作用的研究十分必要。二

① 彭吉象．艺术学概论［M］．北京：北京大学出版社，2006：360.

② 马歇尔·麦克卢汉．理解媒介：论人的延伸［M］．何道宽，译．南京：译林出版社，2011：10.

战后随着哲学界主体意识的强调，美学家对审美主体的研究越来越被提到重要的地位，不仅重视创作主体的研究，而且十分重视接受主体的研究，接受美学脱颖而出。

一、接受美学

接受美学形成一种对艺术系统（艺术家—作品—欣赏者）全过程展开研究的新思路和新方法。首先确立了欣赏者的中心地位，认为艺术作品的意义实际上包含着两个方面：一是作品本身；二是欣赏者的赋予。一方面，艺术作品是审美客体，是欣赏的对象，其中的艺术形象是欣赏者进行审美再创造的依据；另一方面，审美鉴赏中的欣赏者在审美活动中也是积极主动地在进行审美创造活动。

接受美学认为艺术作品的审美价值和社会意义必须在鉴赏者的审美再创造中才能真正地发挥出来，只有接受主体的再创造，才能使它们获得现实的艺术生命力。接受美学的代表人物是德国文艺理论家姚斯（Jauss）和伊塞尔（Issel），姚斯认为："在这个作者、作品、大众的三角形之中，大众并不是被动的部分，并不仅仅作为一种反应，相反它自身就是历史的一个能动的构成。一部文学作品的历史生命如果没有接受者的积极参与是不可思议的。"[①] 伊塞尔则认为："艺术作品的结构是一种召唤的结构，只有接受者的积极参与才能填补和具体化这个艺术图式中的空白和不确定点，完成这个召唤结构。"[②] 也就是说艺术作品是需要接受者再度创造的，艺术作品中的"空白"和"不确定点"既是艺术的特点也是优点，它可以召唤接受者在欣赏活动中充分发挥自己的主观能动性和创造性。

我国美学家王朝闻先生曾经就提出了在接受中再创造、再评论的理论。他说："艺术形象，其实不过是借有限的但也是有力的诱导物，让欣赏者利用他们的那些和特定的艺术形象有联系的生活经验，发挥想象，接受以

① 楼昔勇．美学导论［M］．上海：华东师范大学出版社，1996：274.
② 王宏建．艺术概论［M］．北京：文化艺术出版社，2010：322.

至‘丰富’或‘提炼’着既成的艺术形象。……这种精神活动，姑且把它叫作‘再创造’吧。”[①]艺术欣赏也同艺术创作一样，可以让人享受创造的愉悦，是一种鉴赏主体根据自己的生活经验、艺术修养、兴趣爱好、审美理想等对艺术形象进行加工改造、丰富完善的审美再创造过程。[②]

二、主动体验

接受美学理论的召唤结构、空白点、期待视野等概念的深刻意义在于将艺术研究视角从作家、作品转移到读者，看到了欣赏者的审美接受对于整个艺术活动的重要价值。手机媒体艺术作品作为“开放”召唤结构，要求审美主体以一种主动积极的姿态通过各种方式参与艺术作品的形态和意义建构，强调欣赏者在艺术活动中的对话需求和能动性作用，在无形的、变化的、开放的结构或过程之中进行主动的审美体验。主动也意味着审美主体获得接受者与创作者的双重身份，在许多手机媒体艺术作品中，接受者能否参与作品的创作已成为衡量作品成功与否的重要标志。

人们对手机媒体艺术审美体验的获取是积极的、渴求的，希冀可以将一切媒介的娱乐功能与审美体验高度集成在手机上，把手机变成获得视觉、听觉、触觉等多重感官体验和神经刺激的个人审美体验终端。艺术体验的过程其实也是结合自己的人生经验、道德判断、艺术修养的再创造过程，在体验中超越现实生活、超越个人个体经验而重新进行崭新的意义构建，主动地、自主地进行时尚的数字生活审美体验。

手机游戏是用户主动和积极的参与体验，当下最为火爆的手机游戏《王者荣耀》就吸引了无数游戏迷。玩家年龄跨度大，职业差距也大，该游戏的多重感官体验和沉浸式游戏体验是吸引玩家的原因所在。

---

① 王朝闻．王朝闻文艺论集［C］．上海：上海文艺出版社，1979：123.

② 王宏建．艺术概论［M］．北京：文化艺术出版社，2010.

第五节　欣赏方式

马克思在1857年至1858年撰写的《〈政治经济学批判〉导言》中提出了“艺术掌握世界的方式”。[①]艺术掌握世界的方式是一种精神实践同时也是一种艺术生产实践，通过对美的事物的能动的认识，将个人的理性的精神实践认识物态化为艺术作品，通过艺术的实践活动与成果把主体精神方面的审美观念、审美标准、审美价值判断、审美理想及主体的个性和情感等体现与外化出来。

艺术掌握世界的方式与人类其他掌握世界的方式最大不同就在于其具体可感的形象性特征和创作主体积极的情感活动，常常伴随着人的主观情感，伴随着人的感觉和观念，能够让人体验或想象愉快、欢乐、兴奋、失望、开朗、灰心等各种感情，给主体的实践活动烙上鲜明的个性色彩。

在不同时代、不同技术条件及文化背景下，人们通过不同的方法、手段和形式去参与艺术实践，获得美的体验、情感的享受和精神的愉悦，不同时代的审美方式其实质就是那个时代人们艺术掌握世界的一种方式。

一、移动审美方式

“审美方式”是主体感受、判断和体验美的事物的方法、手段或形式，是人们获得生理快感和精神愉悦的途径。审美方式就是这样一个时代主体凭借个人的感觉、体验、情感、想象、意志等与世界保持的一种特殊的认识关系，这正是人类在对世界的实践掌握过程中，在生命活动展开的历史进程中，对现实世界的独特的审美认识和能动的审美创造活动。在智能手

---

① 中共中央马克思恩格斯列宁斯大林著作编译局．马克思恩格斯选集（第二卷）[M]．北京：人民出版社，1972：104.

机时代，人们凭借移动审美方式去感受、体验、想象整个世界，在实践生活中与世界保持积极的联系，是这样一个时代人们艺术掌握世界的一种新方式。

3G、4G 网络的高速和无线互联，智能手机、内置 3G 模块的 MID（比智能手机大、比笔记本小的互联网终端）、上网本、笔记本，都可以成为其终端设备。目前智能手机是移动互联网运用最普遍、最重要的终端，正是以智能手机为代表的终端设备具备强大的审美功能，改变着人们的生活方式，出现了一种大众化、通俗化、个性化、高科技与高文化紧密联系的新的审美方式。

移动审美方式就是指在现代通信与移动互联网络技术条件及后现代文化语境下，人们凭借移动互联网终端，以智能手机为最典型的应用，随时随地去生产、传播和交流审美信息并获得生理快感和精神愉悦的一种心理活动方式、行为方式和生存方式。①

二、移动审美的现代价值

不断进步的现代通信和移动网络技术让智能手机更加高速、清晰、流畅、逼真，移动审美方式获得的是一种流动的美、流畅的美，这是一种不同以往的瞬间感受、流动审美及身心合一的全新体验。它把审美和艺术从象牙塔尖请到我们的日常生活中，呈现出审美的日常生活化，这是一种深受消费逻辑影响的审美方式。它更趋向于对感性需求的满足，更像是在放松与休闲，塑造出一个个更加个性、多元、丰富的审美主体。

移动审美方式同样伴随着人们审美意识的改变。首先是平民化的审美意识，由于普通用户可以随时随地参与手机文艺作品的创作，人们的所写、所发、所感完全出自内心对生活的真实情感写照，是一种个人的自主行为，这样的创作无疑具有平民化的审美意识。在移动互联网络空间里，任何人

① 张建．手掌上的风景：智能手机时代移动审美方式研究［M］．北京：中国社会科学出版社，2016：48.

都拥有话语权，人们可以自由平等地张扬自己的审美主张。其次是片段化的审美意识，手机创作的大众化、即时性、随意性和3G、4G网络的高速上传和即时更新及网络浏览的非连续性等特点，迫使人们去适应“片段化”的欣赏。人们不再追求结构严谨、情节连贯、首尾呼应等传统审美意识，篇幅短小、内容松散甚至语言粗糙的文本片段也因其真实、个性的特征赢得用户的喜爱。最后是平面化的审美意识，创作的平民化也就意味着作品的平面化，是一种后现代文化形态的审美意识。平面化即无深度的自由体验，评价的标准纯粹以个人感受为准，是一种平面化的精神、心理、情感和感觉的活动或行为，某种意义上来说，也是对被束缚和压制的人性的一次解放，是一种释放紧张心情的审美方式。

智能手机在新的审美空间不断激发出自由、个性、民主、奉献等现代审美意识，极大地拓展了现代人的审美精神，为我们提供出新的移动审美方式，搭建了新的移动审美平台，创生出许多新的移动审美内容，改变着我们的审美生活。[①] 让人们在“移动审美”中去自由地欣赏、表现和创造，充分展示个体的丰富性和复杂性，让作为个体的每个社会成员在审美的自由中都可以充满生气和活力，我们迎来一个“移动审美”的新时代。

移动审美带给了大众全新的日常审美体验。哔哩哔哩App是国内较为著名的年轻人潮流文化社区，致力于ACG（Animation动画、Comic漫画、Game游戏）等领域内原创及二创的内容分享。用户可以随时随地参与影视作品的二次创作，每位用户都拥有话语权，不需要华丽的辞藻，平民化的语言就是其最大的特点，通过弹幕自由地表达自己的所写、所发、所感，对于发弹幕的人来说，是一种情感的释放，对于看弹幕的人来说则是引发共鸣。

当然移动审美也改变了传统的审美方式及行为习惯。新浪微博博主“老炮说电影”给予了用户全新的观影体验——几分钟就能看完一场电影。博主对当下热播的电影、电视剧等进行3分钟至5分钟的搞笑讲解，极具

① 史德安. 手机文化的审美阐释［D］. 济南：山东师范大学，2009.

个性化特色，通过后期的剪辑、配图、配乐等方式让大众对于走进影院看电影不再具有仪式感，看电影也不再要求情节连贯和首尾呼应，这样具有放松意味的片段化观影体验深受年轻人喜爱。

第六节　审美心理

审美欣赏过程就是选择、分析、判断、体验、品味的一次审美心理活动过程，通过联想、想象、情感活动来把握对象的审美特性，从而产生审美的快适感及达到审美主客体的融合，获得高度的审美享受。不仅要让手机媒体艺术的欣赏者悦目悦耳，还要让他们悦心悦神，分析把握其审美心理尤为重要。

一、个性化审美需要

同传统艺术欣赏活动一样，手机媒体艺术欣赏的发生和实现过程，完成的仍是一种审美心理过程，既是一个对象化的过程，也是主体客观化的过程。欣赏者在对象化的体验中不仅获取艺术信息，更重要的是获得精神愉悦和心理满足，其欣赏行为的发生和完成，欣赏对象的选择、欣赏行为方式的规范乃至欣赏心态的调整，其实都直接来源于读者的审美心理需要。

审美需要，是欣赏和创造具有审美价值的事物以获得精神愉悦的一种要求，是一种重要的个性心理倾向性，是人们对审美活动的一种内在的情感欲望和要求，表现为对审美对象的形式、结构、秩序和规律的把握和感受的强烈愿望。[①] 审美需要既是审美活动的起点，也是终点，审美活动之所以成立，根本原因在于主体有审美需求。欣赏的过程，就是审美的过程，在手机媒体艺术欣赏活动中去发现美、欣赏美、创造美，获得更高的审美愉悦和精神享受，是广大手机用户积极欣赏与体验活动的深层心理动机。

① 郭成，赵伶俐．美育心理学［M］．北京：警官教育出版社，1998：142.

每个人都有自己的审美需要和审美诉求，会通过不同的艺术鉴赏方式和鉴赏对象来获得满足。好好住 App 是国内首款家居分享社交平台，恰好抓住了大众个性化居住的审美需求，以装修、家居、生活为关键词，主打优质生活，一切有关家居的美好生活都可以在这个软件上寻找灵感，契合了用户对于高品质生活的追求。

二、瞬时性审美体验

在审美活动中，一片自然风景为什么变成了“一个心灵的境界”，而一首诗为什么可以千百年来引起不同人的“共鸣”呢？这里的根本在于审美体验（活动）。①

在现代美学范畴内，审美体验指人在对审美对象的感受和审辩中所达到的精神超越和生命感悟，马斯洛称之为高峰体验。在审美体验的瞬间，人的感知、回忆、联想、想象、情感、理智等一切功能都处于最自由的状态，人的整个心灵暂时告别现实而进入自由的境界。②将人们置身于愉悦的、创造性的、个性化的手机欣赏活动之中，让其在其中经历丰富的情感体验，点燃情感的火花，使其在情绪的勃发与激动中进入审美的圣殿，唯有如此强烈的体验感才会深深激发他们的参与性与主动性。当我们看到夕阳西下的美景，身心感到愉悦，这是一种瞬时性审美体验。但是美景转瞬即逝，随着时间的流逝，愉悦感必定消失。随着手机功能的逐渐完善和强大，当审美欣赏的时候，我们会忍不住地想用手机记录下来。正是因为这些瞬间带给了我们极致的审美愉悦，手机可以为我们留住最美时刻下的高峰式的瞬时性审美体验。

三、多元化审美取向

“在计算机建立的当代信息社会中，新媒体的出现使得数字化与图像

① 叶朗．现代美学体系［M］．北京：北京大学出版社，1999：444.

② 童庆炳．童庆炳谈审美心理［M］．开封：河南大学出版社，2008：11.

化已经成为我们信息传达的重要方式，从某种意义上来说，也成为生活的重要内容和生存方式，同时，数字化与图像化也成为当代文化的基本趋势，对当代人的审美取向产生了巨大的影响。”[①]审美取向是人们感知、判断和评价美时所遵循的审美价值尺度，在手机媒体艺术欣赏上人们也出现了审美趣味、审美风格及审美理想的多元化趋向。大麦网很好地满足了不同受众多元化的审美取向，其业务覆盖演唱会、话剧、音乐剧、体育赛事等领域，将人们的审美趣味进行细分，每一个领域分类之精细恰好能够满足不同用户的需求。

在文化多元的“第五媒体”时代，不同方式、不同层面及不同取向的多元化艺术欣赏，或滑稽或幽默，或粗犷或豪放，或典雅或柔和，或悲壮或崇高，或调侃或戏谑，不仅可以悦耳悦目，更可以悦心、悦志（道德精神的高扬）和悦神（最高审美境界）。既重感性，也重理性；既平民主义式，也精英主义式；既平面化感受，也深层次阅读，手机媒体艺术由作品的“独白”转向公众之间的“对话”，再到艺术家、作品和大众间的合唱，审美由单向度向多向度转变，真正实现了去中心的多元化审美，唯有多样化的风格内容才能满足现代人日益多元化的审美取向需求。

单读 App 作为一款小众的手机阅读软件，极大地满足了当今年轻人对于文学阅读的多元化审美享受。从页面设计上来说倡导极简主义，具有感性美，单读 App 画面简约，颜色单一，和其他手机阅读 App 相比要显得更加“高冷”。从内容上看，具有理性美，包括文字、声音、影像、谈论、笔记等内容，文字内容并不长，但却值得深层次阅读，吸引了更多的年轻人利用碎片化的时间参与阅读并冷静思考。单读的音频打破了传统阅读模式，满足了用户“听”文学的需求。单读让阅读不再封闭，读者和艺术家之间、读者和读者之间可以对话，在谈论板块中发起一些话题，提供给年轻读者更多交流与思考的空间。

---

① 阿莱斯·艾尔雅维茨．图像时代［M］．胡菊兰，张云鹏，译．长春：吉林人民出版社，2003：168.

第七节　自由感知与交互体验

手机媒体艺术强调参与、互动、共享，注重人与人之间、人与机之间的契合，每个人都可以接近艺术、感知艺术、创作艺术和传播艺术。正如黑格尔所指出的“现代世界的原则是主体的自由”，手机媒体艺术的传受方式、多元体验赋予每个人不同的体验感受，也重构了人们的知觉感知和时空观念。在手机这一媒体艺术平台上，大众可以实现体验的完全独立与自由，自由地感知，自由地创造。

手机媒体艺术是开放的、瞬时的、跨学科的艺术，又是多媒体的、进程性的、散漫的、概念的依赖语境的艺术，同时也日益倾向于与受众的互动性发展。[①] 人们在双向互动的审美体验过程中参与艺术作品，并获得与传统艺术被动审美不同的交互审美体验。这种体验方式是双向度乃至多向度的，参与作品的创作，改变作品的思想、结构和故事，从而引起作品影像、形态和意义的变化，形成的是一种直观性的、参与性的审美方式，它意味着接受主体在审美活动中能不同程度地实现审美欣赏的交互性。

例如全球最大的中文社区百度贴吧，依靠搜索引擎关键词，为人们提供了一个表达和交流思想的自由网络空间，并以此汇集志同道合的网友。用户可以在平台中任意选择，这不仅满足用户通过互联网搜索获取优质信息的需求，贴吧自身的特点也使得用户在创作者和接受者的角色中不断转换。贴吧的吧刊有别于传统电子杂志，它在制作、分享方面的门槛很低，不仅便于用户浏览阅读，而且便于搜索引擎索引及广泛传播，这一服务被外界认为是 UGC 的创新之举。

与很多平台不同的是，贴吧创造的话题往往是相对封闭的讨论，如游

① 李铭超．中国数字艺术“独立宣言”[EB/OL]．(2009-06-24).http：//art.china.cn/sheji/2009-06/24/content_2981422.htm.

戏吧、美食吧等，人数少则数十几百，多则成千上万。虽然理论上这些社区也可以有更开放的讨论主题，但是多数贴吧的成员更愿意围绕一个封闭的主题来展开交流，这也促进了互动深度的不断挖掘。同时，在一个主题帖中，当吧友想与某个楼层（回复帖）的层主互动的时候，所有和这个楼层相关的讨论内容都会在这个楼层里显示出来，这些讨论内容俗称“楼中楼帖”。而这样的帖子也帮助接受主体在一定程度上实现审美交互，如大家跟帖一起编写一个故事，参与作品创作，所思所想影响作品的创作走向，这也许正是贴吧的魅力所在。

思考题

1. 与传媒艺术相比，手机媒体艺术在创作主体上出现了什么样的新变化?

2. 什么是手机“UGC”，有什么样的特征?

3. 谈谈手机媒体艺术作品有什么样的创作特征。

4. 谈谈手机媒体艺术创作方式与传统艺术创作有什么样的不同。

5. 结合“接受美学”理论，谈谈自己欣赏手机媒体艺术的审美体验与感受。

6. 什么是移动审美方式？谈谈移动审美方式的现代价值。

7. 试分析手机媒体艺术欣赏者的审美心理特征。

8. 结合自己感受与体会，谈谈手机媒体艺术作品自由感知与交互体验。

第六章　手机媒体艺术传播与接受

第一节　手机媒体艺术的传播渠道与路径

一、传播渠道

所谓传播渠道，也就是传播媒介，它是传播内容的载体。当然，整体上说，手机新媒体本身就是作为“第五媒体”的传播渠道，但是人类的传播媒介发展到今天，手机新媒体所延伸的传统和网络媒体已经将它严重细分化和功能化，而且针对这种媒体自身所设计开发的各种信息通道比如App、IM（Instant Messaging，即时通讯）等也极大丰富了它的传播功能。正是这些源流密布且相互交错的渠道网络才造就了手机媒体传播让人沉迷的强大效果。仅就手机媒体艺术而言，它的传播渠道在宏观上可以分为线上传播和线下传播两个部分。

（一）线上传播

线上传播的手机媒体艺术信息流可以再分渊源和流向。首先是网络站点，包括专业艺术网站，含有艺术内容的商业和普及网站，全国性和地方性综合媒体，行业垂直媒体的文化艺术类栏目，等等。细而分之，其内容可以包括视频、图片、音乐、文字类及综合性的网络站点，比如视频方面的腾讯、优酷、爱奇艺、哔哩哔哩等。这些网络站点包含了手机媒体艺术的大部分原创和上传信息，成为其重要源头。

正如麦克卢汉所预言的那样，人类的传播媒介将经历一个从部落化到去部落化再到重新部落化的循环过程。虽然他强调的是媒介功能与受众的关系，但手机时代的受众确实正在经历一个显而易见的部落化过程。BBS、豆瓣、天涯、西祠胡同、百度贴吧、粉丝群等网络社区，以及QQ、微博、微信等主要针对手机设计开发的社交媒体，都是受众部落化和社群化的重要见证。这样的网络空间不同于带有普遍性和广播性的上述网络站点，它以拥有共同志趣爱好的人际共同体为组织基础，实际上是现实在社会中的协会、专业组织和沙龙的虚拟再现，因此往往能够长期维系，并能创作和传播有价值的信息内容。对于经由手机媒体传播的文化艺术信息来说，这样的兴趣共同体显然是举足轻重的，它不仅创造数字原创艺术，也往往是这类信息转发、传播和评论的中坚力量，因此代表着手机媒体艺术的主要源流。

如果对于受众来说，上述渠道是被动获得手机媒体艺术信息的，那么通过各种搜索引擎查找相关资料或订阅相关内容，则是主动获取信息的表现。移动互联网同不易移动的个人电脑一样，都以提供海量信息为功能诉求，它同时也意味着受众不得不根据自身的需求来获取有价值和针对性的信息，这一过程被形象地描述成“网上冲浪”。对于手机媒体艺术来说，这也是构成其信息流的一个重要渠道，尽管它多少带有逆流而上的意味。

（二）线下传播

手机媒体艺术的另外一个不容忽视的传播渠道是线下传播，包括O2O（Online To Offline，线上到线下）、线下活动及作为装置－造型艺术的产品陈列等。巨量的手机媒体艺术社群的存在，意味着线上和线下及线下和线下的频繁交往。

此外，正如波德里亚（Baudrillard）所揭示的，高度信息化的社会不是媒体模仿现实，而是媒体本身获得了超真实，反过来被社会生活所模仿。他举例说，迪士尼乐园比真实的世界更真实，甚至作为一个民族国家共同体的美国本身“既不是梦想的，也并不是现实的，而是超现实的。……这里的一切都是现实而实用的，但同时又在模仿之中。但或许只有欧洲人才能知道美国的真相，因为只有他们才能在此发现完善的模仿（美国的真正的现实或源头正在欧洲——引者注）。……美国人对于模仿已经没有感觉了，因为他们已经是模型”。[①] 这是来自波德里亚所著《美国》一书中的一段话，认为这个国家本身处于模仿之中，而且正是作为模仿的模型而存在的，真实世界在这里似乎变得无关紧要，甚至如其所说，现实不过是“模仿的一个特例”，超真实才是这个世界的唯一真实。或许此论涉嫌夸大其词，但不容否认的是，如今的虚拟世界确实在很大程度上正在改变或改造现实世界，就手机媒体艺术来说，如围绕影视动漫作品中的IP形象，就可以形成真实社会的各种人际共同体和产业链条，它反映了如今世界信息的流向正在发生着微妙的变化。手机媒体作为不容忽视的传播渠道，它将影视动漫中的IP形象嵌入日常的生活之中，动漫迷通过手机媒体观看、了解IP对象，在线下进行模仿、装扮虚拟世界的角色，利用服装、饰品、道具及化妆来扮演动漫作品、游戏中的角色，这种行为被称为Cosplay，玩Cosplay的人也被称为Cosplayer。因为受到共同爱好影响，在现实生活中聚集在一起逐渐形成群体。在现实生活中举办各类的组织活动和会展，利用手机媒体向全世界同样热爱角色扮演的人们进行直播和宣传，吸引更多的人加入这类社群。随着手机媒体的影响度逐渐扩大，队伍的人数逐渐壮大也就形成了目前我们所熟知的“次元文化”。在“二次元”的文化的影响下，形成真实社会的各种产业链结构和产业链条，包括角色扮演活动、动漫周边产品、会展活动等。

二、传播路径

手机媒体艺术的传播路径与手机信息大致上是一致的。简单说，它首先是一种罗杰斯（Rogers）意义上的N级传播模型，其次是有无数条罗杰斯链组成的非常复杂的传播网络，类似于相互交织并发生彼此衍射的波纹，

① BAUDRILLARD J.America［M］New York：Verso，1988：28-29.

这种波纹看似复杂，但并非不可描述。

罗杰斯最早发现，拉扎斯菲尔德（Lazarsfeld）意义上的两级传播理论并不能如实解释一些传播现象。该理论认为，传播活动从信息发出到接收者之间一般会经历一个中继和分流现象，这是经由所谓“意见领袖”对信源进行修整或扩充的结果，它使得信息在能量、密度和流向等方面发生一些变化，然后再传递给最终的受众。罗杰斯对此提出了质疑，他认为拉扎斯菲尔德忽略了大众媒体的所有权和控制权问题，并引用麦库姆斯（McCombs）的“议程设置”观点对这一理论做了重要修正，即把“传播流”区分为“信息流”和“影响流”两个部分，认为信息的传播可能是一级的，而影响的传播则必须是多级的，这就是“多级（N级）传播”模式。这种传播模式能够很好地解释一些手机媒体艺术现象，比如一部手机小说，它可能出现在某个手机网站，经由某些读者的阅读被广泛传播，这些读者群中可能会包括一些权威读者，经由他们的推荐使得影响流的分布变得不均匀，形成若干旋涡中心，然后经由转发评论，又产生多个更小的中心，以此类推，形成了手机小说的基本影响分布。

值得一提的是，在实际的手机媒体艺术活动中，这样的传播模型依然过于理想，因为可能存在多个信源同时出现并产生不同程度影响流的现象，而且这些影响流之间相互交叉，彼此影响，就像下雨时的湖面，各个雨点的涟漪交错杂糅，形成极为复杂的干涉和衍射现象。尤其在朋友圈和各种部落化网络空间大行其道的当前语境下，形形色色的艺术性信息源流异彩纷呈，因此这样的影响模型可能更接近手机媒体艺术传播的实际情形。

第二节　手机媒体艺术传播的基本特点

前文指出，手机媒体艺术分为造型－装置艺术和内容－信息艺术两个大类，但这两种类型只是在一定尺度上的分类，任何手机媒体艺术归根结底都以传递某种艺术性的信息为基本价值依托，这就意味着，手机媒体艺术必然作为一种传播学现象存在。从传播学的角度来看，手机媒体艺术不同于其他艺术形式的主要表现在哪里？或者说，手机媒体艺术具有哪些传播学特点？我们将这个问题的答案总结为六点三个方面的统一关系。

一、大众传播与人际传播的统一

众所周知，在传统的传播格局中，大众传播占据主导地位，由于其内容必然经过严格的“议程设置”和层层“把关人”的审查，因此其消息一般被称为“大道消息”；相反，由大众传播的消息在人群中所引发的次生消息、再传消息或者说流传于人际传播过程中的消息，则被称为“小道消息”。但是，手机媒体的出现对于这种格局显然带来了新的变化，用户之间的人际传播不再处于从属状态，相反，由于其本身与生俱来的互动性和即时性功能，它所传播的消息与传统的大众媒体同样重要，甚至有过之而无不及。特别是对于某些突发性事件，传统媒体还没有登载消息之前，就已经作为“小道消息”广泛流传。正如研究者所说，这种传播形似“融合了大众传播（单向）和人际传播（双向）的信息传播特征，形成一种散布型网状传播结构。在这种结构中，任何一个网结都能够生产、发布信息，所有网结生产、发布的信息都能够以非线性方式流入网络之中”，因此它实际上“兼有人际传播与大众传播的优势，又突破了两者的界限”。①

手机媒体所具有的传播学特点当然也是作为其信息内容组成部分的手机媒体艺术的重要表现。就后者本身来说，大众传播和人际传播或者说单向广播与双向窄播的统一，正是其根本特点之一。比如，一个手机音乐电台，主持人播送节目是大众广播的形式，它可以允许或欢迎任何人收听，但这一过程可能会同时伴随着听众评论，并因此可能改变节目内容。在此意义上，我们甚至不能单纯地说手机媒体是一种互动媒体，反而遗忘了它本身所具备的大众传播的特点。或许如下界定更为公允：“（包括手机媒

① 匡文波．网络传播学概论［M］．北京：高等教育出版社，2004：11.

体在内的）互联网是一个数字化的信息平台，即网广播。”[①] 这种说法试图在（移动）互联网与传统媒体的传播模式之间进行调和折中，也是我们所说的大众传播和人际互动传播两种完全异质性的传播模式的对立统一。而且，从学理上来看，这种说法比较合乎麦克卢汉式的辩证思维，即新媒介是传统媒介的延伸发展，而不是其死亡。

这样的传播模式显然会给艺术本身带来影响。就手机媒体艺术来说，如果说其传播模式已经统一或模糊化了大众和小众之间的区别，那么它的传播内容也必然发生相应的改变。事实上，这也正是当代艺术的一个根本特点，即精英和大众趣味之间界限的消解。当前所谓大众主义的流行，其实质正在于挑战经典和权威，并最终造成一种同时含纳两者的“第三者”艺术，这正是所谓大话文化和戏仿文化的基本特质：在嘲弄经典的同时，也以经典作为内容的基座。

二、多媒体与超文本的统一

手机作为第五代媒体必然是多媒体，具体说，在介质上它是图、文、声、光、电的集合体，在渠道上它是书籍、报纸、广播、电视和互联网的集合体，在内容上它是手机书、有声小说、手机电视、微博、微信等信息呈现的集合体。这种多媒体甚至全媒体的集结物必然带来海量的信息资源，这就是为何查阅包括手机在内的网络媒体被称为“冲浪”“漫游”的原因。而且，就艺术内容来说，手机媒体也可以将包括雕塑、绘画、音乐、电影、戏剧、文学、游戏等在内的九大艺术通过一块屏幕显示出来，也就是说，手机媒体上不仅可以实现传播媒介的大杂烩，也能够实现艺术形态的大杂烩，作为信息的艺术资源在此通过多媒体的传播渠道也呈现为无边无尽的汪洋大海。通过一个小小的窗口就可以瞬间将无限大的艺术世界尽收眼底，这种情形正是罗兰·巴特意义上的“神话”：一种既超越现实，又处于现

① 郑超然，程曼丽，王泰然．外国新闻传播史［M］．北京：中国人民大学出版社，2009：40.

实世界之中、呈现于每个人眼前的鬼魅般的现象。

手机媒体的上述功能与其另外一个特点一体两面，这就是超文本。超文本分为两个层面。首先，手机媒体作为一种文本，几乎集结了在其之前出现的所有文本形态，包括四大媒体及其各种衍生体，在此意义上，手机媒体是一种“超级文本”，是文本的集散地，这其实是对其前述多媒体特点从不同侧面的描述。其次，手机媒体的超文本同时也表现为超链接，它不仅是被人为设定的超链接（一般以画线有色字体作为入口），而且实质上也是所有内容的超链接，也就是通过任何一个字符，都可以穷尽所有其他字符，任何一张图片，都可以穷尽所有其他图片；或者说，每一个点实际上都是一张网，每一个字节都是全息字节。这种设计本身就已经非常艺术了，因此可以说，上网本身是一种艺术行为。这种超链接的特点具体到手机媒体艺术上也是一样，每一种艺术都指向了所有其他艺术，每一件艺术品都是全部艺术的折射和投影。在此已经不存在博物馆，因为任何形式的博物馆都是以对艺术整体的分门别类作为存在前提，但手机媒体走向了它的反面：这个只有五英寸大小的掌中物，破除了一切边界，并收纳了一切馆藏。

三、泛在性与即时性的统一

泛在性与即时性分别是从空间和时间两个方面对手机媒体艺术传播学特点的概括。

泛在性也称遍在性，指的是一种在空间上全域覆盖、无处不在的状态特征，这显然是对手机媒体艺术传播学特点的一种写照。作为一种可以随身携带的黏性媒体，手机几乎可以在人们所能达到的任何地方接收信息：地铁、餐桌、课堂、马路、洗手间、电梯间、卧室、课堂等，可以说只要有人的地方就有手机。这种与身体高度绑定在一起的传播媒介在人类历史上恐怕只有语音才能与之媲美，而且它远比语音更优越，因为手机几乎不用考虑空间距离因素，任何信息都可以实现瞬时传受，或者从物理学角度来说，光速远超音速。在这个意义上，手机媒体真正实现了对空间的超越，使曾经极大阻碍人类的信息传播和沟通的障碍彻底化为乌有。这种泛在性的特点对于艺术整体来说显然是革命性的：随着手机信息传播的无处不在，也带来了艺术的无处不在；换言之，曾经被垄断的高高在上的精英艺术，将被暴露于大庭广众之下，成为人人可见之物。手机媒体艺术的泛在性，当然在另一个角度上助长了大众主义和流行时尚。

即时性特点是电子通信的基本特点，但手机媒体的不同之处在于，它不仅克服了广播式的单向性，而且与泛在性结合在一起，极度拓展了传播时空，成为一种在任何时间和地点都可以进行互动交流的传播模式。手机媒体对于时空的空前拓展和超越，意味着它能够以全球化和（原则上）免费共享的方式将整个世界的艺术连为一体，并可以进行实时性的、如同面对面一般的沟通交流。用麦克卢汉的话说，由于电子传媒的出现，整个世界变成了地球村，而且这地球村不仅是信息村、文化村，同时也是个艺术村。

第三节　接受理论与手机媒体艺术的基本接受方式

一、接受理论：从哲学基础到美学观念

由于接受理论和接受美学近些年广为流传，新媒体艺术的接受问题在学术界越来越受到关注。

接受理论在哲学上源自胡塞尔的现象学（Phenomenology），一种为破解欧洲科学危机、重新为科学寻求合法性基础的科学。显然，它延续了近代哲学的做法，力求将哲学还原为“科学的科学”“知识的知识”，重新担负起哲学的使命，与同时代的尼采、柏格森、弗洛伊德等人文主义哲学大相径庭，因此现象学也被称为新哲学或元哲学。关于何谓现象学，如下

概述说得很明白：

“现象学并不是纯研究客体的科学，也不纯是研究主体的科学，而是研究‘经验’的科学。现象学不会只注意经验中的客体的科学，而是集中探讨物体与意识的交界点。因此，现象学研究的是意识的意向性活动，意识向客体的投射，意识通过意向性活动而构成的世界。主体和客体在每一经验层次上（认知和想象等）的交互关系才是研究重点。这种研究是超越论的，因为所要揭示的，乃纯属意识、纯属经验的种种结构；这种研究要显示的，是构成神秘的主客体关系的意识整体的结构。”①

这段文字包含几个关键点：一是现象学在学科属性上是一种科学哲学，它既不研究纯客体问题，也不研究纯主体问题，而是二者的交界点，或者说是一种（主客体）关系研究；二是现象学集中关注的是“意识向客体的投射”，即意向性问题，具体说是人类如何通过意向性对客体的建构来认识和理解世界；三是这种研究落到实处，就是探究意识乃至纯意识（先验主体）结构整体及其运作方式。现象学将这一过程具体分为三个阶段，即三次还原，分别为现象还原、本质还原和先验还原，也就是说，先把客体还原为现象，再把杂乱的、偶然的经验现象通过悬置判断还原为本质，最后为了克服这种还原的心理主义并回答客体的实在性问题，进一步将其还原为纯粹先验意识的构造，从而消除主客体之间的对立。这个过程重在意识主体对意向性客体的建构过程，带有明显的构成主义原则。

胡塞尔的现象学直接催生了接受美学。正如胡塞尔的追随者萨特（Sartre）所说，“一切意识都是对某物的意识”，意向性是意识的根本特点，而实际上任何客体都不能被完全地经验到，人的意识只能针对其一个侧面或部分。那么客体在意向性的作用下便产生了分化：一个是不完全被意识到的客体实在本身，另一个是能够被意识到的部分，后者也被称为意向性客体。但根据胡塞尔现象学，这个客体并非在意识中的镜子式的再现，相反，它是意向性建构的结果，并不具有认识论哲学意义上的客体实在性。

① 张首映. 西方二十世纪文论史［M］. 北京：北京大学出版社，1999：209-210.

这种观念对于接受美学的形成带来了非常重要的影响。

首先，对于艺术活动来说，一个必须回答的前提问题是，什么是审美对象？毕竟没有审美对象，也就无所谓审美活动。在接受美学看来，作品并非是一个静止的、等待人去欣赏体验的实体性存在，而只能存在于人的意识之中。正如现象学文论家弗莱（Frye）以书为例所指出的那样："在某人开始阅读之前，只有一个纸做的东西，它只不过是以它在某处的无生命的在场表明它作为物的存在。就这样，在图书馆的书架上，在书店的橱窗里，书等着有个人把它们从其物质性和静止性中解脱出来。"[①]这个可以解脱书的"物质性"和"静止性"并赋予其真实生命的人，就是读者，准确说是读者意识活动。换言之，艺术品只能存在于欣赏者的意识经验中，而不是一个与人无关的、外在的客体。这显然是现象学所谓"意向性客体"理论的一个具体运用。

其次，接受美学既然关注审美对象而不再是传统意义上的审美客体，那么审美对象到底是什么？或者说，它具有什么样的特点？对于这个问题的回答，触及了接受美学的核心观念，即德国文论家伊塞尔所提出的"文本的召唤结构"。伊塞尔认为，任何一种艺术文本都不是对现实分毫不差的如实再现，任何描述都不可能如上帝般的全能视角，恰恰相反，艺术作品反而会在文本结构中故意设置诸多的非连贯性、空白和不定点，以等待其在读者意识中得到再现，而且越是纯艺术越具有这样的特点，伊塞尔称其为"游移视点"，并将这种带有不确定性的文本结构称为"文本的召唤结构"。基于文本所赋予的这种读者主动性，他指出，阅读行为并非外在于文本，相反，它本身已经是文本固有的一种内在机制。在此意义上，任何阅读活动都必然有读者参与，或者用现象学的术语来说，审美活动必然是审美主体对客体对象"意向性建构"的结果，它只能是一种经验性的、动态的、过程性的存在。

① 布莱．批评意识［M］．郭宏安，译．南昌：百花洲文艺出版社，1993：253.

二、手机媒体艺术的基本接受方式

接受理论和接受美学对于手机媒体艺术的接受问题显然具有重要的启发意义。它所带来的第一个耐人寻味的问题是，究竟什么是手机媒体艺术？或者说，这种艺术形式的边界在哪里？进言之，针对什么样的手机媒体艺术的接受才具有真正意义？

对于第一个问题，在接受美学看来，并非任何事物都可以成为审美对象，或被冠以艺术之名。艺术与非艺术之间存在一个界限，直言之，艺术品只能作为“纯粹意向性客体”（The Parley International Object）而存在，即一种“没有现实对应物的意向性客体”。[①] 用现象学文论家英伽登（Ingarden）的话说，艺术品是一种不同于科学陈述和史传陈述的“准陈述”，原因在于：包括艺术品在内的任何文本中的语义符号都具有外在指向性，它所指涉的客体可以被称为“意向性关联物”，这种关联又可以细分为“意向性客体”和“意向性事态”两个方面。但艺术品的特殊性在于，其指涉对象看似指向了外部，实际上只能转向自身，变成一种自我指涉，因为它的外在客观性压根儿子虚乌有，它只服务于艺术表意结构自身的完整性，因此是似是而非的“准陈述”。以此反观手机媒体艺术，它的边界是显而易见的，即只能在准陈述的范围之内。在此意义上，以追求客观公正性为根本目标的新闻和纪录片显然被排除在外。

那么，对于第二个问题，什么是手机媒体艺术的真正的接受问题也就很好理解了，这就是所有基于“准陈述”的“纯粹意向性客体”，它们构成了这种艺术形式的最核心、最重要的组成部分。这显然指向了本书所谓的基于数字虚拟技术原创的手机艺术品。

对于这部分艺术作品，基于接受美学的角度进行理解就非常简单。首先，这些作品的存在方式，并非是物理实在的，它们只能存在于接收者的意识经验之中。对于第一点，正如研究者所说：“数字是这个时代的超级

① 张首映．西方二十世纪文论史［M］．北京：北京大学出版社，1999：211.

能指，也可以是对事物属性的极度抽象。二进制数字正是这样一个极度抽象物，除了以正反两态表示纯粹差异性之外，数字本身是没有负载具体的意义和内容的。"[①]手机媒体艺术本身存在方式就已经失去了实在性的根基，它甚至彻底动摇了本雅明曾经的论断："艺术品的机械复制品所处的状况可能不太会触及艺术品的存在。"[②]手机媒体艺术先在性地自我破除了实在性，这就为第二点即它只能存在于受众的意向性过程中奠定了最坚实的基础。这一点特别适于解释手机游戏：当我们不打游戏时，游戏是不存在的；或者说，游戏只存在于游戏者的互动过程中。申而论之，以互动性和连接性为根本特点的手机媒体艺术，实际上只能存在于接收者的意向性行为过程中。

至于手机媒体艺术的具体接受过程，在接受美学看来，这是一个艺术文本与读者的期待视野不断交织、融合复又分离的互动过程。正如德国接受美学理论家姚斯的理解，任何艺术品都会"唤醒以往阅读的记忆，将读者带入一种特定的情感态度之中，随之开始唤起'中间与终结'的期待，于是这种期待便在阅读过程中根据这类文本的流派和风格的特殊规则被完整地保持下去，或被改变重新定向，或讽刺性地获得实现。"[③]姚斯将这种必然伴随阅读行为始终的现象称为"读者的期待视野"，并认为所谓审美活动就是文本对读者的期待视野或打破或满足或融合的动态过程。这一点完全适用于手机媒体艺术的接受问题，只不过由于手机媒体用户长期暴露在海量信息的环境下，其经验结构和期待视野发生了根本性的变化，即变得宽泛而浅薄，热衷于娱乐、狂欢和刺激性的艺术信息，期待视野固化，接受快感越来越不容易被满足，以至于以迎合主义为第一要义的手机文艺越来越趋向于快餐化和大众化，并造成手机媒体艺术文本的召唤结构被严

① 徐鹏．机械复制还是数字复制：对新媒体艺术文化身份的辨析［J］．江苏行政学院学报，2007（5）．

② 瓦尔特·本雅明．机械复制时代的艺术作品［M］．王才勇，译．北京：中国城市出版社，2002：86．

③ 姚斯，霍拉勃．接受美学与接受理论［M］．周宁，金元浦，译．沈阳：辽宁人民出版社，1987：29．

重扭曲，游移视点减少，文本的不确定性也转变成以传达明确而直白的意义为根本诉求。这也从另一个层面解释了艺术史的蜕变：从传统精英艺术到现代手机媒体艺术，是一个大众化、商业化和庸俗化的过程。

思考题

1. 谈谈拉斯维尔的 5W 模式。
2. 手机媒体艺术有哪些传播渠道？你认为哪一种渠道是主流？
3. 简述手机媒体艺术的传播路径。
4. 手机媒体艺术的传播学特点是什么？
5. 如何理解手机媒体艺术传播的多媒体和超文本的统一？
6. 谈谈你对接受美学和读者反应批评的理解。
7. 论述手机媒体艺术的基本接受方式。

第七章　移动美育

审美教育是人类完善自身的一个重要方面，是人类文明发展的产物：其本质特征在于它的过程是一个审美体验的过程，是潜移默化地发现美、感知美并创造美的过程；其目标是培养感性能力和发展完满的人性；其功能在于实现对现实世界的感知、鉴赏和创造能力，以及完善人的心理素质和性格，培养健全高尚的人格，塑造完美的理想人生。

美育是以陶冶情操、培养感情为特征，以生动形象为手段，通过富有个性爱好的自由形式潜移默化，以促进人的全面发展的一种教育形式。党和国家高度重视美育工作，在 2000 年《中国教育改革和发展纲要》中特别指出，“美育对于培养学生健康的审美观念和审美能力，陶冶高尚的道德情操，培养全面发展的人才，具有重要作用。要提高认识，发挥美育在教育教学中的作用，根据各级各类学校的不同情况，开展形式多样的美育活动。”[①] 2013 年 11 月十八届三中全会召开，“改进美育教学，提高学生审美和人文素养”写进了《中共中央十八届三中全会关于全面深化改革若干重大问题的决定》。2015 年 9 月国务院办公厅发布《关于全面加强和改进学校美育工作的意见》，指出：“全面贯彻党的教育方针，以立德树人为根本任务，落实文艺工作座谈会精神，按照国家中长期教育改革和发展规划纲要（2010—2020 年）要求，把培育和践行社会主义核心价值观融入学校美育全过程，根植中华优秀传统文化深厚土壤，汲取人类文明优秀

① 赵伶俐，郭成．小学大美育系统论［M］．重庆：西南师范大学出版社，1997：3.

成果，引领学生树立正确的审美观念、陶冶高尚的道德情操、培育深厚的民族情感、激发想象力和创新意识、拥有开阔的眼光和宽广的胸怀，培养造就德智体美全面发展的社会主义建设者和接班人。”

以美育人，育美的人，美育可以把人培养成为胸襟广阔、精神和谐、人格健全的新人，促进人的全面发展。当代社会是一个由技术进步推动的信息革命的时代，“互联网 +”背景下随着接受终端手机的日益普及，给人们带来一种全新的生活样式与文化样式，出现了一些新的审美现象，形成了一些新的审美取向。移动互联网与智能手机深度介入人们的生活，也使美育观逐渐发生变化，引发出对以手机为终端的“互联网 +”移动美育问题的新思考。

第一节　“互联网 + 教育”

互联网技术的出现，引发一场新革命，迅速改变着其他行业的工作方式和工作效率，对人类生产、生活方式产生深远而广泛的影响。互联网发展经历了三代，第一代是 Web 1.0，如网站、HTTP、网页、HTML，以“互联网 + 信息”的单向传递为特征；第二代是 Web 2.0，如维基、博客、RSS、社会网络、即时通讯等，以“互联网 + 互动”的双向交流为特征；第三代是 Web 3.0，通过云计算、移动技术、大数据等技术来实现，是“互联网 + 智慧化”的时代。互联网的三代发展是一种迭代式而非取代式的发展，Web 1.0 的信息传递功能、Web 2.0 的双向互动功能、Web 3.0 的新型技术，互联网应用可以根据自己的实际需求对其进行整合式的运用。

“互联网 +”被认为是创新 2.0 下的互联网发展新形态、新业态，是知识社会创新 2.0 推动下的经济社会发展新形态演进。通俗来说，“互联网 +”就是“互联网 + 各个传统行业”，但这并不是简单的两者相加，而是利用信息通信技术及互联网平台，让互联网与传统行业进行深度融合，创造新的发展生态。

一、“互联网＋教育”的趋势

“互联网＋”是指互联网能够与任何一个传统行业进行融合，从而形成一种新型的行业发展模式，实现传统行业向新型行业的模式转型。面对“互联网＋”的挑战，教育也不能坚守避战，应从教育变革的真正需求出发，抓住机遇，直面挑战，让教育在“互联网＋”的风口飞得更高、更稳、更远。

我们不可低估“互联网＋”对教育的影响，这种影响甚至可能深入骨髓，直接摧毁传统守旧的教育生态，重塑一个开放创新的新的教育生态。“互联网＋”让教育从封闭走向开放，“互联网＋”打破了权威对知识的垄断，人人能够创造知识，人人能够共享知识，人人也都能够获取和使用知识。在开放的大背景下，全球性的知识库正在加速形成，优质教育资源正得到极大程度的充实和丰富，这些资源通过互联网连接在一起，使得人们随时、随地、随事都可以获取他们想要的学习资源。①

腾讯推出的专业在线教育平台“腾讯课堂”，无疑是“互联网＋教育”的典型范例。腾讯课堂凭借QQ客户端的优势，实现在线即时互动教学；利用QQ积累多年的音视频能力，提供流畅、高音质的课程直播效果；聚合大量优质教育机构和名师，给更多的教师及教育机构提供一个展示的平台。可以说，“互联网＋教育”不仅促进了教育资源的发展不受地域限制，也让真正有能力的老师能有更大平台发挥自己，带领中国教育质量的提升。

互联网重新配置整合了教育的资源，扩大了优质教育资源的作用和价值，互联网联通一切的特性让跨区域、跨行业、跨时间的合作研究成为可能，同时也规避了低水平的重复，加速了教育研究水平的提升。在“互联网＋教育”的冲击下，因地域、时间和师资力量导致的传统教育鸿沟将逐步被缩小乃至填平，传统教育中教学内容陈旧、教学方式落后、教学效率低下

① 赵国庆．“互联网＋教育”：机遇、挑战与应对［N］．光明日报，2015-06-09.

等状态可以借助互联网技术得以改变，实现技术和教育的深度融合，形成包括网络学习平台、网络课程、网络教学管理等更加有效的新型信息化教育模式。“互联网+”时代人人都可以成为教育家，人人又都是受教育者，这样的教育生态会更加适应社会发展的需求。

二、“互联网+教育”的机遇与挑战

《国家教育事业发展十三五规划》指出要积极发展“互联网+教育”，进一步改善学校教育信息化基础设施，推进数字教育资源开放共享，发展现代远程教育和在线教育。这无疑已经表明基于互联网的教育信息化建设已经成为中国教育发展的战略重点。

当然在互联网强有力的冲击下，网络教育自身也将面临种种挑战，主要包括凡事搜索，一“搜”了事，师生之间更多是知识与信息层面交往，育人中缺失了熏陶与引导，人生观、价值观、思想品德教育等缺位，如何给予美感、艺术等层面的感染都是现实存在的问题。长期“人机交往”代替了人际交往，虚拟现实感代替了现实存在感，如何培养丰富而完整的内心成为网络教育面临的问题。碎片化学习降低了人的专注度，导致深度下降，人们在良莠不齐的海量信息面前不知所措，如何辨识和选择，如何进行恰当的信息加工与处理，大众网络媒介素养的亟须提高摆在眼前。

与此同时，互联网教学背景下也给学校教育提出新的挑战，主要包括：其一，教育观念的转变，要树立新的人才培养观和现代教学观，变革教育方式和学习方式，更加多样化、个性化地培养人才；其二，将现代信息技术和教育教学进行深度融合，改革传统的课堂教学模式，把重点放在鼓励和引导学生自主学习、合作学习、探究式学习上来；其三，要重视提高教师网络媒介素养，鼓励教师研发网上课程，参与线上教学，特别是把重点放到线上线下教育相融合，提高教学效率，改善学习效果；其四，创新与完善教学质量评价标准和教师考核标准及学生学习效果跟踪和综合评价机制。

第二节 “互联网+课程”

网络与现代信息终端手机的飞速发展给传统的教学方法和模式带来了巨大的冲击，方便、灵活、快捷、高效的网络化教育提供了海量的教育资源，促进了教学方式的变革，带来了突破时空的教育新方式、新手段，网络课程、网络化教学方兴未艾，终身化、大众化学习成为可能。网络课程在教学方式、教学手段、教学内容上与传统课程比较都发生了巨大变化：首先随着网络、多媒体技术的大量运用，打破了传统教学中时空的限制，随时随地教学与学习成为可能；其次不同层次的学习者自由选择符合自己需求的学习内容，可以促进教育公平；再次不断进行的教育信息化升级，促进了更多优质教育资源的传播。

加快网络教育发展，高效、实用的网络课程建设迫在眉睫，它需要具备这样几个条件：

第一，更加丰富多彩的教学内容。网络课程绝不是简单的网页发布，而是在课程设计中整合各种学习资源，为学习者主动学习创造出内容更加丰富的学习环境。

第二，更加便捷、高效的互动交流。如利用微信、微博、QQ等平台沟通交流，通过在线讨论、答疑等方式及时解答问题，提升学习主动性，可以减轻学习的孤独感。

第三，更加有效的评价机制。建立网络课程及学习状况评价系统，可以及时反馈用户意见、建议，满足更加个性化的学习需求。

MOOC、翻转课堂、微课堂等网络课程与教学方式应运而生，在学习方式上它们可以突破学习时间和空间的限制，有利于学生和社会学习者个性化地进行线上学习，有助于共享优质课程资源，扩大优质教育资源的覆盖面。

一、大规模网络开放课程：MOOC

MOOC 是一种具有交互性功能的开放式网络课程，是面向社会公众的免费开放式网络课程。“大规模”意味着对同时参与学习的学习者数量不做限制，一门课程的学习者可以成百上千；“网络”意味着教与学的活动主要发生在网络环境下；“开放”意味着任何感兴趣的人都可以注册学习，而且免费。MOOC 有时也基于某所大学的特定课程开展，校内学生与校外学生共同学习，校内学生在完成学习后获得学分。①

MOOC 是网络教学的一种新形态，以 MOOC 为代表的在线教育，具有开放、扁平化、创新教学模式及提供个性化服务的特征。其一，在课程资源上，以视频为核心的学习内容呈现方式，将视频和练习作为核心的学习资源、视频成为核心的课程信息传输形式。其二，在教学方式上，以知识掌握为取向。大规模网络开放课程展现了一种全新的在线学习方式，在同一的学习目标下，充分了解知识来源和知识结构，抓着关键性的知识内容，整体把握所学内容。学习内容不再仅仅局限于课程教材本身，学习过程更多地转向如何理解问题情境、如何界定问题、如何提出问题、从何处寻找解决问题的途径等。其三，在课程组织上，体现出结构化的课程设计。大规模网络课程不仅具有结构化的课程设计，突出强调资源共享、共建，强调学习过程中的互动性，更是一种通过共同课程的学习将教师和学习者连接起来的方式。每门课程以学习者的学习路径为核心进行设计，给予了学习者明确的学习导向。课程具有明确的课程目标、协调人、话题、时间安排、作业、测试等，并按照主题之间的逻辑关系合

① 樊文强 . 基于关联主义的大规模网络开放课程（MOOC）及其学习支持［J］. 远程教育杂志，2012（3）.

理地组织和编排课程内容，每个主题单元均包括课程视频、学习材料、测试练习、讨论版等。①

MOOC 课程允许学生最大限度地自我表现与自我选择，并由自己决定和选择知识的方法，使每一个学生能够获得充分、自由和个性化地发展；尊重学生的个体差异，促进他们的独特性生成；在一定程度上吸引了学生的眼球，改善了传统课堂教学沉闷、枯燥无味的现状；也有助于促进学生的自主学习与合作学习，促进线上教学和线下教育的融合，改革传统的教学方式和手段。②

二、教学方式变革：翻转课堂

随着信息技术发展与教育的深度融合，教育信息化进程日益加快，时代发展亟须教学上的“创新”，促使新的教学方式产生。“翻转课堂”作为一种技术促进教学的典范，为处于“深水区”的课堂教学改革提供了一种新的选择。

翻转课堂创始人为美国科罗拉多州落基山的一个山区学校——林地公园高中的化学教师乔纳森·贝格曼和亚伦·萨姆斯。所谓翻转课堂，就是教师创建视频，学生在家中或课外观看视频中教师的讲解，回到课堂上师生面对面交流和完成作业的这样一种教学形态。翻转课堂打破了传统的学生课上学习、课下作业的模式，是创造学生课下学习、课上练习巩固的一种新的课堂模式。③

根据林地公园高中的经验，翻转课堂有如下步骤。第一，创建教学视

① 华中师范大学国家数字化学习工程技术研究中心. 大规模开放在线课程（MOOC）项目的分析与研究［EB/OL］.（2015-03-15）.https：//wenku.baidu.com/view/1869446b59eef8c75fbfb387.html.

② 杨刚，胡来临.MOOC 对我国高校网络课程建设影响的理性思考［J］. 中国电化教育，2015（3）.

③ 翻转课堂的定义、步骤和特点［EB/OL］.（2018-06-14）.https：//wenku.baidu.com/view/163f09bb0342a8956bec0975f46527d3240ca604.html.

频。应明确学生必须掌握的目标，以及视频最终需要表现的内容；收集和创建视频，应考虑不同教师和班级的差异；在制作过程中应考虑学生的想法，以适应不同学生的学习方法和习惯。第二，组织课堂活动。“翻转课堂”与传统教学的主要不同在于教学流程的建构上：“翻转课堂”以其“先学后教，以学定教”的教学模型颠覆了我们所习惯的“先教后学，以教导学”的教学结构框架，学生创建内容，独立解决问题，探究式活动，基于项目的学习。①

翻转课堂可以从下面三个方面改变我们的学习。第一，“翻转”让学生自己掌控学习，利用教学视频，学生可以根据自身情况来安排和控制自己的学习，大大增强了学习的自主性、主动性。第二，“翻转”可以大大增强学习中的互动性，全面提升教师和学生之间及学生与学生之间的互动。教师从内容的呈现者转变为学习的教练，这让教师有时间与学生交谈，回答学生的问题，参与学习小组，对每个学生的学习进行个别指导。这样教师可以让学生成为最好的学习者，并真正理解课程的内容。第三，“翻转”可以让教师与家长的交流更深入，会带领教师与家长商量，如何实施一个必要的干预措施，如何把学生带进一个学习的环境，帮助他们成为更好的学习者。②

翻转课堂知识传播方式的变化带来教师角色转型，教师从过去的知识传授者转变为学生学习活动的设计者和指导者，老师和学生之间应该形成一种新型学习伙伴的关系。

三、学习革命：移动学习

移动学习需要借助移动终端设备，特别是日益普及的智能手机和平板

① 叶波．翻转课堂颠覆了什么：论翻转课堂的价值与限度［J］．课程·教材·教法，2014（10）：29-33.

② 翻转课堂教学课堂互动研究［EB/OL］．（2016-01-05）.https：//wenku.baidu.com/view/cd0a4dbe168884868762d6de.html.

电脑。在无线网络信号（如 3G、4G 或 Wi-Fi）覆盖区域，学习者只要登录移动互联网就能浏览信息、学习课程资源及与教师和学生互动，这为学习者随时随地提供灵活的学习条件。

在青少年群体中充当 PDA（Personal Digital Assistant，个人数字化终端）的设备主要包括智能手机、平板电脑及以电子书包为代表的各类数码学习机。同时，实现有意义的网络移动学习必须建立无线网络信号（如 3G、4G 或 Wi-Fi）覆盖区域，否则谈不上真正的、完全的网络移动学习。

移动学习是一种利用移动网络技术和移动工具，在任何时间、地点以各种方式学习任何内容的一种新的学习方式。“移动学习是指利用无线移动通信网络技术及无线移动通信设备获取教育信息、教育资源和教育服务的一种新型学习形式。”[①]

移动学习极大地满足了“总在线”的学习需求，也奠定了移动学习在未来学习中的重要地位，已经成为青少年人群日常学习方式之一。移动学习以其独有的碎片化学习的特点，为学习者提供了学习知识的便利，使学习者可以充分利用琐碎的时间。移动学习的交互性可以实现信息及时的双向流通，有利于培养学习者的交流沟通能力，激发学习者的学习热情，发展学习者的个性。移动学习能够弥补传统课堂和面对面学习中遇到的一些尴尬场面，消除心理负担，从而轻松地交流和学习。移动学习的意义在于让学习无处不在，创造一个“三位一体”的终身学习、泛在学习、移动学习型社会。

随着微博、微信等“微技术”流行，各种形式的课程“微资源”把大容量的学习资源碎片化，移动技术为移动学习提供有效的技术支撑，“微资源 + 网络 + 免费模式”的移动学习模式既促进了泛在学习和教育公平，极大提升教学资源共享度，又可以大大方便学习者的学习行为。

---

① 李云飞，王敏娟，王加俊，等. 移动学习系统及其相关学习模式［J］. 开放教育研究，2012（2）：152-158.

第三节　网络美育：互联网与美育的深度融合

在网络时代，没有网络美育的教育是不完整的教育。网络美育作为一种现代社会人文教育的生成和崛起，必将成为当下学校美育、家庭美育和社会美育的重要补充、拓展和创新。网络美育是基于网络技术，充分、合理利用网络手段提供的审美功能，在网络活动中以美的形象去感染人，激发人的情感，提高人的审美感受力，推动人积极想象和思考，进而以情感的方式去体验和认识生活和认识世界的生动、鲜明、个性化的审美教育方式。

“网络化生存”的现实背景呼唤着新时代的审美教育方式，网络美育相较于传统美育更加重视个体的审美自由与多样化，开放与互动的环境，极大地释放出人们审美欣赏、审美表现和审美创造的能力。立足于全新的网络环境，网络美育本身就有着传统美育无法比拟的优越性。网络美育是以陶冶情操、培养感情为特征，以情感人，以生动鲜明的形象为手段，通过富有趣味个性化的形式，让人在娱乐与休闲之中接受美的熏陶。网络美育较之传统美育更符合以人为本的现代性文化精神。与传统美育对人的单一主体性的培育和对单一的审美模型的维护不同，网络美育充分正视了生活方式与审美实践的多元化，它要培育的是人的多元主体性，促进和维护的是人的审美生成的多种可能性。互动是美育的灵魂，与传统美育居高临下、单向辐射的高台教化不同，网络美育始终体现着相互交往、及时对话的民主精神。与传统美育中教育者和受教育者的实名身份不同，网络美育具有匿名性，这淡化了教育者和受教育者的身份区分，使得网络美育得以在更为自由、平等、坦诚的思想情感交流中达成。这种充满新鲜气息、散发着勃勃生机的网络美育是网络社会的精神希望。①

一、美育让网络更“美”

网络技术和网络文化在人们的日常生活中扮演着越来越重要的角色，网络技术的数字化、虚拟化、多媒体化为网络美育提供了与传统美育差异巨大的技术环境和文化环境，使网络美育在传统美育的基础上产生了审美变迁，纷繁复杂的网络文化资源为传统美育带来了新的机遇。通过互联网来达成审美教育的新途径、新方式，结合网络时代特征对传统美育进行改造，探索网络美育路径，使网络美育变为现实并产生积极的作用，对改进审美教育和优化审美教育意义重大，网络美育成为当今我国审美教育的一种新方向。

网络是一把“双刃剑”，既解除了传统环境下审美教育活动受到的各种限制，又带来了网络负面影响的问题。“在把这个世界‘一网打尽’之时，我们不仅要从技术的物质效能上看待网络技术，还必须从技术的人文价值目标上来约束和规范它，以一种道义襟抱的人文关怀来审视网络的意义和功能，强化它的价值理性，限制它的工具理性。这是因为，人类如果不能在网络审美的‘圣殿’上添加人文的装备，技术的‘圣火’最终将会灼伤人类自身。”②网络美育应该就属于这人文的装备，网络资源大量的自由传递，营造的这种自由互动的审美环境，对人的审美感受力发展提供了优越的环境，网络时代的到来必将导致审美教育方向的转变。

网络可以让美育更“美”。网络美育更强调交互式、启发式教育，互动、分享和创造的美育特性为人们主体性展现提供了舞台，带来传播美、分享美和创造美的权力，网络为改变传统审美教育的抽象性与乏味性提供物质条件。网络中海量的审美资源与信息极大地扩展了人们审美感受力可涉及的范围，人们可以在各种作品中品评，以此来增强审美感受力的敏感度。

---

① 秦凤珍，何志钧. 数字时代的网络美育［N］. 人民日报，2012-01-20.

② 欧阳友权. 网络审美资源的技术美学批判［J］. 文学评论，2008（2）.

有了网络，美育课堂与课外可以紧密结合起来，使课堂审美教育与课外审美教育相互联系、相互补充、交互影响，达成更好的美育效果。网络美育，还可以增强人们对网络内容的辨别力，网络文化良莠不齐，网络信息鱼龙混杂，网络美育可以抵御网络低俗的侵害，使网络成为人类审美教育的忠实伴侣。网络美育是一种更加开放、互动、包容的美育方式，审美活动的双方或多方地位平等，交流与互动，参与网络美育的各方在保持与发展自己的审美个性与审美理想的同时，也能够感受与理解别人的审美个性与审美理想，从而实现主体间的审美共享，从而在自我与他人、个体与社会、自育与他育的互动中不断丰富自我、更新自身、发展自己。每个个体都在与其他个体的交流互动中既发展了自己，又尊重了他人，既肯定了自己，又欣赏了他人。[①]审美教育需要走进网络，当代美育如果少了网络审美经验、网络审美体验，将不再是完整的审美教育。网络是一个全新的美育媒介，向每一个具有开创性、责任感的美育工作者发出召唤，借助网络开辟审美教育的新领域、新天地，成就一番网络美育的新事业。

二、网络让美育“飞”起来

网络美育促进了美育内容的革新，各级各类学校的美育课程和美育内容也需要做出相应的调整。网络美育应被列入大、中、小学的日常教学中，作为一门课程开设。它也可以被制作成系列的、精美的多媒体教学产品，直接在课堂上放映，或者开设网络课程，以多样手段实践美育，寓教育于娱乐和美的赏析中，使青少年轻松愉快地学习，同时提高学生的审美素养。现代信息技术能将教学内容通过文本、图形、图像、音频、活动视频和动画等多种媒体有机结合起来，使知识传授更为生动形象，富于感染力。因此，当代教育必须结合网络技术背景才能更有效、更有力地展开，在各

① 方珊．网络，让美育更“美”［N］．中国教育报，2007-12-08.

门课程的教学中实现网络美育。[①] 由西南大学赵伶俐教授主编的《互联网+大美育理论、课程、学程、教程》书系，在网络美育理论与实践领域做出了有益的探索和贡献。

实施网络美育一方面要扩大美育视野，由传统领域而及网络领域，另一方面须调整美育方式，由高高在上的教育者姿态转为平等、对话的审美沟通、审美共享姿态。网络时代的美育，需要从艺术教育领域向自然环境、社会生活美育拓展，需要虚拟与现实的结合，需要教化与对话的协调，也需要感性的张扬与理性的反思相平衡。唯有如此，网络美育才可以立足于全新的网络环境，把对网络的“体验”“感悟”充实于而不是游离于真正的审美，网络可以让美育飞入寻常百姓家，发挥出与传统美育相较无法比拟的优越性。

第四节 “互联网+”移动美育

2015年《国务院办公厅关于全面加强和改进学校美育工作的意见》指出：充分调动社会各方面积极性，联合建设美育资源的网络平台，大力开发与课程教材配套的高校和中小学校美育课程优质数字教育资源，鼓励各级各类学校结合“互联网+”发展新形势，创新学校美育教育教学方式，加强基于移动互联网的学习平台建设。

不断增强的手机审美功能让互联网、手机与美育的相遇寻找到一个关键节点——移动美育，彰显出技术进步与审美教育不可忽视的内在联系，创新了学校美育、家庭美育、社会美育的教育教学方式。借助互联网与手机，美育会更加形象、生动、自由、简洁和快捷；而借助美育，互联网、

① 陈静宇．青少年网络美育在现代素质教育中的功用［J］．现代传播：中国传媒大学学报，2013，35（8）．

手机也会得到净化、优化、美化，实现更积极的大教育功能。

一、移动美育的提出

据 CNNIC（中国互联网络信息中心）发布的第 38 次《中国互联网络发展状况统计报告》，截至 2016 年 6 月，我国手机网民规模达 6.56 亿，网民中使用手机上网的人群占比由 2015 年底的 90.1% 提升至 92.5%，仅通过手机上网的网民占比达到 24.5%，网民上网设备进一步向移动端集中。随着移动通讯网络环境的不断完善及手机的进一步普及，移动互联网应用向用户各类生活需求深入渗透，促进手机上网使用率增长。随着手机终端的大屏化和手机应用体验的不断提升，手机作为网民主要上网终端的趋势进一步明显，移动互联网的快速发展，实现了“人随网走”到“网随人走”的重大变化，互联网已经无时不在、无处不在，并深刻影响和改变着我们的生活方式、娱乐方式及审美方式。

麦克卢汉曾经断言：“任何技术都逐渐创造出一种全新的人的环境。”① 网络创造出一个崭新的、神奇的世界，今天的人们在这样的一个虚拟世界中生存，我们的生活与互联网已经紧密相连，互联网社会已成为我们不可缺少的精神生活空间。我们被网络影响，就像被一个虚幻的、不可碰触的世界深度影响，甚至受其控制和支配。

手机网络空间对人们的传统审美意识起到了解构和颠覆的作用，美、丑、真、假、善、恶在这个自由的虚拟世界中变得更加难以分辨，信息资源充裕与精神关怀贫困共存。严谨、精致、高雅的审美价值观在虚拟空间中逐渐被自由、随意、世俗的网络审美观所取代，深刻、意蕴、情趣、境界等审美趣味也逐渐被消解，审美格调、审美品位的降低，一些现实生活中代代相传的伦理规范和审美理想在虚拟空间遭到挑战和质疑。

在一项针对大学生手机网络不当使用现状的调查中，为了充分了解大

---

① 马歇尔·麦克卢汉．理解媒介：论人的延伸［M］何道宽，译．北京：商务印书馆，2000：25.

学生手机网络使用现状，调查人员抽取全国范围内七大经济区域共计 59 所普通高校大学生进行问卷调查，调查发放问卷 12000 份，共收回样本数据 11243 份，有效问卷 9573 份（有效问卷是指扣除了问卷统计中发现的如应付调查、自相矛盾等异常现象的问卷），有效回收率为 85.15%。该调查问卷聚焦大学生最关注的手机信息内容，将手机网络信息分为六大类型，从信息接收和信息发送两个方面进行了对比，经过统计分析后得出结论如图所示。①

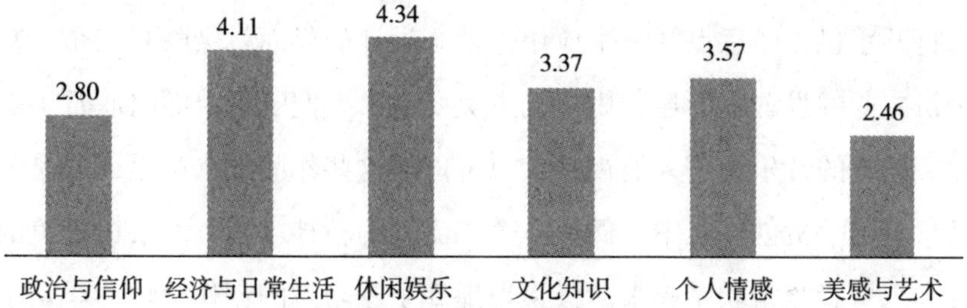

大学生日常接收信息排序

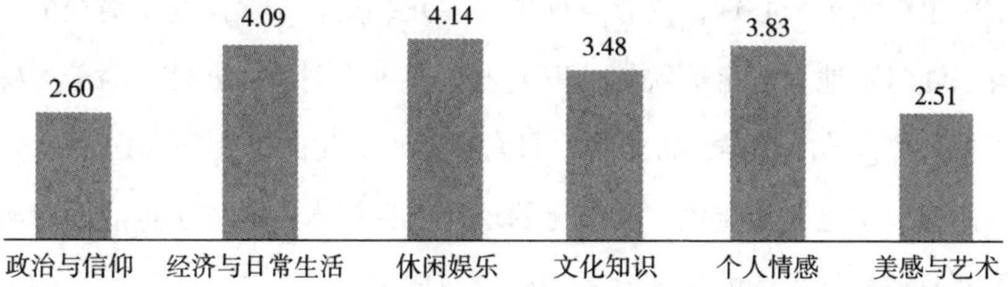

大学生日常发送信息排序

调查显示，大学生手机日常信息的接收与发送权重排序基本是一致的，由高到低依次是：休闲娱乐、经济与日常生活、个人情感、文化知识、政治与信仰、美感与艺术。说明大学生手机信息传播内容更多集中在娱乐、消费和私人领域，缺乏深度，也缺乏社会关注意识，特别是政治与信仰、美感与艺术等与理想信念、审美趣味相关的信息不太被大学生重视。

① 笔者指导学生参加第十四届“挑战杯”全国大学生课外学术科技作品竞赛，引自一等奖作品《迷“网”中的“天之骄子”：大学生手机网络不当使用现状调查》。

我们不可低估“互联网 +”对审美教育的影响，这种影响甚至可能深入骨髓，直接摧毁传统守旧的美育生态，重塑一个开放创新的新的审美教育生态。

二、移动美育的含义

（一）移动审美方式

打开手机，任意点开一个应用，精心设计的界面就会映入眼帘，甚至连手机主题的设置也彰显着用户的审美要求，人们既可以随时欣赏美丽的图片、动听的音乐和感人的视频，也可以对这些作品评头论足，或是干脆自己参与到手机创作之中，俨然一个“流动的精神家园”。手机把美的生产者和消费者紧密联系起来，极大地提高了参与者的创作热情，丰富了作品的艺术观赏性。海量的手机审美信息自由地流动着，颠覆了传统美学中的审美思维和审美心理，倡导一种更加多元、动态、双向的审美交流，人们可以随时随地进行审美欣赏、审美表现和审美创造，处处洋溢着美感，时时刻刻都被美所感染，带来一个日常生活审美化的世界。

作为数字化、智能化、网络化的现代信息技术结晶，手机成为审美元素不断向高科技渗透的代表，呈现出“高技术”与“高审美”结合的文化科技特征，它的审美价值集中体现在：创造出更为自由的主体条件，扩大了审美主体性；为美提供了较为宽泛的客体条件，丰富了审美的对象；改变了社会价值关系的基础，为人与对象的实践关系向更广阔的审美关系过渡创造出前提条件，带来审美文化生活的深层变化。手机开辟出崭新的“移动”生活，科技进步带来审美与人的自由。

“审美方式”是主体感受、判断和体验美的事物的方法、手段或形式，是人们获得生理快感和精神愉悦的途径。3G、4G、Wi-Fi 的高速和无线互联，手机成为移动互联网运用最普遍、最重要的终端，它不断强化的审美功能，改变着人们的生活方式，诞生一种大众化、通俗化、个性化、高科技与高人文紧密联系的崭新审美方式——移动审美方式。

（二）什么是移动美育

“互联网 +”背景下手机作为可移动的现代美育平台，时时刻刻、随时随地满足人们对美和审美的需求，可以有意味、有情趣地生活，提升精神的境界。这种美育不必局限于现实的物理时空之中，既可以跨越时空，也可进入虚拟时空，拓展了传统美育时空界限，拥有以往所无法比拟的优越性；更具包容性、自由性，更加尊重不同的文化趣味和审美选择，可以培养平等、开放、兼容的现代审美意识，重塑开放创新的美育生态环境。

相较于传统美育，基于手机平台的审美教育可以更加重视个体的审美自由与多样化发展，其开放与互动的环境，极大地释放出人们审美欣赏、审美表现和审美创造的能力。

“移动美育”是基于移动审美方式，凭借手机强大的技术与审美功能，随时随地都可以让人们获得审美体验并在潜移默化之中受到美的熏陶和感染的一种新时期的审美教育方式。

三、移动美育的价值与特征

移动美育立足于全新的技术与文化环境，随时随地满足人们欣赏美、创造美、表现美的愿望，让人时刻感受到生活中的情趣和意味，让生活更加完美、丰富。手机为改变传统审美教育的抽象性与乏味性提供物质条件，移动美育的价值和特征主要表现如下。

（一）广泛的影响力

手机具有开放性、多元性、交互性及海量信息的特征。随着手机的高度普及，其弥漫式发展与黏性特征，逐渐向所有的人群进行渗透，由青少年发展到全体人群，成为满足人民群众审美需求的最重要媒介工具。移动美育具有规模大、覆盖面广、信息全的特点，与传统美育相较，它是一种大众喜闻乐见的美育形式，更能深入人们的心灵世界，其潜移默化的熏陶、引导效能是传统美育所无法比拟的。

（二）寓教于乐的审美方式

美育的愉悦性是指在审美活动中，受教者常常处于一种喜悦的心理状态与精神状态，产生强烈的情感体验，获得极大的审美享受。这种愉悦性是感染人、启发人、吸引人去参与审美、参与美育的重要因素。[①]孔子在《论语·雍也》中说："知之者不如好之者，好之者不如乐之者。"人们只有"好之"才会"乐之"，才能够达到潜移默化塑造心灵的目的。正因为手机可以让人在喜悦的心理状态与精神状态下，产生强烈的情感体验，获得极大的审美享受，才可以以寓教于乐的方式"润物细无声"地使受教者在移动美育中得到美的享受，获得情感的陶冶和感染，或者悦耳悦目，或者悦心悦意，或者悦志悦神，"寓教于乐""以情动人"是移动美育的显著特征。

（三）互动交流的美育模式

手机随时随地进行互动式沟通，可以让审美情趣与审美追求相似的人们聚到一起展开交流、推心置腹，从而提高审美品位，缩小人与人之间的空间距离、心理距离与文化距离。移动美育可以淡化施教者和受教者之间的身份、地位差异，能够在特定的情感氛围中去感化、感染和打动人，充分的互动和及时的反馈使传授双方更容易实现开诚布公、畅所欲言。与传统美育模式中居高临下、单边传授的教化方式不同，移动美育在自由、平等、坦诚的情感交流中得到净化与升华，自始至终体现着相互交往、及时对话的民主精神，受教育者的接受心态更加积极、主动和自觉，美育对象可以以更轻松、更自由及更具有审美主体性的方式去感受美、认识美、发现美。手机能够调动人的各种心理功能，全身心地投入美育活动之中，使人们更加方便地参与审美活动、艺术实践，培养审美能力、审美趣味，

① 方珊．论审美教育的愉悦性［J］．思想政治课教学，2004（2）．

实现随时随地的生活美育。

（四）多元开放的美育途径

移动美育使审美教育从平面走向立体，从静态变为动态，从现时空趋向超时空。移动美育不要求培养出整齐划一、高度抽象化的完美之人，而是具备丰富个性化色彩、多元主体性、拥有开放心胸的现代人，促成现代人审美生成的多样性与复杂性。移动美育是以人为本的现代性美育途径，在多元开放的美育氛围中培养人的情感，以手机为手段唤起人最真挚的自由表达，使人获得情感的超越与解放，建构高尚现代的人的精神，这是时代的需求，也是人类自身进一步自由发展的必然选择。

我们认为，其一，合理运用手机探寻审美教育的新途径、新方式，对改进审美教育和优化审美教育意义重大，移动美育成为当今我国审美教育发展的新方向；其二，手机既让开放、共享、兼容并包的审美取向深入人心，同时审美理想、审美价值观的缺失也让我们面临精神的危机，审美的感官化、平板化、欲望化趋势，导致审美的失范，移动美育应该净化、优化、美化手机网络空间，不断丰富优质美育资源，提高美育教育质量，建构起人文审美的精神家园；其三，“互联网 +”大美育指学校和社会共建的可持续、大跨度美育教学共同体。[①] 手机媒体可以渗透学校美育、家庭美育和社会美育之中，构建出多层次、多方面、全方位的“互联网 +”移动大美育共同体。

第五节　构建“移动大美育”体系

关于实施美育的途径，中国近代教育家、美学家蔡元培先生指出包括三大方面，即家庭教育、学校教育和社会教育，这三者又是相互联系、相

① 赵伶俐，温忠义. 2016 互联网 + 大美育课程论［M］. 北京：北京师范大学出版社，2016.

互促进的。[①]“其中学校美育最具典范性。这不仅因为学校是专门培养人的地方，还因为学校美育有明确的教育目的和稳定的施教与受教的关系。当然，单有学校美育是不能造就受教者完善人格和和谐心灵的，而需要社会美育和家庭美育的积极配合。社会美育、家庭美育和学校美育是一种相互结合、共同作用的关系。”[②]在这三个方面中，家庭审美教育的效果受限于家庭成员尤其是长辈的审美能力与审美修养水平，所以家庭教育的效果可能是有限的。学校美育虽然在美育对象的广度、深度和效果上都比家庭美育要好得多，但是相对于人的成长阶段而言，又仅限于在校学生，相对于整个社会中的美育对象而言，无法满足广大群众对于审美教育的需求。社会美育能够最广泛地去影响和引导全体社会成员，无论从数量、范围和长期的效果保证上，都是最强大的，但是目前的社会美育还缺乏强有力的引导机制和美育方式。只有它们之间相互结合、共同作用，现代审美教育通过诸方面教育之间的相互渗透和“化合”，才能够达成优化的美育效果。

手机作为目前普及面广、影响力大的新兴媒体，可以充分发挥其传播优势和审美功能，使手机成为整合家庭教育、学校教育和社会教育的“大美育”工具，构建多层次、多方面、全方位的移动美育格局，让移动美育成为影响力大、覆盖面广、穿透力强的现代美育新方式。

一、移动美育在家庭教育中的运用

家庭美育就是父母对孩子进行的审美教育，家庭可以说是美育的基础，学校美育、社会美育都与家庭美育密切关联、相互影响。家庭美育主要就是家长用各种美的形象、美的事物来感染和影响孩子，利用家庭生活中的每一个哪怕是很细小的环节去引导孩子形成正确的审美意识，培养鉴赏美、创造美的能力。家庭是美育的摇篮，父母是孩子所接触的第一个群体，因此家庭美育对一个人的成长来说，对其审美情感的形成、审美趣味的养成

① 杨辛，甘霖．美学原理新编［M］．北京：北京大学出版社，1996：400.
② 程钧．美学教程［M］．南京：南京师范大学出版社，2006：300.

影响最早。一般情况下，一个人一生之中，生活在家庭中的时间最长，家庭成员良好的审美修养，家庭环境浓郁的审美氛围，不仅是对孩子，而且对所有家庭成员审美情感的培育、审美能力的养成、审美素养的提高都具有重要的作用与价值。

蔡元培曾说："美育者，应用美学之理论于教育，以陶养感情为目的者也。"情感是家庭构成的核心要素，美育可以对人进行情感的涤净与升华，家庭美育充分利用家庭中所固有的情感要素对孩子施加最为深刻的情感教育，促进孩子成长得更加完善、和谐。家庭美育是以个体作为对象，可以做到因人而异，因材施教，美育的方式和方法是更具针对性和技巧性的。

以手机为技术平台，开辟家庭美育的新途径和新形式，让家庭生活处处营造出美的氛围。移动美育可以充分利用现代传媒手段把最优秀、最经典的艺术作品作为施教内容，包括各种经典的音乐、舞蹈、绘画、戏曲、影视等艺术作品，甚至包括中国传统的书法艺术、京剧艺术、昆曲及陶艺、剪纸、蜡染、刺绣等非物质文化遗产艺术作为审美教育的内容，凭借手机强大的审美功能来进行随时随地的美感养成教育。

移动审美教育以先进的手机技术平台来调动和唤起孩子们对美的强烈兴趣和感受，家长可以发挥手机的审美功能，把其打造成家庭美育中美感培养的动力系统，充分展现出美的独有魅力和感染力，在强烈的情感体验中让孩子得到"精神的满足和升华"与"心灵的净化"，从而有效地作用于孩子们的内心世界，促进孩子的健康成长。同时，家长作为移动美育的施教者一方，为了达成良好的教育效果，也必须不断地学习提高，在这样一个过程中逐渐被优秀的手机审美文化感染和熏陶，不知不觉之中家长们的审美素养、审美能力也会获得显著的提升。可以这么说，移动美育在家庭教育中的展开，不仅是对孩子，而且是对整个家庭成员审美素养的提升都能够起到良好的促进作用。

笔者带领学生参加的中国"互联网+"大学生创新创业大赛的获奖作品《"相遇"幼儿移动美育平台》就是一款以第三方平台（iOS &Android）

为依托，以资源的高度整合为支撑，旨在提供针对幼儿审美素质培育的移动应用软件。与传统平台教育手段相比，美育移动平台的优势不仅在于它在更大程度上实现了大数据时代下的信息汇集整合，而且还尝试跨越教育的传统边界，形成学校美育与家庭美育、社会美育的深度融合。通过信息互通与资源共享，“相遇”移动美育平台将最终构建出一个基于“互联网+”的大数据海量信息平台，家长用户可以为幼儿选择或设置若干美育发展指标，平台通过搜索并匹配出相应的美育培养资源。与此同时，平台自身也会进行频繁的数据更新与分类处理，并根据注册用户的背景特征与浏览偏好，推送个性化的美育培养方案以供用户参考。

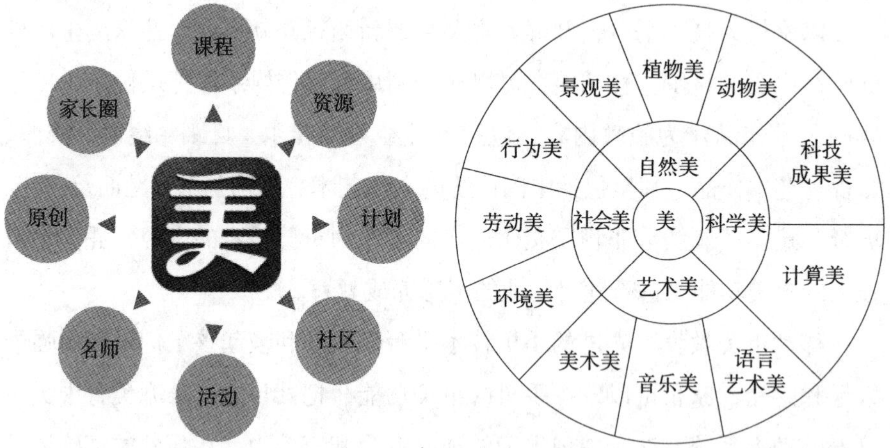

美育培养方案

美育是幼儿全面发展教育的有机组成部分，更是幼儿全面教育不可或缺的手段，协调各方面发展的美育具有的形象性、情感性、新颖性、自由创造性等特性与幼儿心理特征高度吻合。平台采用点、线、面、体的结构原理将自然、社会、科学、艺术领域的有关内容有机地联系在一起，加强了各领域内容的综合化，使之形成了一个相互印证、相互补充和相互应用的整体性内容结构，帮助孩子更好地认识美、欣赏美。

相遇美育 App 首创幼儿移动美育交流共享平台，用户在对幼儿美育的过程中，可发表感受，与名师在线交流，它的美育优势如下。

“相遇”幼儿移动美育平台

美育的移动性	设备的可移动性决定了家长关注幼儿成长的空间不用局限在某个固定场所
美育的针对性	相遇美育 App 可根据用户的个人育儿背景，如年龄、性别、爱好等筛选幼儿美育相关推送；用户也可根据自己的兴趣爱好自行设置幼儿美育关注内容
美育的情境性	相遇美育 App 可根据给出的幼儿所处的环境提供学习资源，使学习活动发生在自然真实的社会环境中，真正实现了情境性教学
美育的及时性	美育学习不受任何时空限制，家长用户可以及时与老师或者专家开展线上交流，在需要帮助的时候随时可以找专家解答或在线客服，因此又可以称为及时解决问题
美育的实践性	相遇美育 App 并不仅仅停留在线上开展幼儿美育活动，还会协调组织各种线下的幼儿美育实践活动，利用 OTO 模式引导更多的家长用户从线上走到线下，产生更好的学习效果

“相遇”幼儿移动美育平台满足不同主体对幼儿美育的服务需求，搭建了一个交互平台，同时也是资源库，专门为各个美育主体提供丰富的审美教学素材，极大地节约了幼儿父母和老师的美育设计与规划成本、资源搜寻与整理成本等。该平台可以促进不同美育主体之间的互动交流，通过平台直播，家长可以看到孩子在幼儿园和社会机构的学习情况，学校可以通过平台发布孩子的学习进展、课后任务及与家长沟通对话等。另外，不同审美教育主体之间也可以借助平台相互学习与分享经验，由此形成多层次交错的复杂互动网络。

美育可以说是在追求真善美和谐统一基础上的人格教育。人格是指人的精神面貌具有审美特征，达到了美学的境界，表现出和谐、个性、自由、超越和创造等基本特征。[①] 家庭是社会的最小细胞，是社会美和审美最小

① 何齐宗．审美人格教育论［M］．北京：人民教育出版社，2004：44.

的组织单位；家庭审美化人格教育，是人格教育最初最重要的基石，也是人格教育于潜移默化之中最天然的场所。[①]只有在精神愉悦、情感澎湃的审美感受之中进行人格教育，受教育者才能深刻领略，经久不忘。凭借移动美育可以去建构孩子们的审美化人格，发挥出独有的功效。

家庭美育中合理利用手机来帮助孩子找寻美、感受美、创造美，通过移动美育实现道德规范与行为准则的内心认同，让家庭成员达成较高的审美境界，使孩子成长为情趣高雅、情操高尚的人。总之，把移动美育渗透家庭教育之中是移动互联网时代审美教育的必然选择。

二、移动美育在学校教育中的运用

学校美育指通过学校的途径对青少年实施的美育，学校教育是实施美育的主要场所和阵地。在普及中小学教育中，不仅音乐、美术、语文直接与美育相关，而且地理、历史甚至自然科学等课程也都与美育相关……[②]美育作为学校教育的重要组成部分，对培养全面发展的人具有重要意义。

学校美育与家庭美育、社会美育相比，具备显著的特征。学校美育是有目的、有组织、有计划地实施的美育活动；学校美育的每一项审美实践活动都遵守循序渐进的原则，保证了美育过程的连贯性、完整性和系统性；学校美育培养学生树立良好的审美理想和掌握正确的审美标准，使学生能够拥有审美的眼光去发现美、感受美并创造美，形成正确的审美价值观；学校具有集中的审美教育环境，是专门培养人才的场所，能够为学生提供更多的接受审美教育的机会。学校美育是让学生在审美和立美的校园生活中获得人性的解放和个性的自由，实现对主体的解放和自由精神的弘扬，所以学校美育应该是百花齐放、色彩缤纷的审美教育。

在学校教育环节开展移动审美教育，和传统的学校美育相比较，它更具有直接性、切身性和随时随地性，需要从以下几个方面入手：

① 赵伶俐．人格与审美［M］．合肥：安徽教育出版社，2009：309-310.
② 杨辛，甘霖．美学原理新编［M］．北京：北京大学出版社，1996：400.

第一，尊重美育的特点和规律。移动美育就是通过手机来开展的审美教育，移动美育的目的是要不断提高学生的观察力、想象力、思维力及创造力，加深他们对社会和人类心灵的认识，进而促进其智力与情操的全面发展，所以美感培育同样是移动美育的重点内容。首先，通过手机培育学生拥有美的眼光，帮助学生感知美的对象。美是直指心灵的，拥有美的眼光有助于调动学生的潜能，形成良性循环发展的局面。其次，利用手机培养和发展学生对于美的观察力、感悟力、理解力和想象力。正如马克思所说："对于不辨音律的耳朵说来，最美的音乐也毫无意义，音乐对他来说不是对象。"用手机强大的媒介审美功能培养和发展学生的观察力、感悟力、理解力，特别是想象力及创造性思维的能力，使学生获得欣赏美、追求美、创造美的意识与能力。再次，用寓教于乐的方式促使学生倾心赏美，乐心受美。移动美育应该是在学校的各种教育环节中最具吸引力、凝聚力及最为学生喜闻乐见的教育方式，因而也是最能达到乐教乐学境界的教育。"这种虚拟的情感体验与现实生命体验和情感历程有着同样的心理真实性。从这个意义上说，数字娱乐就是一种对生命的创造，人们在进行娱乐、与文本进行对话的同时也就是对自己生命意义的填补或者增值。"①所以，充分、合理运用移动化、网络化、数字化的手机美育新方式，可以促进学校美育效果的最大化。

第二，要根据学生的特点，有计划、有步骤、有系统地实施移动美育。以手机为技术平台可以打造移动课堂，将"美"在课程内容中阐释得淋漓尽致，让学生在移动学习中"主动探究美""情感体验美""交往对话美"。移动美育再也不是传统的教师单向灌输的教育，不是整齐划一、呆板凝滞的教育，它是个性化、开放性、自由性的美育手段，是利用手机对学生进行人格培育和心灵建设的审美教育新方式。

第三，要把移动美育融入整个学校教育活动之中，为实施多层次、多

① 李思屈，关萍萍．论数字娱乐产业的审美经济特征［J］．杭州师范学院学报（社会科学版），2007（5）．

渠道、多功能的学校美育服务。蔡元培曾说："美育的基础应在学校。"要充分利用手机开展积极的艺术熏陶和审美教育活动，移动美育是自由性、超越性、情感性、趣味性和游戏性的美育形式，移动美育可以把审美教育落实到课堂之中与课堂之外。

美育星光 App 是一款专门针对青少年戏剧艺术教育方面的手机软件，有多种视频课程，具有最专业的艺术领域资源和实力。美育星光专注服务于中小学生的艺术教育，有步骤、有计划地培养学生对于美的认知，分为学校课程、戏剧社、课本剧、基础表演、情绪管理、剧本鉴赏、舞台艺术和名家风采等板块，从音乐、舞蹈、表演等方面培养中小学生主动探索美、发现美的能力。

美育星光可以引导学生进入审美活动并感受这些美，唤起美感体验，这样知识理性认知与文化感性的审美认知并行，并且相互作用。美育星光把经典文学作品搬上舞台，如《仲夏夜之梦》《沙家浜》《长恨歌》等，以视频的方式教学，寓教于乐。针对不同年龄的学生，教师在授课时也会采用不同的方式，利用手机移动平台打造移动课堂，培养学生的注意力、想象力、感受力和思考力等，多层次、多角度地让学生去创造美、感受美。

三、移动美育在社会教育中的运用

社会美育指通过整个社会美的环境和气氛营造对全体社会成员进行的审美教育。社会美育实施的范围很广，包括家庭、学校之外的所有社会领域。[①]家庭美育、学校美育和社会美育相辅相成、相互促进，犹如一鼎三足，缺一不可，只有三者齐备，才能形成一个完整的美育体系。叶朗认为："美育也不能局限于学校的范围，它应该渗透在社会生活的各个方面。全社会都要注重美育，特别是要注重营造一个优良、健康的社会文化环境。"[②]在这样的环境中，广大的受教者耳濡目染、潜移默化地受到美的感染和熏

① 程钧．美学教程［M］．南京：南京师范大学出版社，2006：300.
② 叶朗．美学原理［M］．北京：北京大学出版社，2009：417.

陶，对人的审美素养的形成和发展产生积极而深远的影响。

人是社会动物，生活于社会之中，伴随着工业文明和快节奏的现代生活，人们随着机械化的工业流程不可避免地容易形成工具理性的思维方式，带来情感的冷漠与僵化。只有在审美活动中，受到扭曲的人的天性才能够得到全面恢复，个体的特殊性才能够得到充分肯定，因此黑格尔称“审美带有令人解放的性质”。马克思也指出审美活动导致人的全面发展，审美活动是充分个性化的创造，特别是艺术活动更体现了独特的个性，每个人都创造了最独特的作品，也创造了最独特的自我。[①] 人是社会的人，一个人走出学校，走向社会，激烈的社会竞争使现代人的生活更加紧张，功利心和竞争心常常使人处于焦虑和失望之中，正如林语堂所言，“教人爱美并不是靠书本，而是靠社会的榜样作用，是靠生活在趣味高雅的社会里”[②]，经常的、高效的社会美育就越发显得迫切。

美国媒介学家保罗·莱文森说：“手机是家园之外的家园，是移动的家园，互联网已然是媒介之媒介，手机则更胜一筹，它是移动之中的媒介之媒介，它把你从电脑边解放出来。”[③] 现如今的移动互联网与手机时代，人们无论是审美欣赏行为，还是审美表现行为、审美创造行为都更加多样、多彩、多元，更加充满想象力和创造力，它为人们在社会生活中随时随地去开展审美活动提供新的契机。新媒介传播时代的教育形态也悄然发生着变化，审美教育活动的使命在新的教育形态下必然进行重新阐释与定位。现代信息技术愈加渗透到社会生活的方方面面，导致大众传播、文化教育等多个领域的革新，人不能离开社会，也就无时无刻不在接受社会的感染与教育，以手机为载体的移动美育方式必将成为我们这个时代及未来社会审美教育的主要方式之一。

充分利用移动美育积极拓展和建构全方位的社会美育渠道。“如果说原来的美育主要是通过学校教育等途径加以施行，那么，当下的大众传媒

① 杨春时．美学［M］．北京：高等教育出版社，2004：43.

② 周伟业．网络美育：艺术教育的媒介视角［M］．南京：南京出版社，2009：184.

③ 保罗·莱文森．手机：挡不住的呼唤［M］．何道宽，译．北京：中国人民大学出版社，2004：7.

则是扮演着远比学校教育更为有效、更为普遍的角色。”[1] 大众传播工具在当今社会美育中扮演着重要的角色和功能，移动美育可以涵盖不同的年龄和职业，关注不同的群体（目前的手机价格低廉，甚至由运营商赠送，已经普及到几乎所有人群）。手机这种深受大众喜爱、普及程度很高的媒介工具，几乎实现了24小时的贴身跟随，可以让审美教育渗透所有人的生活。移动美育在方法上更加强调在充满乐趣的审美体验中潜移默化地去提升大众的审美素养，在实施的广度上可以突破学校美育所具有的局限性，而深度上则可以开辟出更加专业化、小众化及具有针对性的审美教育形式，实现最大化、最优化的社会美育效果。

为弘扬优秀传统文化，推动大众美育和全民艺术普及，文化部全国公共文化发展中心于2016年面向青少年及普通社会大众推出“大众美育馆”数字艺术公共服务平台，以数字技术整合传统艺术展示和教学活动，以互联网为载体，以高清作品欣赏、音频解说、视频课程等形式为用户提供全方位美术欣赏和在线教育服务。大众美育馆设置了绘画馆、书法篆刻馆、工艺美术馆、雕塑馆、建筑艺术馆、摄影馆、美术知识馆和少儿美术馆八个分馆，馆内涵盖了国画、中西方油画等多种门类，被称为“掌中的美术馆”。线下图文征集活动，线上VR艺术展示，让用户深入互动，受众可以随时获得美的体验，艺术的熏陶和感染，让美育与大众更为贴近，社会美育可以因此而大放光彩。

手机时代的移动美育就是这样一种“大美育”，它不囿于校园教育，而是终身化的教育；不囿于小众教育，而是大众化的教育；不囿于艺术教育，而是文化化的教育；不囿于他人教育，而是自我化的教育。在这个“互联网＋手机”的时代，让移动美育成为家庭美育、学校美育和社会美育的重要工具和推手，充分发挥手机强大的媒介审美功能和作用，把美育渗透家庭教育、学校教育和社会教育之中；让随时随地的移动美育促使现

① 张晶．大众传媒在国家美育工程中的社会担当［J］．现代传播：中国传媒大学学报，2010（7）．

代人审美地生存，以美化人，以美育人；让“普通人”化成“文明人”，“单面人”化成“全面人”，“自然人”化成“文化人”，使我们由现实的、物质的生存跨越到“诗意的栖居”。

思考题

1. 谈谈“互联网 +”时代教育的机遇、挑战与应对。
2. 简述“互联网 +”课程的类型与特征。
3. 为什么说网络美育是互联网与美育的深度融合?
4. 什么是移动美育?
5. 移动美育有什么样的价值与特征?
6. 谈谈移动美育在家庭教育中的运用。
7. 谈谈移动美育在学校教育中的运用。
8. 谈谈移动美育在社会教育中的运用。

参考文献

［1］ 马歇尔・麦克卢汉．理解媒介：论人的延伸［M］．何道宽，译．北京：商务印书馆，2000.

［2］ 保罗・莱文森．数字麦克卢汉：信息化新纪元指南［M］．何道宽，译．北京：社会科学文献出版社，2001.

［3］ 苏珊・朗格．情感与形式［M］．北京：中国社会科学出版社，1986.

［4］ 李春青，赵勇．反思文艺学［M］．北京：北京师范大学出版社，2009.

［5］ 沃尔夫冈・韦尔施．重构美学［M］．陆扬，张岩冰，译．上海：上海世纪出版集团，2006.

［6］ 张朝晖，徐翎．新媒介艺术［M］．北京：人民美术出版社，2004.

［7］ 尼尔・波斯曼．娱乐至死［M］．章艳，译．桂林：广西师范大学出版社，2004.

［8］ 杨春时．美学［M］．北京：高等教育出版社，2004.

［9］ 罗兰・巴特．S/Z［M］．屠友祥，译．上海：上海人民出版社，2000.

［10］ 叔本华．作为意志和表象的世界［M］．石冲白，译．北京：商务印书馆，1982.

［11］ 保罗・莱文森．手机：挡不住的呼唤［M］．何道宽，译．北京：中国人民大学出版社，2004.

[12] 丹尼斯·麦奎尔.麦奎尔大众传播理论[M].崔保国，李琨，译.北京：清华大学出版社，2006.

[13] 尼葛洛庞帝.数字化生存[M].胡泳，范海燕，译.海口：海南出版社，1997.

[14] 吴伯凡.孤独的狂欢：数字时代的交往[M].北京：中国人民大学出版社，1997.

[15] 申丹，秦海鹰.欧美文学论丛（第三辑）：欧美文论研究[M].北京：人民文学出版社，2003.

[16] 彼得·科斯洛夫斯基.后现代文化：技术发展的社会文化后果[M].毛怡红，译.姚燕，校.柴方国，审校.北京：中央编译出版社，1999.

[17] 余虹.审美文化导论[M].北京：高等教育出版社，2006.

[18] 匡文波.手机媒体概论[M].北京：中国人民大学出版社，2006.

[19] 彭逸林.真实·人文的宿命：思想　传播　叙述　意义[M].重庆：重庆出版社，2005.

[20] 迈克·费瑟斯通.消费文化与后现代主义[M].刘精明，译.南京：译林出版社，2000.

[21] 周宪.文化现代性与美学问题[M].北京：中国人民大学出版社，2005.

[22] 高宣扬.流行文化社会学[M].北京：中国人民大学出版社，2006.

[23] 余振华.术与道：移动应用UI设计必修课[M].北京：中国工信出版集团/人民邮电出版社，2016.

[24] WOOD T. iOS用户体验设计[M].毛姝雯，译.北京：人民邮电出版社，2013.

[25] 何天平，白珩.面向用户的设计：移动应用产品设计之道[M].北京：中国工信出版集团/人民邮电出版社，2017.

[26] 艾米丽·布歇.匠心体验：智能手机与平板电脑的用户体验设计［M］.吴博，译.北京：中国工信出版集团/人民邮电出版社，2016.
[27] 傅小贞，胡甲超，郑元拢.移动设计［M］.北京：电子工业出版社，2014.
[28] Sunl视觉设计.移动终端决胜之道：App视觉设计艺术［M］.北京：电子工业出版社，2014.
[29] 贡布里希.艺术发展史［M］.范景中，译.天津：天津人民美术出版社，1991.
[30] 朱其.新艺术史与视觉叙事［M］.长沙：湖南美术出版社，2003.
[31] 卢梭.社会契约论［M］.上海：商务印书馆，1980.
[32] 列夫·托尔斯泰.论艺术［M］.张昕畅，刘岩，赵雪予，译.北京：中国人民大学出版社，2005.
[33] 张建.手掌上的风景：智能手机时代移动审美方式研究［M］.北京：中国社会科学出版社，2016.
[34] 贾秀清，栗文清，姜娟，等.重构美学：数字媒体艺术本性［M］.北京：中国广播电视出版社，2006.
[35] 许鹏.新媒体艺术论［M］.北京：高等教育出版社，2006.
[36] 彭吉象.艺术学概论［M］.北京：北京大学出版社，2006.
[37] 楼昔勇.美学导论［M］.上海：华东师范大学出版社，1996.
[38] 王宏建.艺术概论［M］.北京：文化艺术出版社，2010.
[39] 郭成，赵伶俐.美育心理学［M］.北京：警官教育出版社，1998.
[40] 叶朗.现代美学体系［M］.北京：北京大学出版社，1999.
[41] 童庆炳.童庆炳谈审美心理［M］.开封：河南大学出版社，2008.
[42] 阿莱斯·艾尔雅维茨.图像时代［M］.胡菊兰，张云鹏，译.长春：吉林人民出版社，2003.
[43] BAUDRILLARD J. America［M］. New York： Verso，1988：28-29.

[44] 匡文波 . 网络传播学概论 [M]. 北京：高等教育出版社，2004.

[45] 郑超然，程曼丽，王泰然 . 外国新闻传播史 [M]. 北京：中国人民大学出版社，2009.

[46] 张首映 . 西方二十世纪文论史 [M]. 北京：北京大学出版社，1999.

[47] 布莱 . 批评意识 [M]. 郭宏安，译 . 南昌：百花洲文艺出版社，1993.

[48] 瓦尔纳·本雅明 . 机械复制时代的艺术作品 [M]. 王才勇，译 . 北京：中国城市出版社，2002.

[49] 耀斯 . 接受美学与接受理论 [M]. 周宁，金元浦，译 . 沈阳：辽宁人民出版社，1987.

[50] 赵伶俐，郭成 . 小学大美育系统论 [M]. 重庆：西南师范大学出版社，1997.

[51] 斯托洛维奇 . 审美价值的本质 [M]. 凌继尧，译 . 北京：中国社会科学出版社，2007.

[52] 赵伶俐，温忠义 . 2016 互联网 + 大美育课程论 [M]. 北京：北京师范大学出版社，2016.

[53] 杨辛，甘霖 . 美学原理新编 [M]. 北京：北京大学出版社，1996.

[54] 程钧 . 美学教程 [M]. 南京：南京师范大学出版社，2006.

[55] 何齐宗 . 审美人格教育论 [M]. 北京：人民教育出版社，2004.

[56] 赵伶俐 . 人格与审美 [M]. 合肥：安徽教育出版社，2009.

[57] 叶朗 . 美学原理 [M]. 北京：北京大学出版社，2009.

[58] 周伟业 . 网络美育：艺术教育的媒介视角 [M]. 南京：南京出版社，2009：184.

[59] 王朝闻 . 王朝闻文艺论集 [C]. 上海：上海文艺出版社，1979.

[60] 中共中央马克思恩格斯列宁斯大林著作编译局 . 马克思恩格斯选集（第二卷）[M]. 北京：人民出版社，1972.

[61] 陈鑫萍．移动设备用户体验的易用性研究［D］．杭州：浙江理工大学，2015.

[62] 王月丰．互联网产品交互设计中反馈机制的研究［D］．无锡：江南大学，2012.

[63] 钟丽园．手机视频直播“映客”的运营策略研究［D］．南昌：江西财经大学，2017.

[64] 刘立维．手机媒体艺术传播方式探索［D］．株洲：湖南工业大学，2009.

[65] 王新峰．新媒体设计中的很中国［D］．大连：大连工业大学，2013.

[66] 蔡斌．基于“文化工业”理论的手机文学出版研究［D］．长沙：湖南大学，2011.

[67] 李当奇．手机应用视域下段子文化浅析［D］．重庆：重庆大学，2015.

[68] 史德安．手机文化的审美阐释［D］．济南：山东师范大学，2009.

[69] 严瑶．用户创造内容（UGC）的受众角色研究［D］．武汉：华中师范大学，2014.

[70] 余洋．视觉传达设计中的 FreeStyle（自由风格）［J］．现代装饰·理论，2012（11）.

[71] 周膺．后现代城市美学的创建与城市美学的重构［J］．浙江学刊，2009（4）.

[72] 黄鸣奋．新媒体艺术理论的起源［J］．东方丛刊，2009（1）.

[73] 林振辉．手机媒体化对媒体影响力格局的影响［J］．中国记者，2007（6）.

[74] 王燕鸣．论新媒体艺术在虚拟世界中的互动体验［J］．大众文艺，2010（2）.

[75] 李四达．实验电影与新媒体艺术溯源［J］．电影艺术，2008（2）.

[76] 徐鹏.论新媒体艺术研究的特殊内容与方法[J].中国人民大学学报，2007，21（1）.
[77] 周善.传播学视野下的手机文学[J].文艺评论，2007（3）.
[78] 钟虎妹.手机短信文学的特征和价值[J].文艺争鸣，2005（4）.
[79] 文军，张思峰，李涛柱.移动互联网技术发展现状及趋势综述[J].通信技术，2014（9）.
[80] 徐鹏.机械复制还是数字复制：对新媒体艺术文化身份的辨析[J].江苏行政学院学报，2007（5）.
[81] 孙雯，米高峰.新媒体艺术及其审美“新”特征初探[J].新西部，2010（7）.
[82] 刘洪清.风生水起“第五媒体”[J].青年记者，2006（16）.
[83] 李星华.新媒体环境下网络直播平台发展现状及影响：以手机直播平台为例[J].中国报业，2018（5）.
[84] 丁蕾，刘瑜.淘宝直播在电商服装品牌中的应用分析：以淘宝女装“MG小象”为例[J].戏剧之家，2017（24）.
[85] 汪黎黎.手机电影：数字短片在“便携式媒体”中的生存图景[J].南京艺术学院学报（美术与设计版），2018（6）.
[86] 项仲平.论新媒体背景下传统影视的嬗变[J].当代电影，2011（3）.
[87] 周怡.手机电影现象探讨[J].当代文坛，2006（3）.
[88] 赵爱霞.手机直播+教育模式初探[J].电视研究，2017（5）.
[89] 王德胜.“微时代”的美学[J].社会科学辑刊，2014（5）.
[90] 王一川，等.名人微电影美学特征及微电影发展之路[J].当代电影，2012（6）.
[91] 杨纯，古永锵.微视频市场机会激动人心[J].中国电子商务，2006（11）.
[92] 米惠惠.从“低头族”看移动媒体的“使用与满足”[J].新闻世界，2014（5）.

[93] 吴佳妮. 音乐社交短视频软件何以走红：以抖音 App 为例 [J]. 新媒体研究，2017 (18).
[94] 陈禹安. 想聚粉？先让他们自恋再说事儿 [J]. 销售与市场（评论版），2015 (3).
[95] 刘涛. 美图秀秀我们时代的“新身体叙事” [J]. 创作与评论，2015 (12).
[96] 张莹，殷瑜. 脸萌软件何以走红新媒体社交网络 [J]. 新闻与写作，2015 (11).
[97] 王锐明. 论摄影审美方式的独特性 [J]. 咸阳师范学院学报，2002，17 (6).
[98] 欧阳友权. 论网络文学的平民化叙事 [J]. 中南大学学报（社会科学版），2004 (2).
[99] 张育铭. 几十年间腾飞：我看网络文学在大陆的发展 [J]. 台声，2016 (19).
[100] 贾剑秋. 手机小说创作机制与特征论略 [J]. 西南民族大学学报（人文社科版），2011，32 (3).
[101] 丁桂香. 手机诗歌的审美特征 [J]. 新闻爱好者（理论版），2008 (4).
[102] 吴思敬. 新媒体与当代诗歌创作 [J]. 河南社会科学，2004 (1).
[103] 周晓燕. 小小段子，搅动中国：“如何看待手机段子流行”问卷调查分析报告 [J]. 人民论坛，2010 (18).
[104] 樊文强. 基于关联主义的大规模网络开放课程（MOOC）及其学习支持 [J]. 远程教育杂志，2012 (3).
[105] 李云飞，王敏娟，王加俊，等. 移动学习系统及其相关学习模式 [J]. 开放教育研究，2012 (2).
[106] 张超，夏葳，潘静，吴晓宁. 气象彩信中 SMIL 的设置与应用 [J]. 现代农业科技，2012 (3).

［107］刘海平.一种全新的出版模式：彩e服务［J］.出版发行研究，2005（8）.

［108］欧阳友权.网络审美资源的技术美学批判［J］.文学评论，2008（2）.

［109］陈静宇.青少年网络美育在现代素质教育中的功用［J］.现代传播：中国传媒大学学报，2013，35（8）.

［110］张晶.大众传媒在国家美育工程中的社会担当［J］.现代传播：中国传媒大学学报，2010（7）.

［111］李思屈，关萍萍.论数字娱乐产业的审美经济特征［J］.杭州师范学院学报（社会科学版），2007（5）.

［112］刘世文.作者隐退、非物质化、非线性和超文本［J］.廊坊师范学院学报（社会科学版），2014，30（1）.

［113］范译匀.浅析油画作品创作［J］.明日风尚，2016（15）.

［114］叶波.翻转课堂颠覆了什么：论翻转课堂的价值与限度［J］.课程·教材·教法，2014（10）.

［115］何志钧，秦凤珍.网络传播与审美文化新变初探［J］.湖南文理学院学报（社科版），2006（5）.

［116］杨刚，胡来临.MOOC对我国高校网络课程建设影响的理性思考［J］.中国电化教育，2015（3）.

［117］马莉莉，刘江平.“互联网+教育”在Web编程技术教学中的应用［J］.教育前沿，2017（4）.

［118］林雪涛，简渠.云学习：4G时代数字化学习的新范式［J］.新课程研究·基础教育，2014（4）.

［119］毕晓东.移动互联网时代碎片化学习平台设计与实现［J］.软件导刊，2016（1）.

［120］中国新闻出版研究院全国国民阅读调查课题组.第八次全国国民阅读调查十大结论［J］.出版参考，2011（9）.

［121］奉佑生．“手机直播”如何赢得风口［N］．人民日报，2016-07-20.

［122］姜申．手机文学：全媒体时代的文化畅想［N］．光明日报，2011-07-04.

［123］赵国庆．“互联网＋教育”：机遇、挑战与应对［N］．光明日报，2015-06-09.

［124］秦凤珍，何志钧．数字时代的网络美育［N］．人民日报，2012-01-20.

［125］方珊．网络，让美育更“美”［N］．中国教育报，2007-12-08.

［126］刘友古．数字时代的本质与未来［EB/OL］．（2017-05-02）.http：//www.cssn.cn/zx/bwyc/201705/t20170502_3504924.shtml.

［127］“大哥大”的进化史话［EB/OL］．（2017-11-12）.https：//baike.baidu.com/tashuo/browse/content? id=5bb6134fff8815d8d14f1db3&fr=qingtian&lemmaId=3792.

［128］第九次全国国民阅读调查：图书阅读率为 53.9%［EB/OL］．（2012-04-19）http：//www.chinanews.com/cul/2012/04-19/3832813.shtml.

［129］第十次全国国民阅读调查初步研究成果公布［EB/OL］．（2013-04-18）http：//book.sina.com.cn/newsyc/v/2013-04-18/1257454088.shtml. 中国网民数量达到 5.38 亿手机网民规模达 3.88 亿［EB/OL］．（2012-07-19）.http：//finance.chinanews.com/it/2012/07-19/4044177.shtml.

［130］移动触屏的手指触发尺寸［EB/OL］．（2013-05-27）.http：//www.alibuybuy.com/posts/81587.html.

［131］全球手机发展史［EB/OL］．（2017-11-17）.http：//www.sohu.com/a/205012809_287399.

［132］梁富润．手机的发展简史及未来趋势［EB/OL］．（2014-12-16）．https：//wenku.baidu.com/view/552cbf422af90242a895e597.html.

［133］何敏.2G 时代的精彩通信生活［EB/OL］．（2015-10）.http：//www.

snsh.cn/Article/txsm/201510/2074.html.

［134］什么是 3G 通信技术［EB/OL］.（2012-04-13）.http：//www.360doc.com/content/12/0413/15/8896768_203305497.shtml.

［135］彭兰.我们即将面临“万物皆媒、人机共生”的智媒时代［EB/OL］.（2016-11-22）.http：//sike.news.cn/statics/sike/posts/2016/11/219509602.html.

［136］Dave Evans. 万物互联（Internet of Everything）如何将世界变得更好［EB/OL］.https：//www.cisco.com/c/zh_cn/about/social-media/internet-of-everything/ioe-infographic.html.

［137］关于抖音的崛起与未来的发展.［EB/OL］.（2017-12-28）.https：//www.sohu.com/a/213372144_99999180.

［138］抖音和美拍有什么区别都可以拍视频但前者更火点［EB/OL］.（2018-04-09）.http：//www.xiumu.cn/kj/2018/0409/5858920.html.

［139］抖音视频是怎么拍出来的？看完发现原来很简单！［EB/OL］.（2018-04-14）.https：//baijiahao.baidu.com/s？id=1597708159916624317&wfr=spider&for=pc.

［140］抖音：这款让你浑身颤抖的产品会是昙花一现么？［EB/OL］.（2017-08-01）.https：//www.sohu.com/a/161498387_624051.

［141］中国地震台网中心与微博合作　实时推送区域地震速报［EB/OL］.（2014-12-17）.http：//www.cea.gov.cn/publish/dizhenj/464/522/20141218105309863978906/index.html.

［142］李铭超.中国数字艺术“独立宣言”［EB/OL］.（2009-06-24）.http：//art.china.cn/sheji/2009-06/24/content_2981422.htm.

［143］华中师范大学国家数字化学习工程技术研究中心.大规模开放在线课程（MOOC）项目的分析与研究［EB/OL］.（2015-03-15）.https：//wenku.baidu.com/view/1869446b59eef8c75fbfb387.html.

[144] 翻转课堂的定义、步骤和特点[EB/OL].(2018-06-14).https：//wenku.baidu.com/view/163f09bb0342a8956bec0975f46527d3240ca604.html.

[145] 翻转课堂教学课堂互动研究[EB/OL].(2016-01-05).https：//wenku.baidu.com/view/cd0a4dbe168884868762d6de.html.

图书在版编目（CIP）数据

手机媒体艺术概论 / 张建，李金正编著. —北京：中国国际广播出版社，2018.9（2019.6重印）

ISBN 978-7-5078-4297-5

Ⅰ. ①手…　Ⅱ. ①张…②李…　Ⅲ. ①移动电话机—传播媒介—研究

Ⅳ. ①G206.2

中国版本图书馆CIP数据核字（2018）第208825号

手机媒体艺术概论

编　　著	张　建　李金正
责任编辑	刘　晗
版式设计	国广设计室
责任校对	徐秀英
出版发行	中国国际广播出版社 [010-83139469　010-83139489（传真）]
社　　址	北京市西城区天宁寺前街2号北院A座一层 邮编：100055
网　　址	www.chirp.com.cn
经　　销	新华书店
印　　刷	天津市新科印刷有限公司
开　　本	710×1000　1/16
字　　数	220千字
印　　张	15.25
版　　次	2018 年 9 月　北京第一版
印　　次	2019 年 6 月　第二次印刷
定　　价	50.00 元

中国国际广播出版社　欢迎关注本社新浪官方微博　官方网站 www.chirp.cn